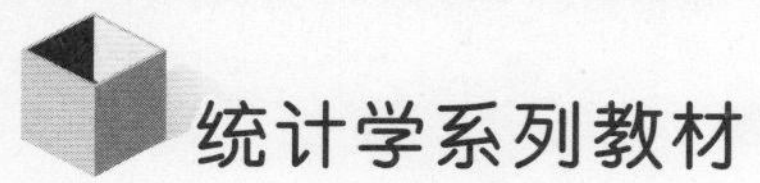

统计学（第三版）

Statistics

主编　范秀荣　苏继伟

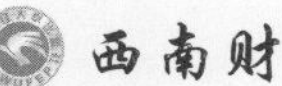

西南财经大学出版社

编　写　组

主编　范秀荣　苏继伟

成员（以姓氏笔画为序）

叶　勇　李　红　邱沛光　余　鲁

陈正伟　张　维　黄　霞　黄应绘

第三版修订说明

由重庆工商大学范秀荣教授、苏继伟副教授主编的《统计学》教材自2007年第一版和2008年第二版出版发行以来，深受高等院校经济管理类专业师生的厚爱和社会各界广大读者的好评。尽管印刷量很大，但仍供不应求。本教材在2009年进行过一次较全面的修订。2013年本教材被评为重庆市“十二五”规划教材。为提高教材品质，特决定再次对第二版进行一次修订，以满足广大读者的要求。

本书第三版在保留原版内容新颖、充实，结构简洁，逻辑性强，易于理解和操作等优点的基础上，在以下几个方面做了修订：

(1)注重统计的时效性，用最新资料对相对陈旧的数据进行了替代；(2)本书的同步配套教材《统计学实验》已出版发行，是对原版附录一“EXCEL统计分析”的进一步深化，更有助于学生综合分析能力的提高；(3)对原版各章后的“练习与思考”题做了进一步规范，并增加了题量，更加便于学生练习，加深对课堂讲授内容的巩固与理解。

修编后的第三版将更加适应和满足高等院校非统计学专业广大师生的特点和要求，使统计学的理论与方法得到更加广泛的推广和应用。我们将不断追求完美，为推进统计学的不断发展付出不懈的努力。

感谢广大读者的厚爱！感谢西南财经大学出版社为保证本书高质量的出版发行所付出的辛勤劳动！

苏继伟

于重庆　2014年7月5日

在终极的分析中，一切知识都是历史；

在抽象的意义下，一切科学都是数学；

在理性的基础上，所有的判断都是统计学。

——C. R. 劳[美]

统计学基本上是寄生的：靠研究其他领域内的工作而生存。这不是对统计学表示轻视，这是因为对很多寄主来说，如果没有寄生虫就会死。对有的动物来说，如果没有寄生虫就不能消化它们的食物。因此，人类奋斗的许多领域，如果没有统计学，虽然不会死亡，但一定会变得很弱。

——L. J. Savage

主编简介

范秀荣,女,1969年毕业于中国农业大学农业经济系经济管理专业。现为重庆工商大学数学与统计学院教授、博士生导师、享受国务院特殊津贴专家。主要研究方向:国民经济核算、人力资源管理、农业经济。已培养博士生19名,硕士生50余名。出版教材多部,其中1995年出版的《统计学》是全国高等农业院校统编教材,2003年出版的《统计学》为全国"十五"规划统编教材。主持省、部级科研项目10余项,获省、部级科技成果奖6项,公开发表学术论文30余篇。

苏继伟,女,1986年毕业于山西财经学院计划统计系,获经济学学士学位,现为重庆工商大学数学与统计学院副教授。从事经济统计学的教学和科研工作。近年来,在学术刊物发表论文10余篇,主持参与科研项目多项。

前　言

《统计学》是经国家教育部批准的经济及管理类专业的基础课程，也是统计学专业的学位主干课程。经过国内外统计学界多年的努力，该课程对统计学专业来讲，已经形成了理论教学、实验教学、试题库及教考分离、网络化自主学习的完整的教学体系。而对非统计学专业学生来说，他们所渴望的实用性强、简单明了、易于理解和掌握的《统计学》教材却不多见。基于这样的考虑，我们编写了这本教材，旨在帮助非统计学专业的学生较为容易地掌握统计学的基本理论与方法，推动统计学与经济学、管理学等多学科的交叉与融合。本教材的主要特点是：(1)在内容上继承了原有教材的精华，关注国内外统计学发展的新成果，正确处理描述统计学与推断统计学的关系，沿着现代统计学发展的主线，内容有适当延伸。(2)正确处理统计理论与统计实践的关系，突出方法的实用性。在理论介绍时，回避了繁杂的公式推导，对重要的统计原理，更多地应用试验验证的方法，使学生易于理解；行文风格上注重语言的逻辑性、通俗性、简练性。(3)教材中案例的选择注重结合经济学、管理学及社会学中实际问题，让学生体会统计方法的实用价值；调动学生学习的主动性、积极性、创造性；强化学生阅读、理解、运用统计资料发现问题、分析问题和解决问题的能力。(4)每章后面附有多种形式的习题，学生可以围绕教学内容及"教学目的与要求"进行课后练习，巩固所学知识。(5)有些章节穿插介绍了主流软件的功能和特点，以配合实验教学。(6)教材最后附有主要学习内容的实验操作指南，学生可以使用 Excel 处理搜集来的统计数据，让学生比较多地接触统计实例和体验现代计算技术处理数据的魅力。

本教材的总体思路和基本框架由主编提出，经编写组集体讨论确定，而后分工编写。初稿完成后，由范秀荣总纂，苏继伟校核。编写组最后讨论定稿。具体分工如下：第一章及第八章部分由范秀荣编写；第二章由张维编写；第三章及第四、六、七、九章部分由苏继伟编写；第四章由余鲁编写；第五章由邱沛光编写；第六章由黄霞编写；第七章由黄应绘编写；第八章由李红编写；第九章由陈正伟编写；实验指南由叶勇编写。

本教材编写过程中，得到重庆工商大学教务处及教材科的大力支持和帮助，重庆工商大学数学与统计学院研究生贺本岚、王轶在校对过程中做了大量工作，西南财经大学出版社的同志为本书的审校付出了极大的心血，在此一并表示衷心感谢。

由于时间仓促，加之作者水平有限，书中难免会有疏漏和错误之处，敬请读者批评指正。

范秀荣

2007年6月于重庆

目录

MULU

目录

第一章

导论

[教学目的与要求]：

1. 了解统计学发展简史及主要学派；

2. 正确理解“统计工作”、“统计资料”、“统计学”的概念及三者的关系；

3. 深刻理解统计学的研究对象、方法、特点；

4. 正确理解和运用统计学中的几个基本概念。

第一节 统计学的产生与发展

一、统计学(Statistics)发展简史

人类的统计实践活动以远古社会的"结绳记数"为标志,可以追溯到原始社会末期至奴隶社会形成的过程中,距今已有近五千年的历史。但统计实践上升为理论并成为统计学,却是近代的事情,距今只有三百多年的历史。回顾统计科学的渊源及其发展过程,对我们了解统计学的研究对象、性质以及掌握统计学的理论和方法,提高统计实践和理论研究水平都是十分必要的。

统计学作为一门方法论科学是伴随着资产阶级的古典哲学、古典政治经济学和空想社会主义的产生而产生,并随着社会经济和国家管理的需要而发展起来的。统计学经历了古典统计学、近代统计学和现代统计学三个时期,形成了各种不同的学派。其中,比较重要的有政治算术学派(Political Arithmetic School)、国势学派、数理统计学派(Mathematical Statistics School)和社会统计学派。

(一)古典统计学时期

这一时期具有代表性的是政治算术学派和国势学派。

1. 政治算术学派

该学派发源于英国伦敦,产生于17世纪中叶,代表人物是英国的威廉·配第(W. Petty,1623—1687)和约翰·格朗特(J. Graunt,1620—1674)。1676年威廉·配第《政治算术》的问世,标志着古典政治经济学的诞生,同时也标志着统计学的诞生。该书中,他运用大量的实际统计资料,用数字、重量和尺度来对比分析英国、法国、荷兰三国的国情国力,阐明英国的国际地位,提出了英国社会经济发展的方向。威廉·配第将自己首创的系统的数量对比和分析方法运用于宏观政治经济的分析和说明,因此被马克思称为"政治经济学之父",在某种程度上也是"统计学的创始人"。虽然威廉·配第没有使用"统计学"这一名词,但他使用的数量对比分析方法为统计学的诞生奠定了基础。

"政治算术学派"的另一创始人约翰·格朗特,他的代表作是《对死亡率公报的自然观察和政治观察》。当时,伦敦瘟疫流行,死亡情况严重,引起社会不安。格朗特根据死亡率公报,对伦敦人口的出生率、死亡率、性别比和人口发展趋势,分类做了计算和预测,揭示了人口现象中的某些规律,这是政治算术学派的开篇论文。

"政治算术学派"在统计发展史上占有重要的地位。首先,它并不满足于社会经济现象的数量登记、列表、汇总、记述等过程,而是把这些统计经验加以全面系统地总结,并从中提炼出某些理论原则;其次,该学派在收集资料方面,较明确地贯穿着大量观察、典型调

查、定期调查等思想;再次,在处理资料方面,较为广泛地运用分类、制表及各种指标来浓缩与显现数量资料的内涵信息;最后,它第一次运用度量的方法,依靠数字解释并说明社会经济现象。

2. 国势学派

国势学派又称记述学派,主要创始人是赫姆斯特大学教授海门尔·康令(H. Conring,1606—1681)(德国)和哥丁根大学教授特佛里德·艾奇纳沃(G. Achenwall,1719—1772)(德国)及斯廖采尔(1735—1809)(德国)。这一学派认为"统计学是研究一国或多数国家的显著事项之学"。其词意为:"由国家来收集、处理和使用数据。"在1749年出版的《近代欧洲各国国势学论》中首先使用了"统计学"这个名称。但这一学派偏重于记述方法和文字描述,而缺乏数量分析的方法和结论。由于它缺乏现代统计学所研究的实质内容,所以,它是有统计学之名,而无统计学之实的学派。

然而,国势学派对统计学的创立和发展仍做出了不少贡献。首先,国势学派为统计学这门学科的兴起所发挥的作用至今仍为世界公认。如首次提出"统计学"、"统计数字资料"、"数字对比"等统计术语;其次,"国势学派"在研究各国的显著事项时,主要系统地运用对比的方法来研究各国的实力和强弱,从而产生了使这种方法形象化的产物——统计图表(Statistical Diagram)。

国势学派和政治算术学派有很多共同点,如两者均以社会经济现象作为研究对象,都将社会经济的实际调查资料作为立论基础,均认为自己这门学科是一门阐明国情国力的实质性社会科学。两者的区别在于是否将数量对比分析方法作为这门学科的基本特征。正是由于这样的共性和个性,使得两个学派共同发展和相互争论达两百年之久。1850年,德国一位经济学和统计学家克尼斯(A. Knies,1821—1898)发表了一篇论文《独立科学的统计学》,提出了"国家论"与"统计学"科学分工的主张。即"国家论"作为"国势学"的科学命名,"统计学"作为"政治算术"的科学命名。在统计学说史上,该论文的发表,结束了两派学术之争。

(二)近代统计学时期

这一时期具有代表性的是数理统计学派和社会统计学派。

1. 数理统计学派

数理统计学派产生于19世纪中叶。创始人是比利时的生物学家、数学家和统计学家阿道夫·凯特勒(A. Quetlet,1796—1874)。他首先将法国的古典概率原理引入社会经济现象的研究中,使统计方法在"算术"的基础上得到了质的飞跃,为统计的数量分析奠定了数理基础。凯特勒最先运用大数定律论证了社会生活现象并非偶然,而是有其发展规律。他在《社会物理学》中利用概率论原理提出了"平均人"的概念,虽然他忽略了社会现象与自然现象的本质区别,但他初步完成了统计学与概率论的结合。1867年,这门兼有数学和统计学双重性质的学科被命名为"数理统计学",阿道夫·凯特勒因此被欧美统计学界誉为"近代统计学之父"。

2. 社会统计学派

19 世纪后半叶,正当自然领域研究的"数理统计学派"起步发展的时候,德国兴起了与之不同的"社会统计学派"。这个学派是近代各种统计学派中比较独特的,它在理论上比"政治算术学派"更加完善,在时间上比"数理统计学派"提前成熟。因此,对国际统计学界影响较大,流传较广。

社会统计学派由德国大学教授克尼斯(A. Knies)首创,主要代表人物为恩格尔(C. L. E. Engel,1821—1896)和梅尔(C. G. V. Mayr,1841—1925)。他们认为,统计学的研究对象是社会经济现象,目的在于明确社会现象内部的联系和相互关系;统计应包括资料的收集、整理以及对其进行统计分析;全面调查,包括人口普查和工农业调查,居于重要地位;以概率论为理论基础的抽样调查,在一定范围内具有实际意义和作用。

社会统计学派对统计学的贡献在于:从统计学研究对象上看,它更关注社会经济现象总体;从研究方法上看,它主要采用大量观察法。这构成了实质性科学的两大特点。

后来,随着社会经济的发展,该学派的理论和方法经过不断发展和完善,完成了从实质性科学向方法性科学的转变,从而形成了目前的社会经济统计学。

(三)现代统计学时期

19 世纪中叶, 阿道夫·凯特勒所创立的数理统计学,后经葛尔登(F. Galton,1822—1921)、皮尔逊(K. Pearson,1857—1936)、鲍莱(A. L. Bowley,1869—1957)和费歇尔(R. A. Fisher,1880—1962)等统计学家的不断丰富和发展,逐渐形成为一个完整的学科体系。这里所说现代统计学时期是指 20 世纪初至今的数理统计学时期。这一时期发展的主要成果是数理统计在随机抽样基础上建立起来的统计推断学,是一种由样本推断总体特征的方法。

20 世纪 60 年代以后,数理统计学的发展有三个显著特点:一是越来越广泛地运用数学方法;二是数理统计学的分支或以数理统计学为基础的边缘学科不断形成和发展;三是借助于电子计算机等现代化计算手段,其运用日益广泛和深入。

二、统计学的研究对象及特点

(一)统计学的研究对象

统计学最初是作为一门实质性科学建立起来的,它从数量上研究具体的社会经济现象发展变化的规律性。但是,随着统计学研究范围的不断拓展以及统计方法在社会领域和自然领域内的有效运用,加之统计方法体系本身的不断发展和完善,统计学的研究对象也发生了很大变化。统计学已从实质性科学中分离出来,成为一门适用于自然现象和社会经济现象研究的方法论科学。因此,统计学的研究对象是大量现象的数量方面,包括数量特征和数量关系。数量水平、数量规模等为数量特征;比例、结构、平均数、速度等为数量关系。

本书侧重于介绍统计学的基本理论、基本原则和基本统计方法。

（二）统计学的研究特点

统计学研究具有“数量性”、“总体性”、“变异性”三个显著的特点：

（1）数量性。这是统计学方法的基本特点。数字是实施统计方法的基础，指的正是数量性的特征。但应强调的是，并不是任何一种数量都可以作为统计对象，统计数据应是客观事物“量”的反映，通过数据来测度事物的类型、量的顺序、量的大小、量的关系，以认识客观规律的量的表现。而且统计定量认识必须建立在对客观事物定性认识的基础上，统计研究要在密切联系现象“质”的基础上来研究它的“量”，并通过量反映现象的“质”，这一点和数学研究抽象的数量关系是不同的。

（2）总体性。统计学以客观现象总体的数量方面作为自己的研究对象，这就是说，统计的数量研究是对现象总体中各单位普遍存在的事实进行大量观察和综合分析，得出反映现象总体的数量特征。统计研究是要从个别事物入手，但对个别事物的具体事实的调查、观察只是为了达到研究现象总体特征的目的。例如，进行城镇居民家计调查，目的不在于了解个别居民家庭的生活状况，而是要反映一个城市的居民收入水平、收入分配、消费水平和消费结构等。客观事物的个别现象通常有其特殊性、偶然性，而总体现象则具有相对的普遍性、稳定性，是有规律可寻的。统计研究的结论是在对现象进行了大量观察和综合分析之后得出的，结论只对总体有效，而对个体事物则不一定有效。统计研究现象总体的数量特征，主要是加强对现象规律的认识。

（3）变异性。统计学研究现象的前提条件是现象中的各单位存在差异。而这些差异并不是由某种特定的原因事先给定的。例如，一个地区的工业企业在所有制类型、生产规模、职工人数、增加值数量等方面是不尽相同的，是有差异的，这才需要研究这个地区工业企业的所有制结构、生产规模、职工人数、增加值数量等方面的情况。显然，各工业企业的这些差异，是客观存在而非事先规定的，是随机的，明确这一点非常重要。统计上把总体各单位由于随机因素引起的某一标志表现的差异称为变异。

三、统计学的性质与功能

（一）统计一词的三种涵义

要深入了解统计学的性质，就必须理解“统计”一词的三种涵义。

在中国古代，统计仅仅有数字总计的意思。而现代涵义的统计，包括相互联系的三个概念，即统计工作（Statistical work）、统计资料（Statistical data）和统计学（Statistics）。

统计工作即统计实践活动，是人们对客观事物的数据资料进行收集、整理、分析等一系列工作的总称。统计工作是统计一词的基本涵义，没有统计工作就不会生成统计资料，也就不会产生统计科学。

统计资料是统计工作的成果，包括原始的调查资料以及经过加工整理、分析而成的系统的资料及图表。如国家及地方统计局定期发布的国民经济与社会发展公报、各种统计年鉴等。

统计学是一门讲述收集、整理、描述、显示和分析统计数据的方法论科学。它把统计实践活动的程序和组织、统计资料的加工和计算以及统计分析的途径和方法，经过归纳、总结，上升为理论体系，是指导统计工作的方法论科学。

上述三种涵义既有区别，也有联系：统计工作和统计资料是过程和成果的关系，统计工作过程的好坏直接影响统计资料的质量。统计学与统计工作是理论与实践的关系，统计工作一方面受统计理论指导，另一方面也对统计理论进行检验，从而促进统计理论的发展。统计学、统计工作、统计资料之间的关系表明，理论来源于实践，又反过来为实践服务，体现了理论与实践的辩证统一。

统计学是一门认识方法论科学，它是研究如何收集数据、分析数据，以便从中得出正确推断与结论的认识方法论科学。

（二）统计的功能

统计具有信息、咨询、监督、辅助决策等功能。

统计信息功能指统计工作者根据统计方法制度，系统地收集、整理、分析、存储和传递以数量描述为特征的社会经济信息。

统计咨询功能指统计工作者利用已经掌握的系统的统计信息，进行深入地综合分析和专题研究，为社会提供咨询、建议和对策方案。

统计监督功能指统计工作者根据已经掌握的统计信息，及时准确地反映社会、经济的运行状况，以确定其是否正常，从而为社会经济的平稳、协调发展提供统计支持。

统计辅助决策功能指统计工作者可根据统计信息、统计资料为领导者做出正确决策提供合理化建议。

第二节　统计学的分科

随着统计学的发展，统计学的内容越来越丰富，统计方法的运用领域也越来越广泛，统计学已发展成为由若干分支学科组成的完整的学科体系。

从统计方法的构成看，统计学可分为描述统计学和推断统计学；从统计研究内容的侧重点看，统计学可分为理论统计学和应用统计学。

一、描述统计学和推断统计学

1. 描述统计学（Descriptive Statistics）

描述统计学与推断统计学的划分，实际上代表了统计学的两个不同发展阶段。描述统计学研究如何取得反映客观现象的数据资料,对所收集的数据进行加工整理,通过图、表等读者易于理解的形式汇总和显示;在此基础上通过综合、概括与分析得出反映客观现象数量规律性特征的指标和指标体系,如综合指标、相对指标、平均指标、变异指标、动态指标和指数等。科学立论要建立在大量收集数据(特别是对总体的全面调查)的基础上。

2. 推断统计学(Inferential Statistics)

推断统计学被认为是现代统计学的内容,是研究如何根据样本数据推断总体数量特征的理论与方法。它是在对样本数据进行描述的基础上,对统计总体做出以概率论为基础的推断与估计。它具体包括抽样调查、假设检验、回归与相关分析等。

描述统计是整个统计学的基础,推断统计则是现代统计学的核心和主要内容。由于在对现实问题的研究中,所获得的数据主要是样本数据,因而仅靠描述统计学就无法得到总体的数量特征,由此推断统计在现代统计学中的地位和作用越来越突出。描述统计学发展到推断统计学,反映了统计学发展的巨大成就,也是统计学发展成熟的重要标志。

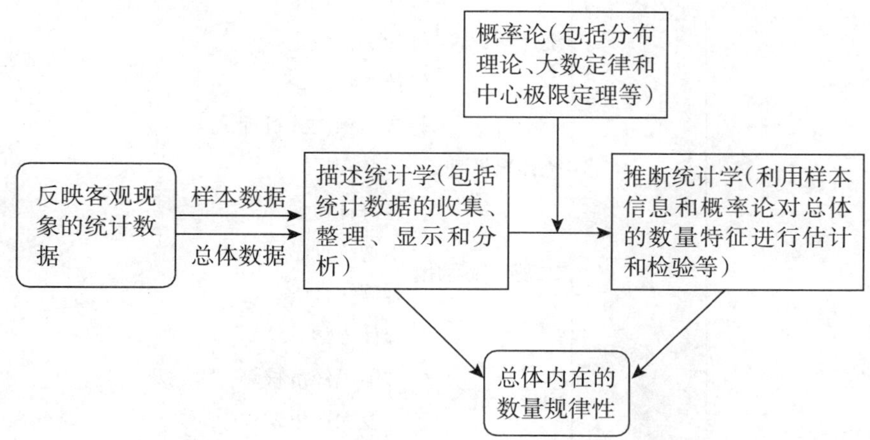

图 1.1　描述统计学与推断统计学关系图

二、理论统计学和应用统计学

1. 理论统计学(Theoretical Statistics)

理论统计学是指统计学的数学原理,它是利用数学原理研究统计学的一般理论和方法的统计学。数学知识在现代统计学中的运用,特别是概率论在统计推断中的基础地位,要求从事统计理论方法研究的人具有坚实的数学基础。理论统计学为统计方法提供理论依据,没有理论统计学的发展,统计学绝不能发展成为今天如此完整的学科体系。

2. 应用统计学(Applied Statistics)

应用统计学是研究如何运用统计方法去解决实际问题。应用统计大多数是以数理统计为基础形成的一些边缘学科,在自然科学和社会经济领域都得到了成功的运用。如在自然科学领域,统计方法在生物科学中的应用形成生物统计学,在工业领域中的应用形成工业统计学,在农业领域中的应用形成农业统计学;在经济和社会科学领域中,应用数学方法、数学模型形成了计量经济学,在管理科学中的应用形成了管理统计学,在人口学中的应用形成了人口统计学……可见,统计学已经渗透到自然科学和社会经济生活的各个方面,形成了不同的统计学分支。尽管研究领域不同,方法各异,但其基本原理相同,都是以数学和概率论为基础的分支或边缘学科,都包括描述统计学和推断统计学的内容。

理论统计学和应用统计学详细的分类如图 1.2。

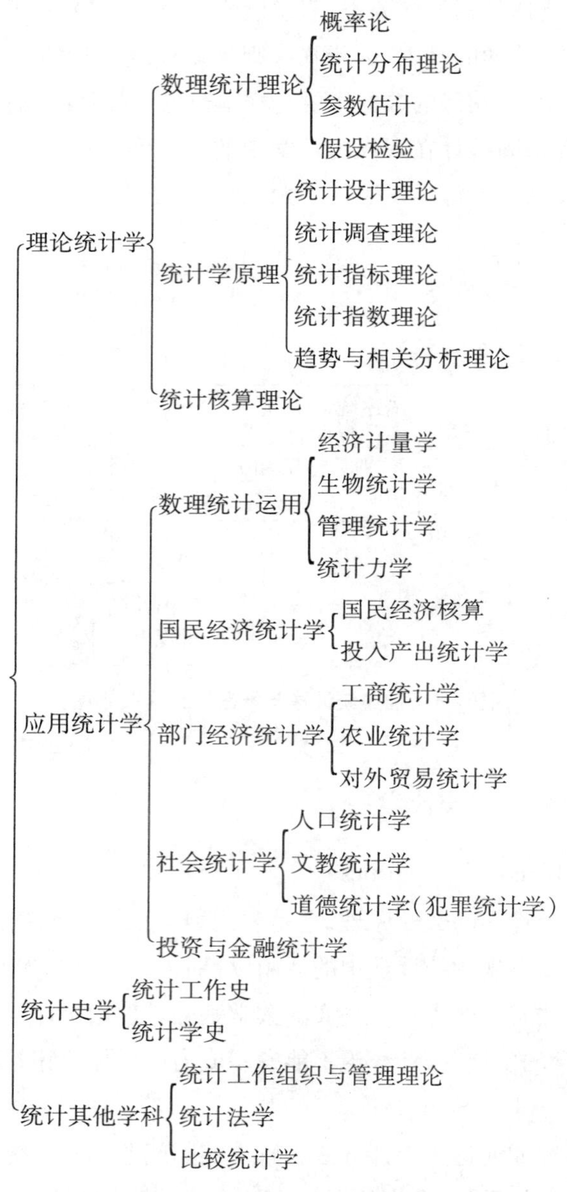

图 1.2 理论统计学和运用统计学的分类图

第三节　统计学与其他学科的关系

一、统计学与数学的关系

统计学与数学有着密切的联系，但两者又有本质的区别。数学为统计理论和统计方法的发展提供了数学基础，这就要求无论从事理论统计学研究还是应用统计方法的人，都要具有深厚的数学基础。数学与统计学虽然都与数字打交道，但数学研究的是抽象的数量规律，是没有单位的抽象数字，用的逻辑方法是纯粹的演绎；而统计学研究的是具体的、实际现象的数量规律，是有具体的实物或计量单位的数据，使用演绎与归纳相结合的逻辑方法，且以归纳为主。另一方面，统计方法与数学方法一样都具有工具性，这种工具的实质在于给各学科提供一种研究、探索客观事物数量规律的方法。

二、统计学与其他学科的关系

统计学从来没有固定的研究对象，它靠研究其他领域的问题而生存和发展。统计学是一门运用性很强的方法论学科，它几乎与所有的学科领域都有联系。这种联系表现为，统计方法可以帮助其他学科探索学科内在的数量规律性，但对这种内在规律性的解释则由各学科自己来完成。比如，利用统计方法分析施肥量与农作物产量的关系，得出在一定的施肥量范围内，施肥量的增加是农作物产量增加的主要原因之一的结论，但为什么施肥能够提高农作物产量，这就需要农学的专业知识进行解释了。

所以，统计方法仅仅是一种有用的、定量分析的工具，它不是万能的，不能解决你想要解决的所有问题。能否用统计方法解决各学科的具体问题，首先要看使用统计工具的人能否正确选择统计方法，而正确统计方法的选择离不开事前对事物“质”的定性分析。当然对事物质的分析要有坚实的专业知识，而对统计的结果做出合理的分析解释也离不开各学科的专业知识。

第四节　统计学的基本概念

一、总体与总体单位

（一）总体（Population）

凡是客观存在的，在同一性质基础上结合起来的许多个别事物构成的集合就称为统计总体，简称总体。例如，研究全国工业生产情况时，全国所有的工业企业是一个总体

(经济职能相同);研究银行职工的收支情况时,所有的银行职工是一个总体(工作性质相同)。

(二)总体单位(Unit)

构成总体的每一个个别单位就称为总体单位。总体单位可以是人,可以是物,也可以是实体。例如,研究某大学的学生状况,则每一个大学生是总体单位;研究某厂的设备状况,则该厂的每一台设备是总体单位;研究某市工业企业状况,则该市的每一个工业企业是总体单位。

总体中所包含的总体单位数为总体容量,也叫总体单位总量。常用大写字母 N 来表示。

N 的取值如果特别多或无穷大,则称该总体为无限总体。例如,大量连续生产的零件组成的总体就是无限总体,因为只要这种零件总是连续不断地生产下去,这一总体就无限地扩大下去;又如,研究长江水的年径流量,则从长江形成开始的每一年径流量构成的总体也是一个无限总体。若总体单位总量 N 的取值是有限的数,则称该总体为有限总体。如某市商业企业总体、一个国家的人口总体、某市高等院校总体等。这样一些总体都是有限总体。一般说来,无限总体只适用于非全面调查方法取得数据,有限总体既可用全面调查,也可用非全面调查方法进行调查取得数据。

(三)统计总体和总体单位之间的关系

统计总体和总体单位之间体现着全体和个体、整体和局部的关系。统计总体和总体单位的确定,要视研究问题的目的和研究范围而定。同一单位在不同的研究范围和不同的研究目的下,时而为总体,时而为总体单位。例如,当研究某一典型商业企业职工问题,该商业企业就构成了总体,总体单位是该商业企业的每一个职工;而当研究某市商业企业问题时,则该典型商业企业只能是一个总体单位了。这就是说,总体与总体单位是相对的,不是一成不变的。

二、变量与数据

(一)变量(Variable)

根据统计工作的任务确定了研究对象,即划定了总体范围之后,就要选择一个或几个方面的问题加以研究而不是包罗万象。为此,引出变量这个概念。

变量就是说明现象某种属性和特征的名称;变量的具体表现称为变量值。如:性别、籍贯、文化程度、年龄、身高、体重;企业类型、产值、利润、生产费用支出等都是变量。显然,从上面的例子可以看出,变量有品质变量和数值变量之分。

品质变量是说明现象品质特征的名称,如企业所有制性质、性别、文化程度等,都是品质变量,其具体表现为品质数据。如“性别”为品质变量,“男”、“女”是品质表现。这就是说,品质变量具体表现一般用文字描述更为确切。当然品质变量具体表现也可用数字描述，只不过所产生的数字级别是很低的。比如“文化程度”这一品质变量的表现是：文盲、小学、初学、高中、大专、本科、硕士研究生、博士研究生等，也可以用数字1、2、3、4、5、6、7、8来表示，1、2、3、4、5、6、7、8是定性数据。

数值变量是说明现象数量特征的名称，如年龄、身高、体重、产值、利润、生产费用支出等，都是数值变量，其具体表现是定量数据。如：“月工资”是数值变量，1000元是变量值。这就是说，数值变量的表现只能是数字而不能是文字性内容。这些数值是较为高级的。

数值变量按取值特点不同，可分为连续型变量（Continuous Variable）和离散型变量（Discrete Variable）。

连续变量的数值是连续不断的，在相邻两值之间可无穷分割，表现为无穷小数。例如“建筑面积”这一变量，如果对精确度要求很高的话，其值可以取到小数点后无穷位，因此“建筑面积”属于连续型变量。连续型变量的数值通过称量、度量或测量的办法取得。

离散型变量的取值是间断的，只取有限或无限个整数值，如“人口数”、“学校数”、“机器台数”。离散型变量的数值通过计数的办法取得，任意两个相邻的整数值之间不能有微量的变差存在。

反映总体单位属性和特征的变量（包括品质变量和数值变量）就是标志，反映总体数量特征的数值变量就是指标。

变量是统计学中的一个很重要的概念，多数情况下指的是数值变量，而大多数统计方法所处理的也都是数值型变量。

不论品质变量还是数值变量，如果在选定的变量下，各单位的具体表现都相同，就称这个变量为不变变量（也是不变标志）。此时这些具有相同变量值的各个单位就构成了“同质总体”。例如，在“职业”这一变量下，如果每个人的答案都是教师，那么这些人就组成了教师这一同质总体，此时“职业”就是不变标志。而在同一个总体中，当选择另外一个与“职业”不同的标志时，各单位的具体表现又是不尽相同的（至少有一个不同），这就是“个体的差异性”，此时形成可变变量（也是可变标志）。例如，在教师总体中，每个人“教龄”的值是不尽相同的。此时，“教龄”便是可变标志（即变量）。在一个总体中不变标志和可变标志各自发挥着不同的重要作用。一个总体至少要有一个不变标志，因为不变标志是总体同质性的基础，如果没有不变标志，那么总体也就不复存在。而另一方面，一个总体内的个体又必须同时存在多个可变标志，否则统计研究的基础也就不复存在。上例中，“职业”是不变标志，但又存在“工资”、“教龄”、“性别”等多个可变标志。由此可见，总体的同质性是研究问题的前提，而总体中个体的差异性则是研究问题的本身。

（二）数据的类型与用途

前面已经定义了变量和变量值的概念，而且知道大多数变量值都表现为数据，因此认识数据的类型是必要的。可以根据变量的类型不同把数据分成定性数据和定量数据。

1. 定性数据(Qualitative Data)

品质变量的取值必须用文字表示,其结果就产生了定性数据。这是数据的较低级。又可分为两个子集别:名义级和序次级数据。

(1)名义级数据(Nominal Data)

对品质变量来说,其变量值用文字形式表现是最确切的,但也可以用数据来表示。当用数据来表示的时候就产生了名义级数据。名义级数据是数据的最低级,仅仅是一种标志类型的名义体现,即用不同值以区分变量的分类类型,没有序次关系。如“性别”是品质变量,用变量值“1”表示男性,用“2”表示女性,这时“1”、“2”就是名义级数据,或者反过来编码当然也可以;又如,“顾客所喜欢的颜色”是品质变量,用数码 1、2、3、4、5、分别表示红色、黄色、绿色、白色、褐色。

显然,这里的名义级数据之间不能比较大小,更不能进行加、减、乘、除四则运算。仅仅是一种代码,表示品质变量的不同类型。

(2)序次级数据(Ordinal Data)

这是数据的中间级,也是品质变量取值的结果。例如,产品的等级,用“1”表示合格品,用“2”表示不合格品,当然也可以相反,用 2 表示合格品,用 1 表示不合格品;又如,考试等级,用 1、2、3、4、5 分别表示优、良、中、及格、不及格。信息一点也不会受到损失。显然,以上两例数码的序次,代表了产品的优劣及考试成绩的高低差异。尽管这些数据不能准确描述差别的大小,但是可以确定其顺序。因而,可以对这些数码值做不等式运算。如,从成绩的优劣而言,如果有“优>良”,“良>中”……便可以肯定“优>中”(或 $1 > 3$)。该级别的变量值和名义级变量值的相同之处在于,它们都可以用文字表示,也可以用数字表示;不同之处在于,名义级数据没有序次关系,不能比较次序和大小,而序次级数据可以比较大小和序次,较名义级数据高了一个层次。正因为序次级数据有序次关系,可以比较大小,所以又称之为半定量级数据。

2. 定量数据(Quantitative Data)(刻度级数据)

数值变量的取值必须用数值表示,其结果就产生了定量数据,也称之为刻度级数据。这是数据的最高级,又可以分为两个子集别:间距级和比率级。

(1)间距级数据(Interval Data)

间距级数据的特征是:①带有一定单位的实际测量值,如摄氏温度,海拔等的取值。②没有绝对的“零”。如,摄氏 0℃是物理意义上的 0,代表一种状态。③可以进行减法运算,也可以进行加法运算,但是不能进行乘除运算。如,今天的气温 16℃,昨天的气温 8℃,今天的温度比昨天高了 8℃(实施了减法运算),但不能说今天的温度是昨天的 2 倍(不能进行除法运算),因为将这两个摄氏温度换算为热力学温度后,便不再是 2 倍的关系了。

(2)比率级数据(Ratio Data)

比率级数据的特征是:①带有一定单位的实际测量值。②具有绝对的“零”,即0值不是人为设定的,如:人的身高为0,代表没有这个人;长度为0,代表没有距离。③可以进行加减乘除四则运算,如100米比50米长了50米,100米是50米的2倍。任意两个取值的比率(分母不为0)有确定意义。

(3)定量数据的其他分类

定量数据按表现形式不同,分为总量数据和分析数据。总量数据是反映现象在一定时间、地点、条件下达到的总体规模或水平的数据,表现为带有当量的绝对数形式。如人口数、土地面积、总产值等。

分析数据是总量数据的派生数据。常以相对数、平均数的形式表现出来。常见的相对数有结构相对数、比例相对数、比较相对数、强度相对数、计划完成相对数、动态相对数等。常见的平均数有静态平均数和序时平均数。这些分析指标在后面的章节将做系统介绍。

3. 不同类型数据的用途

数据的不同类型实质上就是变量的不同类型。不同类型的数据具有不同的用途特点。

首先,不同测度类型的数据都可以作为统计对象直接进行统计处理。例如,比率级数据可以用来计算均值、也可以用来进行回归与相关分析;间距级数据可以用来计算均值;序次级数据可以计算等级相关系数;名义级数据可以用来做相应变量的独立性分析。

其次,数据等级不同运用范围不同。一般来说,数据等级越高运用范围越广,数据等级越低运用范围越窄。

名义级数据对应的变量通常只作样本分类的依据,即作为分类变量来使用。比如,“产品质量”将调查的样本数据分成两组,统计各组次数,以分析总体结构。

当然,序次级数据对应的变量也可以作为分类变量使用,比如,“受教育程度”、“产品等级”等都可以作为分类分组的依据。

无可非议,刻度级数据对应的变量也可以作为分类变量使用,且对数值进行组距式分类分组。比如,将考试成绩按60分以下,60~70,70~80,80~90,90~100分成5个组;也可以对应分成“不及格”、“及格”、“中等”、“良好”“优秀”五个等级变量。

可以看出,不同测度级别的数据,运用范围不同。等级越高,运用范围越广,等级越低,运用范围越受限。一般说来,等级高的数据,可以兼有等级低的数据的功能;相反,等级低的数据却不能兼有等级高的数据所具有的功能。

第五节　统计学的方法

统计研究过程的各个阶段，从数据的收集、整理、汇总到统计分析、检验，运用各种专门的统计方法，主要包括收集数据所采用的大量观察法、实验设计法；数据的整理、汇总阶段所采用的分组法；统计分析所采用的综合指标法、统计模型法、统计推断法等。

一、大量观察法

所谓大量观察法，是指对研究事物的全部或足够数量的样本进行观察的方法。在现象总体中，个别单位往往受偶然因素的影响，如果任选其中之一进行观察，结果并不能代表总体的一般特征。因为观察数据通常受众多随机因素影响，只有根据大量观察并加以综合后，影响个别单位的偶然因素才会相互抵消，现象的一般特征才能显示出来。

二、实验设计法

所谓实验设计，就是在获得数据过程中，通过事先设计实验的合理程序对数据产生的条件实施控制，使得收集到的数据只受单一因素的作用，以便更符合统计分析方法的要求。

实验设计中遵循重复性和随机性原则，从而突出单一因素的影响作用。

三、统计分组法

统计分组是指对观察或实验所得到的数据进行审核、整理归类或分组，计算出各种能反映总体数量特征的指标，并从中提出有用的信息，以表格或图形表示出来，为统计分析作准备。

四、综合指标法

综合指标法就是运用各种综合指标对现象进行反映，以综合说明大量现象的数量关系，概括地表明其一般特征的方法。

五、统计模型法

统计模型法是根据一定的理论和假设条件，用数学方程模拟客观现象相互关系的一种研究方法。它可以对变量和变量存在的数量关系进行比较完整和近似的描述。

六、统计推断法

统计在研究现象的数量关系时,需要了解的总体范围往往很大,有时甚至是无限的。由于经费、时间、精力等原因,不能对总体中的每一个单位都观察,只能从中观察部分单位或有限单位,根据局部观察结果在概率意义上来推断总体的参数或分布形态的方法。这是现代统计学的内容。

练习与思考

一、单项选择题

1. 了解统计学院教师情况,则(　　)。

A. 教师总数是总体

B. 每位教师是总体单位

C. 具有硕士学位教师所占比重是总量指标

D. 教授是品质标志

2. 以下不属于描述统计学的研究范围的是(　　)。

A. 数据调查与收集　　B. 数据的计算

C. 数据汇总　　D. 抽样估计

3. 在全国人口普查中,总体单位是(　　)。

A. 每个家庭　　B. 每个地区

C. 每个人　　D. 全国总人口

4. 总量数据表现为(　　)。

A. 相对数　　B. 平均数

C. 绝对数　　D. 变异数

5. 名义级数据可以用来(　　)。

A. 分类　　B. 比较大小

C. 加减运算　　D. 加减乘除四则运算

6. 英国的威廉·配第是(　　)的创始人。

A. 记述学派　　B. 政治算术学派

C. 数理统计学派　　D. 社会统计学派

7. 对总体资料,只运用(　　)就可以找出其数量规律。

A. 描述统计学方法　　B. 推断统计学方法

C. 分组方法　　D. 汇总方法

8. 3 个大学生某门课程的考试成绩分别为 70 分、79 分、90 分,则 70 分、79 分、90 分是(　　)。

A. 3 个变量　　B. 3 个品质变量

C. 3 个数值变量　　D. 3 个观察值

9. 总体与总体单位的确定(　　)。

A. 与研究目的有关　　B. 与研究目的无关

C. 与总体范围大小有关　　D. 与研究方法有关

10. 通过有限数量的种子发芽试验结果来估计整批种子的发芽率，这种统计方法是属于(　　)。

A. 推断统计学　　B. 描述统计学

C. 数学　　D. 逻辑学

二、多项选择题

1. 统计有三层涵义(　　)。

A. 统计设计　　B. 统计工作

C. 统计资料　　D. 统计科学

E. 统计分析

2. 下面属于推断统计学研究内容的是(　　)。

A. 数据收集　　B. 抽样调查

C. 数据显示　　D. 假设检验

E. 数据整理

3. 下面总体属于有限总体的有(　　)。

A. 全国人口总体　　B. 连续生产的产品总体

C. 某市国有企业总体　　D. 某地区工业设备总体

E. 河流的年径流量

4. 下面变量的表现属于比率级数据的有(　　)。

A. 摄氏温度　　B. 海拔高度

C. 考试分数　　D. 日产量

E. 性别

5. 以下关于描述统计学和推断统计学的叙述中，正确的有(　　)。

A. 描述统计学是现代统计学的基础

B. 推断统计学是现代统计学的基础

C. 推断统计学是现代统计学的核心

D. 两者相辅相成缺一不可

E. 推断统计学具体包括抽样调查、假设检验等

6. 统计研究的主要方法有(　　)。

A. 大量观察法　　B. 统计指标法

C. 统计推断法　　D. 统计分组法

E. 统计模型法

7. 总体和总体单位不是固定不变的，随着研究目的的不同(　　)。

A. 总体单位可转化为总体　　B. 总体可转化为总体单位

C. 总体和总体单位可以相互转化　　D. 只能是总体单位转化为总体
E. 只能是总体转化为总体单位

8. 影响农作物收获率高低的数值变量有(　　　)。
A. 深耕程度　　B. 地形条件
C. 施肥量　　D. 浇水量
E. 种子质量

9. 下列变量中,属于连续变量的有(　　　)。
A. 水稻产量　　B. 土豆播种面积
C. 单位面积产量　　D. 养猪专业户数
E. 企业户数

10. 下列变量中,属于离散变量的有(　　　)。
A. 工业企业单位数　　B. 商品销售额
C. 工人人数　　D. 商品库存额
E. 产品品种数

三、判断题

1.统计学的研究对象是总体单位的数量方面。
2.统计学研究具有"数量性"、"总体性"、"同质性"三个特点。
3.有统计学之名、无统计学之实的学派是国势学派。
4.答案是文字的变量是品质变量。
5.抽样调查、回归分析都属于描述统计学的内容。
6.比率级数据本身不能为0。
7.总体和总体单位的确定,要视研究目的和研究范围而定。
8.三个同学的成绩不同,因此存在三个变量。
9.学校数和建筑面积都属于离散变量。
10.大量观察法指的是要观察总体中的每一个单位。

四、简答题

1. 简述统计一词的三种涵义？它们之间关系如何？
2. 统计学的产生经历了几个时期？代表学派和主要代表人物是哪些？
3. 举例说明什么是总体和总体单位,以及它们之间的转化关系。
4. 举例说明什么是品质变量和数值变量以及它们形成的数据等级。
5. 怎样理解统计学与其他学科的关系？

第二章

统计数据的调查与收集

［学习目的与要求］:

1. 了解统计数据的来源、统计调查的概念和分类；
2. 明确统计调查方案设计的基本内容；
3. 明确收集数据的方法以及调查问卷设计的要点；
4. 掌握统计调查的方法和组织方式。

统计数据完整与否、正确与否，直接关系到以后各阶段的统计工作质量。获取统计数据是统计工作的基础性环节。只有获得满足准确性、及时性、完整性的统计数据才能提高统计对客观事物规律性的认识，进一步为国家宏观调控和科学决策服务。

统计数据的准确性要求统计调查所收集的资料必须符合客观实际情况、真实可靠，既不存在趋势性的技术差错，也不存在故意提供虚假数字的现象。统计数据的及时性要求收集数据必须快捷，以提高统计资料的时效性。否则，即使资料本身无论多么准确，也只能成为“历史记载”。统计数据的完整性要求数据资料必须是所研究事物全貌的完整资料，而不是残缺不全的。一个完整的资料应该是对事物总体数量特征的全面反映，这是统计总体特征所决定的。

第一节　数据的来源

统计数据的来源有两个渠道：一是直接来源，二是间接来源。从统计数据的最初来源来看，统计调查和科学试验是其主要来源。统计调查是获取统计数据最重要的直接来源，但对于多数数据使用者来讲，通过亲自调查或科学试验来获取第一手数据的可能性不大，更多数据的使用者是利用他人调查或试验的数据，即获得第二手数据。

一、间接来源

统计数据的间接来源是指通过其他渠道获取的、别人调查或实验后已经加工、整理过的第二手数据。

第二手数据主要是公开出版或报道的数据。公开出版或报道的统计数据主要来自国家和地方的统计部门以及各种报刊媒体。如国家和各地区统计部门定期发布的统计公报，定期出版的各种统计年鉴；各类信息中心、信息咨询机构、专业调查机构、各行业协会等发布的数据资料；各类专业期刊、书籍、报纸等提供的数据资料；联合国的各有关部门、世界银行等国际机构以及其他各国发布的各种统计数据。

除了公开出版报道的统计数据之外，还可以通过其他渠道获取所需数据。特别是计算机以及互联网技术的发展，为获取研究所需的数据提供了极大方便。

国内外部分相关网站：

http://www.stats.gov.cn/	中华人民共和国国家统计局
http://www.mof.gov.cn/	财政部网站
http://www.pbc.gov.cn/	中国人民银行网站
http://www.chinatax.gov.cn/	国家税务总局网站
http://www.customs.gov.cn/	中国海关网站
http://www.sts.org.cn/	中国科技统计网
http://www.un.org/	联合国统计司
http://www.who.int/	世界卫生组织网站
http://www.wto.org/	世界贸易组织网站
http://stats.bls.gov/	美国劳工统计局
http://www.stat-usa.gov/	美国统计信息局
http://www.fedstats.gov/	美国联邦统计局
http://www.bea.doc.gov/	美国经济分析局
http://www.census.gov/	美国普查局
http://www.stat.go.jp/	日本统计局
http://www.statistics.gov.uk/	英国国家统计局
http://www.insee.fr/	法国统计网站
http://www.statistik-bund.de/	德国统计网站
http://www.statcan.ca/	加拿大统计网站
http://www.scb.se/	瑞典统计网站
http://www.ssb.no/en	挪威统计网站
http://www.stat.fi/	芬兰统计网站
http://www.cbs.nl/	荷兰统计网站

http://www.abs.gov.au/	澳大利亚统计局网站
http://www.nic.in/stat	印度统计网站
http://www.nso.go.th/	泰国国家统计局
http://www.ngdc.noaa.gov/	美国国家地理中心
http://europa.eu.int/	欧盟统计局
http://www.info.gov.hk/	香港特别行政区
http://www.stats.gov.cn/tjsj/qtsj/	国际统计数据

利用第二手数据进行分析研究,成本低,易获取,所以往往是研究者们首先考虑并采用的。但是第二手资料并不是为某个特定研究目的而产生的,所以在使用时首先要对第二手资料进行评估,如通过考察数据提供者的实力和社会信誉等手段来评估数据的可信度;其次,在使用时还应注意数据的涵义、计算口径、计算方法和所属时间等,以避免误用、错用;再次,在使用第二手数据时要注明数据的来源出处,以尊重他人的劳动。

二、直接来源

直接来源是指通过统计调查或实验活动直接获得第一手数据资料。当仅仅靠第二手统计数据不能满足研究的需要时,就要通过调查和实验方法来直接获取第一手资料。统计调查是获得统计数据最重要的直接来源,通过统计调查方法获得的统计数据也被称为调查数据。

(一)统计调查

统计调查,是指统计部门按照法定程序,依据科学的统计指标体系和科学的调查方法,有组织、有计划地向被调查者收集统计资料的工作过程。

统计调查按收集数据的方法不同,有直接观察法、报告法、采访法、通讯法、卫星遥感法和网上调查等。

1. 直接观察法

直接观察法是调查人员亲临现场对调查对象进行直接观察、点数或计量,以取得统计资料的一种统计调查方法,如商品库存盘点,对农作物产量的实割实测等。这种方法能够保证所收集资料的准确性,但它需要投入较多的人力、物力、财力和时间。

2. 报告法

报告法是指调查单位利用各种原始记录、基层统计台账和有关核算资料作为报告资料的来源,按照隶属关系,逐级向国家提供经济、社会活动情况的一种调查方法。中国人民银行和中国海关现行的统计调查制度就属于这种调查方法。

3. 采访法

采访法是由调查者向被调查者提问,根据被调查者的答复来取得统计资料的一种方法，又分为口头询问法和被调查者自填法。

(1)口头询问法，通常是由统计机构派人按照调查项目的要求向被调查者收集资料，因而也叫派员法。我国第六次人口普查登记就运用了这种方法。

(2)被调查者自填法，就是由调查人员将调查表交给被调查者，由被调查者根据要求填写调查表的一种方法。如市场消费品调查等。

4. 通讯法

通讯法又称问卷法，是调查者把调查表通过邮寄等通讯方式交给被调查者，由被调查者填写后寄回调查者以取得统计资料的一种方法。

5. 卫星遥感法

是利用卫星携带的各种遥感器获取所需的图像或信息，经过对图像或信息的处理、判读、数据转换得到所需数据资料的方法。卫星遥感法是一种先进的统计调查方法，具有较强的超脱性和抗干扰性，能避免人为干扰，保证资料的准确性。与传统调查方法相比，不但可大大缩短时间、人力和财力耗费，而且卫星遥感得到的一些信息资料，较之其他调查方法显示出明显优势，已成为了统计调查手段和方式的革命性变革，有利于更好地满足各级政府部门需要。

6. 网上调查

网上调查是基于 Internet 技术的一种调查，是利用 Internet 作为信息沟通渠道的开放性、自由性、平等性、广泛性和直接性的特性，针对特定内容进行调查设计，将调查问卷的 HTML 文件附加在一个或几个网络站点的 Web 上，由浏览这些站点的网上用户在此 Web 上回答调查问题，以获取所需资料的调查方法。网上调查的适用范围很广，这一点会随着国际互联网运用的普及逐渐显示出来。网上调查将成为 21 世纪运用领域最广泛的主流调查方法之一。

(二)实验设计

通过实验来获取所需数据是收集数据的另一直接来源。实验设计是实验过程的依据，是实验数据处理的前提，也是提高科研成果质量的一个重要保证。应根据实验的目的，结合统计学的要求，针对实验的全过程，认真考虑实验设计问题。一个周密而完善的实验设计，能合理地安排各种实验因素，严格地控制实验误差，从而用较少的人力、物力和时间，最大限度地获得丰富而可靠的资料。反之，如果实验设计存在着缺点，就可能造成不应有的浪费，且足以减损研究结果的价值。

1. 实验设计的原则

实验设计有属于专业方面的，有属于统计方面的。从统计方面说，主要应当考虑对照、重复、随机化等问题，这就是所谓实验设计的三原则。

(1)随机原则。即运用“随机数字表”实现随机化；运用“随机排列表”实现随机化；运用计算机产生“伪随机数”实现随机化。尽量运用统计学知识来设计自己的实验，减少外在因素和人为因素的干扰。

(2)对照原则。空白对照组的设立——只有通过对照的设立我们才能清楚地看出实验因素在当中所起的作用。当某些处理本身夹杂着重要的非处理因素时,还需设立仅含该非处理因素的实验组为实验对照组;历史或中外对照组的设立,这种对照形式应慎用,其对比的结果仅供参考,不能作为推理的依据;多种对照形式应同时并存。

(3)重复原则。即在相同实验条件下必须做多次独立重复实验。一般认为重复5次以上的实验才具有较高的可信度。

2. 实验设计的基本内容

(1)拟定相互比较的处理。所谓处理,指的是在实验研究中欲施加给受试对象的某些因素。如营养实验的各种饲料,治疗某病的几种疗法或药物,药理研究中某药的各种剂量等。在实验的全过程中,处理因素要始终如一保持不变,按一个标准进行实验。如果实验的处理因素是药物,那么药物的成分、含量、出厂批号等必须保持不变。如果实验的处理因素是手术,那么就不能开始时不熟练,而应该在实验之前使熟练程度稳定一致。

(2)确定实验对象及数量。这里指的是实验所用的动物或活体组织标本等。在实验设计中,要根据实验观察的目的与内容,明确规定采用什么样的实验对象,实验对象中的每个实验单位必须具备的条件与要求,以保证受试对象的一致性。

(3)确定将各实验单位分配到各种处理中去的原则。这主要是随机分配或随机化问题。

(4)拟定观察项目和登记表。要根据研究目的和任务,选择对说明实验结论最有意义,并具有一定特异性、灵敏性、客观性的观察项目。必要的项目不可遗漏,数据资料应当完整无缺;而无关紧要的项目就不必设立,以免耗费人力物力,拖延整个实验的时间。

(5)拟定对资料整理分析的预案。就是对将获得的数据资料准备如何进行整理?要计算哪些统计指标?用什么统计分析方法?对于这些问题,事先必须有个初步的设想。例如对计数资料,是计算率还是百分比?若计算率,分子是什么?分母是什么?各组同一项目的某个计算率或百分比如何进行比较?又如对计量资料,是计算算术平均数、几何平均数还是中位数?同一项目各平均数间应采用什么方法作比较?切忌实验设计时不认真考虑,实验过后拿数字去找统计方法。

第二节　统计调查方案

调查数据是统计数据的重要来源,而调查数据的收集是一项高度统一和科学性很强的工作,必须有目的、有组织、有计划地进行,这就需要制订一个周密的数据收集方案即统计调查方案。

统计调查方案(Plan of Statistical investigate)是整个统计调查过程的指导性文件,也是统计设计在统计调查阶段的具体化。统计调查方案的编制,应确定以下几项内容。

一、确定调查目的

所谓调查目的,就是统计调查要解决的问题是什么?这是统计调查方案必须首先做出的回答。因为只有目的明确了,才能进而确定向谁调查,调查什么和用什么方式方法进行调查。因为调查目的不同,收集资料的对象和方法也不一样,目的不明,往往会使整个统计工作陷入盲目性。

例如,我国第三次经济普查的目的:摸清我国各类单位的基本情况,全面调查我国第二产业和第三产业的发展规模及布局,系统了解我国产业组织、产业结构的现状以及各主要生产要素的构成,进一步查实服务业、战略性新兴产业、文化产业等相关产业以及小微企业的发展状况,全面更新覆盖国民经济各行业的基本单位名录库、基础信息数据库和统计电子地理信息系统,为加强和改善宏观调控,加快经济结构战略性调整,科学制订中长期发展规划,提供全面系统、真实可靠的统计信息支持。

二、确定调查对象和调查单位

确定调查对象和调查单位,就是要明确向谁做调查,由谁来提供统计资料。

调查对象就是所要研究的现象总体,即统计总体,它是由若干个性质相同的调查单位组成的。调查单位也就是构成总体的每一个个体单位,它是所要调查登记标志的承受者。调查对象和调查单位是依据调查目的而确定的。例如,我国人口普查,调查对象是中华人民共和国人口总体,而每一个具有中华人民共和国国籍的人都是调查单位。

这里有两个概念应注意区分,即调查单位与填报单位。填报单位也叫报告单位,它是负责向上级报告调查内容或提供统计资料的单位,即职能单位。例如,对某工业企业生产设备进行调查,调查单位是该企业的每台生产设备,而报告单位则是该企业的统计组织机构。

社会经济生活中许多现象之间是相互联系又互有交错的,调查对象的确定只是从大的方面界定某项调查的范围,而能不能按照已定的对象进行调查,还必须赋予调查单位以确切的意义。如对全国城市社会经济状况进行调查,只明确城市是调查单位是不够的,还必须给城市以确切定义,才能把城市与农村及介于两者之间的城镇严格区分开来。为解决这类问题,国家统计局和国务院标准化管理部门共同制定了统计标准,以保证统计资料的完整性和准确性。目前已有的国家统计标准有:国民经济行业分类标准,三次产业分类标准,经济类型划分标准,大中小型工业企业划分标准,基本建设中小型项目划分标准,行业分类标准,大中小城市划分标准,工农业产品(商品、物资)分类,沿海和内地划分标准,农业和非农业划分标准等。

三、拟定调查提纲

调查提纲(Investigate Outline),就是按既定的调查目的所确定的调查项目,是向调查单位进行调查的具体内容。这些项目由说明总体中调查单位基本特征的变量组成,即由品质变量和数量变量所构成的变量体系。拟定调查提纲时应注意以下几点:

(1)所选择的调查项目应能够取得确切资料,对于有些虽然有用但不具备条件取得资料的项目不宜列入。

(2)列入调查项目中的变量或指标应有确切的涵义和统一的解释,以免调查人员或被调查者按各自的理解进行回答,造成资料的不一致,影响资料汇总。

(3)各个调查项目之间尽可能相互联系彼此衔接,以便从整体上进行认识,也便于项目间的核对,提高调查资料质量。另外,还应注意本次调查项目与过去同类调查项目之间的衔接,利于进行动态分析,研究现象发展变化规律。

四、制定调查表

统计调查表(Table of Statistical Investigate)是指在统计调查中用以对调查对象进行登记、收集原始统计资料的表格。《统计法》规定:制定统计调查项目计划时,必须同时制定相应的统计调查表。因为统计调查项目中的各项统计变量或指标以及它的口径范围、计算方法等,都要通过各种统计调查表及其编制的说明书加以表现。可见,统计调查表的制定和贯彻执行在统计工作中具有非常重要的作用。它构成统计调查方案的中心内容。

一般来说,统计调查表可以在调查进行前就布置到基层填报单位,以便他们根据调查表的要求,及时建立健全各种原始记录,使调查表的资料来源建立在可靠的基础上,做到资料准确,报送及时。

设计一张好的调查表,项目要少而精,可要可不要的项目坚决不要,措辞要精炼,要使被调查者易填易答。

调查表的形式一般有两种:单一表和一览表。

单一表是在一份调查表上只登记一个调查单位的调查内容。单一表由于只登记一个调查单位,所以可容纳较多的调查项目(如表 2. 1),以便于整理、分类。

一览表是在一份调查表上登记若干个调查单位的调查内容。一览表由于其登记多个调查单位,所以调查项目不能很多(如表 2. 2)。

调查表一般由表头、表体和表脚三部分构成。表头:用来说明调查表的名称以及调查单位的名称、性质、隶属关系等。这些资料是不用来进行统计分析的,但在核实和复查调查单位时,是不可少的。表体:这是调查表的核心部分。包括统计调查的具体项目和项目的具体标志表现,项目的栏号、计量单位等。表脚:包括调查者(填报人)的签名、填表日期等。以便明确责任,发现问题也便于查询。

表 2.1

全国第三次经济普查调查单位基本情况表

调查单位基本情况

表　　号:101 表
制定机关:国 家 统 计 局
　　　　　国务院经济普查办公室
文　　号:
有效期至:2014 年 12 月

2013 年

101	组织机构代码　□□□□□□□□-□	102	单位详细名称________________
103	行业类别(GB/T 4754-2011) 主要业务活动(或主要产品) 1________　2________　3________		
	行业代码　□□□□		
104	报表类别　□ A 农业　B 工业　C 建筑业　D 运输邮电业 E 批发和零售业　S 住宿和餐饮业　X 房地产业　F 其他服务业		
105	单位所在地及区划 ________省(自治区、直辖市)________地(区、市、州、盟)________县(区、市、旗) ________乡(镇)________________街(村)、门牌号 单位位于:________街道办事处________社区(居委会)		
	区划代码　□□□□□□□□□□□□　　城乡代码　□□□		
106	单位注册地及区划 ________省(自治区、直辖市)________地(区、市、州、盟)________县(区、市、旗) ________乡(镇)________________街(村)、门牌号 注册地位于:________街道办事处________社区(居委会)		
	区划代码　□□□□□□□□□□□□　　城乡代码　□□□		
191	单位规模　□　1 大型　2 中型　3 小型　4 微型		
192	从业人员　从业人员期末人数________人　其中:女性________人		

表2.1(续)

<table>
<tr><td>193</td><td colspan="3">企业主要经济指标
营业收入______千元　其中:主营业务收入______千元　资产总计______千元</td></tr>
<tr><td>201</td><td>法定代表人(单位负责人)______</td><td>202</td><td>开业(成立)时间______年______月</td></tr>
<tr><td>203</td><td>联系方式
长途区号 □□□□□□
固定电话 □□□□□□□□□□
电话分机号 □□□□□□□
移动电话 □□□□□□□□□□□□□□
传真号码 □□□□□□□□□□
传真分机号 □□□□□□□
邮政编码 □□□□□□□</td><td colspan="2">电子邮箱______
网　址______</td></tr>
<tr><td>204</td><td colspan="3">登记注册(或批准)机关名称、级别、注册号(如登记注册或批准机关为多个,请复选)
机关级别:1 国家　2 省(自治区、直辖市)　3 地(区、市、州、盟)　4 县(区、市、旗)
1.工商行政管理部门　机关级别 □　登记注册号______
2.编制部门　机关级别 □　登记注册号______
3.民政部门　机关级别 □　登记注册号______
4.国家税务部门　机关级别 □　登记注册号______
5.地方税务部门　机关级别 □　登记注册号______
9.其他(请注明批准机关)　机关级别 □　登记注册号______</td></tr>
<tr><td>205</td><td colspan="3">登记注册类型 □□□
内资
110 国有
120 集体
130 股份合作
141 国有联营
142 集体联营
143 国有与集体联营
149 其他联营
151 国有独资公司
159 其他有限责任公司
160 股份有限公司
171 私营独资
172 私营合伙
173 私营有限责任公司
174 私营股份有限公司
190 其他
港澳台商投资
210 与港澳台商合资经营
220 与港澳台商合作经营
230 港澳台商独资
240 港澳台商投资股份有限公司
290 其他港澳台投资
外商投资
310 中外合资经营
320 中外合作经营
330 外资企业
340 外商投资股份有限公司
390 其他外商投资</td></tr>
</table>

表 2.2

第六次全国人口普查表

经国务院批准进行第六次全国人口普查
人口普查的标准时点为2010年11月1日零时
人口普查的原始资料不向任何单位和个人提供，仅供汇总使用
公民应履行如实申报普查项目的义务

第六次全国人口普查表短表

表　　号：　６　０　１　表
制定机关：国　家　统　计　局
国务院第六次全国人口普查办公室
批准文号：国发［２００９］２３号
有效期至：２０１０年１２月

本户地址和地址码：________ 县、市、区 ________ 乡、镇、街道 ________ 普查区 ________ 普查小区 建筑物编号 ________

H1. 户编号	H2. 户别	H3. 本户应登记人数		H4. 2009.11.1－2010.10.31 出生人口		H4. 死亡人口	H5. 本户住房建筑面积	H6. 本户住房间数
______号	1.家庭户 2.集体户	2010年10月31日晚居住本户的人数 ______人	户口在本户，2010年10月31日晚未住本户的人数 ______人	男___人	女___人	男___人　女___人	______平方米	______间

每个人都填报　　　　6周岁及以上（2004年10月31日以前出生）的人填报

R1. 姓名	R2. 与户主关系	R3. 性别	R4. 出生年月	R5. 民族	R6. 普查时点居住地	R7. 户口登记地	R8. 离开户口登记地时间	R9. 离开户口登记地原因	R10. 户口性质	R11. 是否识字	R12. 受教育程度
	0.户主 1.配偶 2.子女 3.父母 4.岳父母或公婆 5.祖父母 6.媳婿 7.孙子女 8.兄弟姐妹 9.其他	1.男 2.女	出生于： ______年 ______月	______族	1.本普查小区 2.本村（居）委会其他普查小区 3.本乡（镇、街道）其他村（居）委会 4.本县（市、区）其他乡（镇、街道） 5.其他县（市、区），请填写下面地址 6.港澳台或国外 ______省（区、市） ______地（市） ______县（市、区）	1.本村（居）委会 2.本乡（镇、街道）其他村（居）委会 3.本县（市、区）其他乡（镇、街道） 4.其他县（市、区），请填写下面地址 5.户口待定→R11	1.没有离开户口登记地→R10 2.半年以下 3.半年至一年 4.一年至二年 5.二年至三年 6.三年至四年 7.四年至五年 8.五年至六年 9.六年以上	1.务工经商 2.工作调动 3.学习培训 4.随迁家属 5.投亲靠友 6.拆迁搬家 7.寄挂户口 8.婚姻嫁娶 9.其他	1.农　业 2.非农业	1.是 2.否	1.未上过学 2.小学 3.初中 4.高中 5.大学专科 6.大学本科 7.研究生
	1.配偶 2.子女 3.父母 4.岳父母或公婆 5.祖父母 6.媳婿 7.孙子女 8.兄弟姐妹 9.其他	1.男 2.女	出生于： 年 月	族	1.本普查小区 2.本村（居）委会其他普查小区 3.本乡（镇、街道）其他村（居）委会 4.本县（市、区）其他乡（镇、街道） 5.其他县（市、区），请填写下面地址 6.港澳台或国外 ______省（区、市） ______地（市） ______县（市、区）	1.本村（居）委会 2.本乡（镇、街道）其他村（居）委会 3.本县（市、区）其他乡（镇、街道） 4.其他县（市、区），请填写下面地址 5.户口待定→R11	1.没有离开户口登记地→R10 2.半年以下 3.半年至一年 4.一年至二年 5.二年至三年 6.三年至四年 7.四年至五年 8.五年至六年 9.六年以上	1.务工经商 2.工作调动 3.学习培训 4.随迁家属 5.投亲靠友 6.拆迁搬家 7.寄挂户口 8.婚姻嫁娶 9.其他	1.农　业 2.非农业	1.是 2.否	1.未上过学 2.小学 3.初中 4.高中 5.大学专科 6.大学本科 7.研究生

（超过五人的户，从第2张普查表起，户记录只填写“H1.户编号”）

履行了法定审批程序之后的调查表是合法报表,任何调查对象,统计人员,统计机构都必须按照填表说明及统一的指标解释填写调查表。

五、确定调查时间和调查期限

调查时间是指调查资料所属的时间。如果所要调查的是时期现象,就要明确规定所反映的是从何年何月何日起至何年何月何日止的资料;如果所要调查的是时点现象,就要明确规定统一的标准时点。例如,第三次全国经济普查的标准时间规定如下:时点现象为 2013 年 12 月 31 日,时期现象为 2013 年全年。

调查期限是具体进行调查工作的时间期限。它包括收集资料和报送资料的整个工作所需要的时间。如:2014 年 1 至 3 月为第三次全国经济普查的资料登记时间。统计人员、统计机构必须在规定的调查期限内完成并争取缩短调查期限,这对保证调查资料的及时性具有重要意义。

六、调查工作的组织实施

要使调查工作井然有序,必须有组织和措施上的保证,为此,要拟订调查工作组织实施计划。该计划包括以下内容:调查机构和调查人员的组织;调查方式和方法;调查前的准备工作(包括宣传、教育、培训、文件印刷、人员分工等);报送资料的方法;经费的预算及开支办法;提供或公布调查成果的时间等。

以上六个方面构成调查方案的全部内容。统计调查工作必须按照设计好的统计调查方案的规定和要求进行。

第三节　统计调查问卷

调查问卷是调查者根据调查目的和要求,将所需调查内容具体化,由一系列问题、调查项目、备选答案及说明组成的,用于向被调查者收集资料的一种工具。

一、调查问卷的作用

(一)方便调查工作的开展和实施

调查可以采用口头询问、电话访问等方式进行,但是这些方式都要求调查者有较高的询问技巧,同时还需要记录,这就难免出现问题回答不完整或记录不完整等情况。而采用调查问卷方式,则可将所有问题在问卷中列出,许多问题还可给出备选答案,供被调查者选择。因此,问卷方式更容易让被调查者接受,而且便于在不同范围、不同地区进行调查。

（二）易于对资料进行整理和分析

调查问卷将调查内容分解为各个具体的调查项目，并将其规范地排列在问卷中，大多数问题还列出了备选答案，供被调查者选答，这些做法都有利于调查内容的系统化和标准化，使后期的资料整理和分析更加方便。

（三）节省调查时间，提高调查效率

由于调查问卷已将调查目的和内容进行了说明和编排，因此一般不需再由调查人员就有关问题向被调查者详细说明，这就节约了调查者用于解释的时间。并且由于调查问卷的回收有较强的时间限制，故调查者可以在较短的时间内获得调查资料，提高了调查效率。

二、调查问卷的形式与结构

（一）调查问卷的形式

调查问卷由于调查者的研究目的不同，调查内容、调查方式的不同，其调查问卷的形式也不尽相同。调查问卷的形式主要有：开放式、封闭式、半开放式等三种形式。

1. 开放式调查问卷

所谓开放式调查问卷，是指对问题的回答不提供任何具体的答案，而由被调查人自由回答的调查问卷。使用开放式问卷的优点在于可以使调查得到比较符合被调查者实际的答案，缺点是有时意见比较分散，难以综合。

2. 封闭式调查问卷

所谓封闭式调查问卷，是指答案已经确定，由调查者从中选择答案的调查问卷。封闭式调查问卷的优点是便于综合，缺点是有时答案可能包括不全。因此，使用封闭式调查问卷时，必须要列出所有答案，以便被调查者根据自己实际情况进行选择。

3. 半开放式调查问卷

所谓半开放式问卷，是指给出部分答案（通常是主要的），而将未给出的答案用其他一栏表示，或留以空格，由被调查者自行填写。

（二）调查问卷的基本结构

一份完整的调查问卷通常由题目、说明信、被调查者的基本情况、调查事项的问题和答案、填写说明等部分构成。

1. 问卷的题目

题目是问卷的主题，应该准确而概况地表达调查的内容，言简意赅，具体明确，以使被调查者明确主要的调查内容和调查目的。

对于国家确定的调查问卷，还应在表头的左上方列出“《中华人民共和国统计法》第三条规定：国家机关、社会团体、企业事业组织和个体工商户等统计调查对象，必须依照本法和国家规定，如实提供统计资料，不得虚报、瞒报、拒报、迟报，不得伪造、篡改。”右上方标明“表号、制表机关和文号”字样，如表2.1、表2.2。

2. 说明信

说明信是致被调查者的一封短信，是调查者与被调查者沟通的媒介，目的是让被调查者了解调查的意义，引起被调查者足够的重视和兴趣，争取他们的支持与合作。

说明信要说明调查者的身份、调查的中心内容及要达到的目的和意义、调查结果的使用和依法保密的措施与承诺。说明信必须态度诚恳，口吻亲切，以打消被调查者的疑虑，达到取得真实资料的目的。

3. 被调查者的基本情况

被调查者的基本情况是指被调查者的一些主要特征。一般而言，被调查者分为两大类，一是个人，二是单位。如果被调查者是个人，其基本情况包括姓名、性别、民族、年龄、文化程度、职业、收入等项目；如果被调查者是企事业单位，则基本情况为单位名称、单位代码、行政区划代码、经济类型、行业类别、职工人数、规模、资产等项目。具体列入多少项目，应根据调查目的、调查要求而定，并非多多益善。若采用不记名调查，被调查者的姓名就在基本情况中省略。

设置这些项目，一是为了满足对调查资料进行分组研究的需要；二是以便进一步了解被调查者情况；三是查询的需要。

4. 调查事项

调查事项是调查问卷的主体内容，是调查问卷最重要的组成部分。调查资料的收集主要是通过这一部分来完成的，它也是使用问卷的目的所在。

调查问卷的主体内容主要包括以下三个方面：

(1)人们的行为，包括对被调查者本人的行为或通过被调查者了解他人的行为。如对消费者的消费行为进行专项调查，就要调查消费者的具体消费行为。

(2)人们的行为后果。如对开征利息税社会效应专项调查，就要对被调查者调查开征利息税后对其实际收入的影响、开征利息税后将如何处置在银行的存款等。

(3)人们的态度、意见、感觉、偏好等。如进行下岗职工再就业意向专项调查，就要调查目前是否有就业愿望、不愿再就业的原因、未能就业的原因、现在寻找工作的方式、希望从事哪些新工作、对政府及有关部门实施的再就业工程的要求或建议等。

设计调查问卷的主体内容应注意以下两点：一是内容不宜设计得过多、过繁，应根据需要而确定；二是上述三项内容并非每个专项调查问卷中都要设置，而应根据调查的需要来决定。

5. 填写说明

填写说明包括填写问卷的要求、调查项目的涵义、被调查者应该注意的事项等，其目的是让被调查者明确填写问卷的要求和方法。

最后，还要有作业证明的记载。所谓作业证明的记载，是指要在调查问卷的最后注明调查员的姓名、访问日期、访问时间等。如有必要,还需注明被调查者的姓名、单位或家庭住址、电话等,以便于审核和进一步追踪调查。当然对于涉及被调查者隐私的问卷,则视情况可以考虑不列入上述内容。

三、问卷设计应注意的问题

调查问卷设计的质量对专项调查的成败影响极大。根据调查目的、调查对象、调查方法来设计科学、有效的调查问卷,是一项技术性较强的工作。通常,在问卷设计之前,要初步熟悉和掌握调查对象的特点及调查内容的基本情况,然后结合实际需要与可能,全面、慎重地思考,多方征询意见,把专项调查问卷设计得科学、实用,以保证取得较好的调查效果。

在调查问卷的设计中,要注意以下几点:

(1)目的要明确、重点要突出、内容要简洁,避免可有可无的问题;

(2)提问自然、用词准确、通俗易懂、适合被调查者身份、易为被调查者接受;

(3)要充分考虑分析和研究的需要;

(4)问卷要编码,目的是为了满足专项调查数据处理的需要。

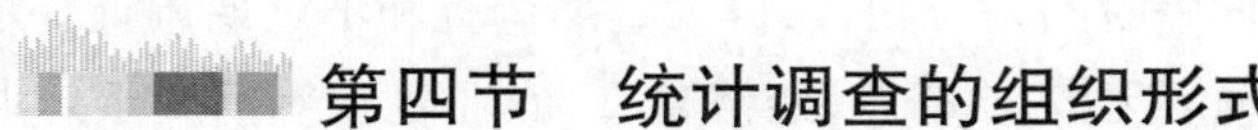

第四节 统计调查的组织形式

一、统计调查的分类

统计调查的种类是对整个统计调查方式方法的概括,也是理解统计调查的基础知识。

(一)统计调查按组织形式不同,分为统计报表和专门调查

统计报表(Statistical Statements)是按一定的表格形式、时间要求和报送程序,自上而下统一布置,自下而上提供统计资料的一种统计调查方式。它为国家统计部门和各业务部门定期地提供系统而全面的统计资料,是我国计划经济条件下取得统计资料的一种重要的统计调查组织形式。

专门调查(Specical Survey),是为了一定的目的而专门组织的调查。这种调查多属于一次性的,如重点调查、典型调查、抽样调查、普查等都属于专门调查。

(二)统计调查按调查对象包括的范围不同,分为全面调查和非全面调查

全面调查(Complete Survey),是指对构成调查对象总体内的所有总体单位都进行调查登记的一种调查方式,如普查、全面统计报表。

非全面调查(Uncomplete Survey),是指对构成调查对象总体中一部分总体单位进行调查的一种调查方式,如抽样调查、重点调查、典型调查。

全面调查与非全面调查的划分,是以调查对象所包括的范围来衡量的,并不是从取得的资料来说的。当然,全面调查取得的资料必然是全部调查单位的资料。但非全面调查也是为了取得反映总体的资料或是为了取得反映总体基本情况的资料。在实际工作中,对某一项调查,究竟采用全面还是非全面调查,要视研究问题的目的和可能来确定。

(三)统计调查按调查登记的时间是否连续,可分为经常性调查和一次性调查

统计调查登记的连续性,取决于现象本身的特点。一种是时期现象,它随着时间的变化而连续不断地发生变化;另一种是时点现象,表现为一定时点的状态。

经常性调查(Often-Survey)是对时期现象的调查,是指对调查对象随时间变化的情况进行连续不断地登记。在对时期现象进行调查时,被研究对象变化过程中的量都被记录下来,因此,所取得的资料要体现现象的发展过程和一段时间内现象发展变化的数量,必须在观察期内进行连续登记才能满足需要。

一次性调查(Once-Survey)是一种不连续的调查,主要是对时点现象的调查,指间隔一定时间(往往间隔较长)进行一次调查。对现象指标值在一定时期内变动不大的情况往往采用一次性调查的方式,如固定资产总值调查、生产设备数量调查等。另外,有些现象其数值尽管随时都在发生变化,但并不需要每天都登记(如:人口数),即可采用一次性调查,一次性调查所得到资料是时点资料。

一次性调查可以根据调查的间隔时间是否相等,分为定期调查和不定期调查。定期调查是指调查的时间间隔相等。如我国人口普查、经济普查、农业普查等都属于定期调查,人口普查、农业普查每隔十年进行一次,经济普查每隔五年进行一次。不定期调查是在某一时间为了某一个特定目的或需要而临时进行的调查,以后是否再进行相同的调查视当时的情况而定。如 1987 年,我国举行了一次七十岁以上老年人基本情况的抽样调查,2006 年,我国举行的第二次全国残疾人抽样调查。相同的调查以后是否再进行,要结合当时的社会经济情况而定。

以上几种分类方法并不是互相排斥的,只是从不同的角度对统计调查进行了分类。如普查是一种专门组织的一次性的全面调查,就同时被归入了三类。

二、统计调查的组织形式

(一)统计报表

统计报表(Statistical Statements)是按照国务院或国家统计局颁发的表格,由各级调查单位按照一定日期和程序向上提交统计报告的一种制度。

1. 统计报表的种类

(1)按统计调查范围不同,分为全面统计报表和非全面统计报表。

全面统计报表即要求调查对象的每一个调查单位都填报。如:第五次人口普查。

非全面统计表即只要求调查对象中的一部分调查单位填报。非全面统计报表又可根

据非全面调查采用的方式不同，分为重点的、抽样的和典型的统计报表。重点调查中使用的为重点的统计报表。重点调查有很多优点，目前在统计调查中运用得比较多。如，工业主要技术经济指标、主要工业产品成本调查等。当用抽样调查或典型调查方式选出调查对象中的少数单位，要它们定期填报，所使用的调查表为抽样的或典型的统计报表。如我国农村经济抽样调查就曾经使用过这种报表。

(2)按统计报表的内容和实施范围不同，分为国家的、部门的和地方的统计报表。国家统计报表是根据有关的国家统计调查项目和统计调查计划制定的，也叫国民经济和社会发展基本统计报表。这类统计报表从整个国民经济和社会发展的角度出发，并按国民经济部门划分，包括有农业、工业、基建、物资、国内商业、对外贸易、劳动工资、交通运输等方面的内容。部门统计报表也叫专业统计报表，它是国务院和有关业务部门，根据其调查项目制定的，在各主管部门系统内施行，它是基本统计报表的必要补充。地方统计报表是经县级以上各级人民政府批准，统计局结合本地区特点补充制发的统计报表，主要为满足本地区经济和管理需要。

(3)统计报表按报送单位不同，分为基层报表和综合报表。由基层单位填报的统计报表为基层报表，填报单位为基层单位。由综合统计部门或主管部门根据基层统计报表逐级汇总填报的统计表为综合统计报表，填报单位为综合填报单位。综合统计报表的表式有扩大合计式和分组综合式两种。扩大合计式的表式与基层报表表式一样，所不同的只是扩大合计式是在较大范围内汇总基层统计报表资料。分组综合式是把基层报表资料首先进行分组，然后再综合整理。扩大合计式综合报表可以反映较大范围内发展的规模和水平，乃至一个国家的国情国力。而分组综合式统计报表，可以用来深入分析总体的构成情况和比例关系。

(4)统计报表按报送周期长短不同，可分为月报、季报、半年报和年报等。报送周期越短，花费人力、物力、财力越多。因此，一般要求报送周期短的，调查项目应少些、粗略些；相反，可以多些、细致些。年报周期最长，因此其内容比较详细，同时应注意，凡是一年或半年报告一次能满足需要的，就不要用季报、月报。

(5)按统计报表报送形式不同，分为电信报和邮寄报两种。

2. 统计报表的编制原则

(1)适用与精简。在满足党政领导和有关部门了解情况，指导工作以及编制和检查计划需要情况下，表式和指标要力求精简。

(2)根据实际需要确定报告期。分别情况，按月、季、年进行统计观察，不能任意增加或压缩次数。

(3)基层统计报表应逐步做到统一、配套。

(4)综合报表反映综合统计部门对统计资料的具体要求，地方统计报表可在满足上级综合机关需要的前提下，增加地方需要的指标和分组。

(5)国家、地方、部门的统计报表必须适当分工,互相配合。凡在国家统计报表中能够取得的资料,部门和地方不应再要求基层重复填报。

统计报表特别是全面定期的统计报表,在高度计划经济和分级管理体制下,是我国取得统计资料的重要手段。目前,随着我国社会主义市场经济的发展,面对日益发展的多种经济成分、多种分配方式、多种经营类型和利益主体多元化的情况,固守一种调查模式采集信息,已难以适应国家宏观调控和科学决策及部门、企业和社会公众的需要。全面统计报表不仅笨重、缺乏灵活性,而且财力、物力和人力投资大,统计调查效益差,基层负担重,环节多,并且容易受到行政干扰而造成信息失真。因而,这种组织形式只能作为一种补充性的调查方法。

(二)专门调查

1. 普查

普查(General Investigation)是专门组织的一次性的全面调查。通过逐个调查属于一定时点或一定时期内的社会经济现象的情况,全面、系统地收集、整理和提供反映国情国力基本情况的统计数据。

我国调查方法经过重大改革,确定以周期性普查为基础。之所以这样,一是因为人口、工业、农业、第三产业、基本单位等重要国情国力统计资料,必须通过普查来取得;二是开展抽样调查需要以普查数据作为基础资料,建立科学的抽样框;三是有些社会经济现象不适于用全面统计报表的调查方式,且全面定期统计报表因其具有前述的缺点,而只能作为一种补充的调查方法。

普查的优点在于:①普查所取得的统计数据,一般比经常性的全面统计报表取得的数据更为全面、系统、准确,可靠。②普查可以进行更详细地分组,而这些分组在定期统计报表中是得不到的。如,人口普查提供按性别、年龄、职业、行业、文化程度、婚姻状况等多方面分组的统计资料。③一种特殊的普查——快速普查,可以使国家或部门直接从企事业单位在很短的时间内取得某种急需的全面统计资料。

实践证明,普查的工作量大,需要投入大量的人力、物力和财力。新中国成立以来,我国已经开展过六次人口普查,三次工业普查,一次农业普查,一次第三产业普查,三次经济普查,都是组织动员多达几百万经过专门培训的调查人员,按普查表的要求,深入到被调查单位直接进行采访登记或指导调查单位填报,然后采取逐级汇总或超级汇总方式来取得统计数据。正因如此,就不能年年搞普查,事事搞普查,只能对重大的反映国情国力基本情况的项目,每隔若干年进行一次(通常是每隔 10 年或 5 年),即周期性地进行。我国过去的普查有:人口普查(逢 0)、基本单位普查(逢 0 和 5)、工业普查(逢 2)、农业普查(逢 7)、第三产业普查(逢 3)等。目前经国务院批准的周期性普查有:人口普查(逢 0)、农业普查(逢 7)、经济普查(逢 3 和 8)等。

普查的组织方式基本有两种:一是组织专门的调查机构,配备一定数量的普查人员对调查单位直接进行登记;另一是利用调查单位的原始记录和核算资料,发放一定的调查表由调查单位填报。但即使是后一种方式,也要组织一定的普查机构,配备一定的专门人员对整个普查工作进行组织领导,这是不同于统计报表调查方式的地方。

普查的组织工作要遵循如下原则:

(1)要确定统一的调查时间。如我国在2010年进行的第六次人口普查,以2010年11月1日零时作为调查的标准时点。

(2)在普查范围内调查单位要同时进行登记,尽可能在最短期限内完成,以保证普查资料的准确性、及时性。

(3)重大普查要经过试点,以便总结组织实施经验,为普查的全面展开创造条件。

(4)同一种普查,各次的调查项目和指标尽可能保持一致,以便历次普查资料具有可比性和进行动态分析。

普查后应进行抽样调查或典型调查,以核对和矫正普查中的误差。

2. 重点调查

重点调查(Investigation of Focal Unit)是一种非全面调查,它是从调查对象的全部调查单位中选择一部分重点单位进行调查的一种调查方法。重点单位是指在调查总体中举足轻重的那些单位。这些单位虽然个数不多,但在所调查的标志总量中却占有绝大部分,能反映出总体的基本情况。当调查目的是为了掌握事物发展变化的基本情况,而调查的标志总量绝大部分集中在少数单位时,可采用重点调查方法。例如,为了掌握全国钢铁生产的基本情况,可以选择首钢、鞍钢、宝钢、武钢等我国十大钢铁企业进行调查,因为它们在选定标志(钢产量)总量上占有90%以上的比重。

3. 典型调查

典型调查(Canonical Survey)是根据研究的目的,在对总体进行初步的全面分析基础上,从调查总体中有意识地选择一个或几个有代表性的单位而进行的调查,代表性单位也叫典型单位。

典型调查是从个别中了解一般,由个性中了解共性的一种调查方法,它在对社会经济现象发展趋势的定性分析中发挥着重要作用。另外,典型调查可以收集到全面调查及其他非全面调查中不可能取得的资料,因而,典型调查可以加深对全面调查资料的认识。在实践中常把典型调查与全面调查相结合,核对并验证全面调查中数字的真实程度。

典型调查根据调查方式的不同分为“解剖麻雀式”和“划类选典式”两种。

4. 抽样调查

抽样调查(Sampling Survey)是一种非全面调查。它是根据概率理论,从调查对象总体中运用随机原则抽取一部分调查单位构成样本,由样本指标值(统计量)推断总体相应指标值(参数)的一种调查方法。

抽样调查有很多优点:其一,投入少。即能以较少的投入取得必要的统计数据。其二,由于抽样单位的确定完全按随机原则抽取,不参与主观意愿,因而,抽样结果可信。其三,抽样误差可以进行测算,选择恰当的抽样方式,确定必要的样本容量,可以将误差控制在可接受的范围。就这种意义来说,它可以起到全面调查的作用。

为了使抽样调查方法得到科学的运用,国家对如何科学开展抽样调查做了明确的规范:一是规定在调查前,查明基本统计单位的基本情况,建立科学的抽样框;二是必须按照经批准的抽样调查方案组织抽样调查。

按照社会主义市场经济制度的要求,借鉴国际上的成功作法,我国已经确立了"以周期性普查为基础,以经常性抽样调查为主体,同时辅之以重点调查、科学推算和少量的全面报表综合的统计调查方法体系"。抽样调查方法已经成为我国取得统计资料的重要手段。目前,已有相当多的调查项目也运用了抽样调查方法。如农产品产量调查、城乡住户调查、价格调查和人口变动调查等,效果相当好。另外,我国在工业、建筑业、交通运输业、批发零售贸易业等统计调查中,也积极推广运用抽样调查方法。

第五节 统计调查误差

一般来讲,观察值不等于真实值即为误差。但统计研究具有大量性的特点,因而,它不是研究个体单位观察或测量而产生的误差,而是从大量的平均的角度加以探讨的。因而统计调查误差(Error of Statistical Investigation)是指调查结果所得的统计指标与调查总体指标之间的差异。一般有两种:登记性误差和代表性误差。

一、登记性误差

登记性误差是在调查过程中,由于各个环节上工作不准确而造成的。如:计量、登录、计算等错误,但这绝不是指故意行为。有意识地虚报、瞒报、拒报、迟报、伪造、篡改等是违法行为,这是不允许的,所造成的误差不属于登记性误差。登记性误差在全面调查和非全面调查中都存在。为了保证统计资料准确性,应采取措施避免和尽量减少登记性误差。

二、代表性误差

代表性误差是指用样本指标推断总体指标时,由于样本结构与总体结构不一致,样本不能完全代表总体而产生的误差。如:抽样调查中,由随机样本观察值计算的样本平均数 $\bar{x}$ 与总体平均数 $\bar{X}$ 之间的差异、样本成数 p 与总体成数 P 之间的差异等。代表性误差按照产生的原因的不同分为系统性误差和随机性误差。

系统性误差是指由于非随机因素引起的样本代表性不足而产生的误差,表现为样本估计量的值系统偏低或偏高。

随机性误差又称偶然性误差，是指遵循随机原则抽样，由于随机因素（偶然性因素）引起的误差。抽样估计中的所谓抽样误差，就是指的这种随机误差。

抽样误差愈小，样本指标与总体指标差异愈小，估计精度愈高，样本的代表性愈强。抽样调查中产生的抽样误差，虽然不可避免，但可以进行计算。并且通过合理的试验设计，将其控制在一定范围之内，而达到抽样推断所要求的抽样估计精确度。正是因为这个原因，抽样调查在整个调查方法体系中占据主导地位。

练习与思考

一、单项选择题

1. 确定统计调查方案的首要问题是(　　)。

A. 确定调查对象　　B. 确定调查目的

C. 确定调查项目　　D. 确定调查时间

2. 经常调查与一次性调查的划分依据是(　　)。

A. 调查的组织形式　　B. 调查登记的时间是否连续

C. 调查单位包括的范围是否全面　　D. 调查资料的来源

3. 统计调查按调查的组织形式划分,可分为(　　)。

A. 全面调查和非全面调查

B. 统计报表和专门调查

C. 经常性调查和一次性调查

D. 普查、重点调查、典型调查和抽样调查

4. 某市工业企业2013年生产经营成果年报上报时间规定在2014年1月31日,则调查期限为(　　)。

A. 一日　　B. 一个月

C. 一年　　D. 一年零一个月

5. 普查工作可以(　　)。

A. 经常进行　　B. 只能组织一次

C. 普遍进行　　D. 根据需要每隔一段时间进行一次

6. 对占煤炭开采量75%的大矿井进行劳动生产率调查;调查几个铁路枢纽,就可以了解我国铁路货运量的基本情况和问题;统计机关在拥有全国人口一半以上的各大城市的超市零售价格水平进行系统调查。这些都是(　　)。

A. 全面调查　　B. 抽样调查

C. 重点调查　　D. 典型调查

7. 统计调查按收集资料的方法有:(甲)普查、抽样调查、重点调查、典型调查;(乙)直接观察法、报告法、询问法、通讯法。(　　)

A. 甲　　B. 乙　　C. 甲、乙　　D. 都不是

8. 某市调查100个企业的职工工资情况,则调查单位是(　　)。

A. 100个企业　　B. 100个企业的职工

C. 100个企业职工的工资　　D. 每个企业的职工工资

9. 在统计调查中，调查标志的承担者是(　　)。

A. 调查对象　　B. 调查单位

C. 填报单位　　D. 调查表

10. 了解某商业企业的期末商品库存量，调查人员亲自盘点库存，这种收集资料的方法是(　　)。

A. 大量观察法　　B. 采访法

C. 直接观察法　　D. 被告法

二、多项选择题

1. 下列统计调查方式中属于非全面专门调查的是(　　)。

A. 统计报表　　B. 普查

C. 重点调查　　D. 典型调查

E. 抽样调查

2. 在工业设备普查中(　　)。

A. 工业企业是调查对象

B. 工业企业的全部设备是调查对象

C. 每台设备是填报单位

D. 每台设备是调查单位

E. 每个工业企业是填报单位

3. 下列调查中，调查单位与填报单位不一致的有(　　)。

A. 关于全国冶金企业炼钢设备的情况调查

B. 全国工业企业的生产情况调查

C. 城镇居民家庭生活水平调查

D. 学校教学设备普查

E. 城市食品部门食品质量调查

4. 我国第六次人口普查规定的标准时间是2010年11月1日零时，下列哪些人口现象不应计算在人口总数之内。(　　)

A. 2010年11月1日出生的婴儿

B. 2010年10月31日8时出生，20时死亡的婴儿

C. 2010年10月31日21时出生，11月1日8时死亡的婴儿

D. 2010年10月31日3时死亡的人口

E. 2010年11月1日死亡的人口

5. 调查方案设计的内容有(　　)。

A. 调查目的　　B. 调查对象和调查单位

C. 调查项目　　D. 调查方法

E. 调查时间

三、判断题

1. 统计调查单位与填报单位是一个概念。

2. 统计调查时间与调查期限是一个概念。

3. 各种调查分类方式不是互相排斥的，所以应注意各种调查方式的结合使用。

4. 普查和抽样调查同属于专门调查。

5. 非全面调查的目的是为了取得不完全的调查资料。

6. 重点调查中的重点单位比重一定占绝大部分。

7. 由于全面调查中只存在登记性误差，而非全面调查中除存在登记性误差外，还存在着代表性误差，因而全面调查中的误差一定比非全面调查误差小。

8. 登记性误差是指调查中故意登记错误而造成的误差。

9. 典型调查所得到的数据有时可以用来推算总体。

10. 代表性误差是由于只调查被研究总体中不能正确反映总体性质的一部分单位而发生的误差。

四、简答题

1. 为什么搞好统计调查需要事先制订调查方案，它包括哪些方面的内容？

2. 当前，我国市场经济制度条件下确定了什么样的统计调查方法体系？

3. 简述重点调查、典型调查以及抽样调查的异同点。

4. 什么是统计调查误差？简述不同统计误差产生的原因。

5. 什么是单一表？什么是一览表？简述两者之间的不同特点。

6. 什么是实验设计？简述其基本内容和基本原则。

第三章

统计数据的整理与显示

［教学目的与要求］：

1. 掌握统计数据的整理流程和统计分组方法；
2. 掌握分配数列的编制方法；
3. 准确运用统计图和统计表显示统计总体的数量特征。

第一节 统计数据整理

一、统计数据整理的概念

统计数据整理，是指根据统计研究的目的，将统计调查所得的原始数据进行科学的分组和汇总，使之系统化、条理化的工作过程。

统计调查所收集的反映个体的原始数据是零星、分散和不系统的。根据这样的数据，人们难以从总体上分析和认识其数量特征。因此，必须通过统计数据整理这个阶段，才能将这些零星的、分散的和不系统的原始数据变成有条理的、系统的，能够说明总体数量特征的有用的数据。

统计数据整理从广义上讲，包括两种整理：一是对统计调查所收集到的原始数据进行分组和汇总；二是对已经加工过的次级数据进行有目的的再加工。（次级数据，如：中国统计出版社出版的《中国统计年鉴》、《中国统计摘要》、《中国社会统计年鉴》、《中国人口统计年鉴》等，以及各省、市、地区的统计年鉴；中国社会科学出版社出版的《世界经济年鉴》、世界银行各年度的《世界发展报告》等）。本章所讲的统计数据整理指的是第一种整理。

二、统计数据整理的步骤

（1）设计和编制统计数据整理汇总方案。准确制订统计汇总方案，是统计数据整理结果能够正确反映总体数量特征的保证。

统计数据整理汇总方案的设计包括两个方面的内容：一是对总体的处理方法，即对总体进行各种分组。二是根据所研究问题的目的，确定所需要汇总的统计指标。

（2）对调查的统计数据进行审核。在进行汇总前，必须对统计调查数据进行审核，以保证数据的质量。统计数据的完整性和准确性是审核的主要内容。对于在审核中发现的问题，要及时地加以订正和补充。

完整性的审核包括两个方面：一是检查在统计调查中，是否将应该调查的单位都进行了调查，即保证总体的完整性；二是检查在统计调查中，是否将应该调查的项目都进行了调查，即保证调查内容的完整性。

准确性的审核包括两个方面：一是检查统计数据是否真实地反映了客观实际情况，及其内容是否与实际相一致；二是检查统计数据是否有差错，包括计算方法、计量单位等方面。

（3）统计数据的分组和汇总。按照统计数据整理汇总方案的要求对统计总体进行分组,并对需要整理的统计指标进行汇总与计算,这一步骤是整个统计数据整理的中心工作。

(4)将汇总整理的结果编制成统计表或统计图,以反映社会经济现象在数量方面的有关联系。

(5)做好统计数据的系统积累和保管。对整理的统计数据进行系统地积累和保管,以便在较长时间内能够保持统计数据的完整性和可比性。

第二节　统计分组

一、统计分组的概念、作用和种类

(一)统计分组的概念

1. 统计分组的概念

统计分组(Statistical Grouping)就是根据统计研究的目的,将统计总体按照一定的标志区分为若干个组成部分的一种统计方法。如,人口按性别可分为"男"、"女"两个部分。

统计分组同时具有两个方面的涵义:"分"就是把同一总体中性质不同的总体单位分配到不同的组里,突出组与组之间的差异性;"组"就是把同一总体中性质相同的总体单位归并到同一组里,突出组内的同质性。对总体进行准确的统计分组,不仅可以对总体的各种不同组成部分进行分析,还可以补充、丰富和发展对总体量的认识。

2. 统计分组的原则

(1)穷尽原则,就是使总体中的每一个单位都应有"组"可归。比如:将某地区工业企业按增加值计划完成程度分为100%~110%,110%~120%,120%~130%三组,但如果某企业未完成计划规定的任务或超额完成计划任务在130%以上,就会出现该企业无"组"可归的现象。而正确的分组方法应该是100%以下,100%~110%,110%~120%,120%~130%,130%以上。这样就可以将全部总体单位包含在内,符合了分组的穷尽原则。

(2)互斥原则,就是使总体中的任何一个单位只能归属于某一个组,而不能同时或可能归属于几个组。比如:将皮鞋分为男鞋、女鞋和儿童鞋三组,就违背了互斥原则,因为男童鞋即可以分到男鞋组,也可以分到儿童鞋组。互斥原则就是强调同一个总体单位是不能同时分到不同的组里,而只能归入到一个组里。

(二)统计分组的作用:

1. 划分社会经济现象的类型

大量社会经济现象的数量关系是错综复杂的,但它们都可以通过统计分组划分为各种不同的类型,且不同的类型有着不同的数量特点和发展规律。因此,借助统计分组的方法，可以将所研究的统计总体划分为不同的类型来加以深入分析。如，将人口增长类型划分为：增长型、稳定型、缩减型。

2. 揭示社会经济现象的内部构成

通过统计分组可以观察各个总体单位在各组中的分布状态和分布特征，认识总体各组成部分的数量表现，进而分析各组的量对总体量的影响，以达到对总体量的深入认识。如将人口按性别分组，观察其变化规律。

3. 分析社会经济现象之间的依存关系

将各种数量上有联系的分组数据结合起来进行统计分组分析，可以观察到不同总体之间的依存关系，让人们得以认识不同总体在数量上相互影响的方向、程度和变化规律，以预见事物在数量上的各种变动趋势。如，销售额与费用率之间的依存关系。

(三)统计分组的种类

统计分组是按照标志进行分组的，分组的标志是统计分组的重要标准和依据。从标志表现的不同角度可以对统计分组做如下分类：

1. 按分组标志的多少，可分为简单分组和复合分组

简单分组就是将统计总体按照一个标志进行分组，突出总体在这个方面所存在的差异性，但却掩盖了总体在其他方面的差异性。采用简单分组只能从一个方面说明和反映总体的分布特征和内部结构。

复合分组就是对同一总体按照两个或两个以上的标志进行分组并层叠排列所形成的分组体系。进行复合分组，首先按照最主要的标志对总体进行第一次分组，然后再按照次要标志对第一次所分的组再进行第二次分组，依次按照所有标志分到最后一个为止。复合分组可以多角度地对同一总体进行较为全面的分析，充分发挥统计分组的作用。

2. 按分组标志性质的不同，分为品质分组和数量分组

品质分组就是按照说明总体单位属性特征的品质标志进行分组，并在品质标志的变异范围内划分各组的界限，将一个总体划分为若干个性质不同的组成部分。比如，人口按“性别”分为男性和女性。

数量分组就是按照说明总体单位数量特征的数量标志进行分组，并在数量标志的变动范围内划分各组的界限，将一个总体划分为若干个性质不同的组成部分。如人口按“年龄”分组，超市按商品“销售额”分组。

3. 按分组的作用和任务不同，分为类型分组、结构分组和分析分组

类型分组就是把错综复杂的现象总体，划分为若干个性质不同的部分，以说明总体所具有的数量特征和数量变化规律。

结构分组就是在统计分组的基础上，观察总体各单位在各组间的分布情况，以研究总体各组成部分在总体中所起到的不同作用。

分析分组就是为了研究现象之间相互依存关系而进行的分组，通过分析分组可以更

进一步分析、发现社会经济现象之间所存在的数量关系。

二、统计分组的方法

(一)统计分组的关键——分组标志的选择和各组界限的划分

选择分组标志是统计分组的核心问题。分组标志选择正确与否,关系到能否客观、真实地反映统计总体的性质和特征,能否完成统计分析研究的目的和任务。统计分组的关键就是正确的选择分组标志。选定了分组标志,还要进一步在分组标志变异的范围内,划定各个相邻组之间的性质界限和数值界限。如果划不清各组的界限,就将失去分组的意义。

(1)根据研究问题的目的和任务。正确选择分组标志与统计研究的目的和任务密不可分。同一个总体,由于研究目的不同,所选择的分组标志也就不同。如果研究的目的是分析企业职工的文化水平,就应该选择"文化程度"或"受教育年限"作为分组标志;如果研究的目的是分析企业职工的技术水平,就应该选择"技术职称"或"技术等级"作为分组标志。所以,对同一个总体,当研究目的和任务发生改变时,分组标志也要随之而改变。

(2)选择最能反映现象本质特征的标志。找到最能反映现象本质特征的标志,必须要以经济学理论和对社会经济现象的分析为基础。比如,反映一个国家富裕程度时,选择"人均国民总收入"就比选择"人均国内生产总值"更具有客观性和科学性。

(3)要结合现象所处的具体历史条件或经济条件来选择。任何社会经济现象在不同的历史、经济条件下都会有不同的数量变化,如果标志的选择不考虑这种数量上的变化,就会混淆事物的性质,进而掩盖事物具有的数量特征和数量关系。比如:现行统计制度在划分工业企业规模时,就有"从业人员数"、"销售额"、"资产总额"三种标志可供选择,如果是劳动密集型企业,就应选择"从业人员数"来划分企业规模大小;而资本密集型企业就应选择"资产总额"来划分企业规模大小。

(二)统计分组的方法

1. 品质标志分组的方法

按品质标志分组,是指选择反映事物属性差异的品质标志为分组标志,并在其变异范围内确定各组之间的界限。比如:人口按"性别"可分为男、女两组。

按品质标志分组有简单和复杂两种情况。简单的分组,分组标志一经确定,组的名称、组数和各组组限也随之确定了。如:企业按经济类型分为"公有制经济"和"非公有制经济"两类。而比较复杂的按品质标志的分组称为分类。如:国民经济的部门划分,就有三次产业分类、机构部门分类、产业部门分类等。对于这种比较复杂的分类,一般会有国家相关部门制定的统一分类目录。这些分类标准为统计数据整理提供了统一的依据。

2. 数量标志分组的方法

按数量标志分组时,应根据被研究的现象总体的数量特征,采用适当的分组形式进行分组,分组形式有单项式和组距式两种。

(1)单项式分组。单项式分组按每个具体变量值对总体所进行的分组,即一个变量值代表一组。单项式分组一般适用于变异范围较小的离散变量。如工人按日产量分组(表3.1):

表3.1 工人日产量统计表

日产量(件)	人数(人)
20	8
21	10
22	25
23	30
24	7
25	2
合　计	82

(2)组距式分组。组距式分组是按变量值的一定范围对现象总体所进行的分组,一般适用于连续变量和变异范围较大的离散变量。如学生按学习成绩分组(表3.2):

表3.2 学生成绩统计表

按成绩分组(分)	人 数(人)
60以下	2
60~70	7
70~80	11
80~90	12
90以上	8
合　计	40

组距式分组还可以根据各组组距是否相等,分为等距分组和异距分组。

等距分组中各组的组距都相等。适用于标志值的变动比较均匀的情况。比如,学生的学习成绩,工厂的产值,人的身高等。等距分组便于计算和绘制统计图。

异距分组中各组的组距不完全相同。适用于以下三种情况:

第一,标志值分布很不均匀。比如,某企业职工的年龄集中分布在30~50岁之间,而其他年龄段的职工人数较少。如果这时仍采用10岁为组距进行等距分组,就会无法显示年龄分布的特征。

第二,标志值相等的量具有不同意义。比如,人的年龄在幼年的一岁和成年后的一岁,虽然时间长度一致,但其包含的意义不一样。因此,在人口普查中,人口的年龄分组是:不满周岁,1~3岁,4~6岁,7~12岁,…60~64岁,65~79岁,80~99岁,100岁以上。

第三,标志值按一定比例发展变化。比如,某市各工厂一年内创造的增加值可采用公比为 10 的不等距分组:6 万~60 万元,60 万~600 万元,600 万~6000 万元。

组距式分组时,变量由于取值形式的不同,分为离散变量和连续变量,组距分组的组限确定就有了与之相适应的两种形式。

第一,间断组距式分组 :间断组距式分组就是相邻两组的上下组限的取值是间断的。如:按人均户籍人口数分组:1~2 个,3~4 个,5~6 个。适用于离散变量。

第二,连续组距式分组:连续组距式分组就是相邻两组的上下组限的取值是连续的。比如,工厂按生产计划完成程度分组:100%以下,100%~110%,110%~120%,120%以上。适用于连续变量。

在连续组距分组时,由于相邻两组的上、下限是重叠的,每一组的上限同时是下一组的下限,为避免计算总体单位分配数值的混乱,一般原则是把到达上限值的单位数计入下一组内,即称为"上限不在内"原则。如将 110%作为下限统计到第三组 110%~120%,而不是统计到作为上限的第二组100%~110%。

(三)统计分组中的几个基本概念

(1)全距:全距反映的是整个数列中变量值的最大差异程度。计算公式为:

全距(R)= 数列中的最大值-最小值

(2)组距(Class Interval):即每一组上、下组限之间的距离。计算公式为:

组距(d)= 上限-下限

组距的确定要根据事物的数量特征来确定。组距过大,会使性质不同的单位归并到同一组,破坏组内的同质性。组距过小,就会使同一性质的单位分到不同的组,破坏了组与组之间的差异性。

(3)组数:即分组的个数。当全距一定时,组数的多少是由组距来确定的,即:

$$\text{组数}=\frac{\text{全距}}{\text{组距}}=\frac{R}{d} \qquad (3.2.1)$$

组数的多少与组距的大小有关。在全距一定时,组数和组距成反比关系,组距大,组数就少;组距小,组数就多。

因此,在确定组距和组数时,应注意保证各组都能有足够的总体单位数,组数不能太多,也不宜太少,应以能充分、准确体现现象的分布特征为宜。

实际分组时将数据整理为多少组,应根据所依据数据的性质和表现出来的数量特征来确定。有时须凭借经验和对研究对象的认识做出判断,美国的 H. A. Sturgis 有一个经验公式可供参考:

$$k=1+3.3\lg N \qquad (3.2.2)$$

其中:k 为组数, N 为总体单位数

(4)组限(Class Limits):即组距两端的变量值,其中,一组中的最大值称为上限,一组

中的最小值称为下限。比如:表 3.2 中,每一组中的最大值 70,80,90 就是上限,而每一组的最小值 60,70,80 就是下限。

一般来讲,按数量标志分组的组限应是决定事物性质的数量界限。然而,在具体划分时,尚需在遵循这一原则的前提下,从分布特征的角度考虑编成的组距数列是否真实地反映了总体内部各单位的实际分布特征。

(5)组中值(Mid-point of Class):即各组变量范围的中间数值,反映各组变量值的一般水平,通常可根据各组上限、下限进行简单平均,即:

$$组中值=\frac{上限+下限}{2} \tag{3.2.3}$$

组中值之所以可用来代表该组变量值的平均水平,是建立在如下的假设条件下,即:分配到该组的各总体单位在该组的分布是均匀分布。

在组距式分组中,缺少下限或上限的组被称为开口组。开口组组中值的确定,一般以其相邻组组距的一半来调整,计算公式如下:

$$缺上限的开口组组中值=下限+\frac{邻组组距}{2} \tag{3.2.4}$$

例:90 分以上,组中值$=90+\frac{10}{2}=95$(分)

$$缺下限的开口组组中值=上限-\frac{邻组组距}{2} \tag{3.2.5}$$

例:60 分以下,组中值$=60-\frac{10}{2}=55$(分)

第三节 分配数列

一、分配数列的概念和种类

(一)分配数列的概念

在统计分组的基础上,将总体的所有单位按组归类整理,并按一定顺序排列,形成总体中各个单位在各组间的分布,称为次数分配(Frequency Distribution)或分配数列。

分布在各组的总体单位数叫次数,又叫频数。它有两种表现形式:一是绝对数形式,即次数(f);二是相对数形式,即频率,各组次数与总次数之比($f/\sum f$)。在加权算术平均数的计算中,次数亦称为权数。

分配数列是由两个部分组成的:一是各组的名称,二是各组的次数(一般用 f 来表示),如表 3.3。

表 3.3　　中国 2012 年工业企业单位数统计表

按企业规模分组	企业个数(个)(f)	频率(%)(f/∑f)
大型工业企业	9 448	2.75
中型工业企业	53 866	15.67
小型工业企业	280 455	81.58
合　　计	343 769	100.00
【各组的名称】	【次数或频数】	【比率或频率】

数据来源:国家统计局数据库

(二) 分配数列的种类

根据分组标志的不同,分配数列可以分为两种:

(1) 品质分配数列。品质分配数列是按品质标志分组成为品质数列。编制品质数列时,只要分组标志一旦确定,组数和各组的界限也就随之确定了。品质数列一般比较稳定,能准确地反映总体的分布特征。

(2) 变量分配数列。变量分配数列是按数量标志分组形成为变量数列。变量数列的编制与品质数列相比较,其编制就要复杂些。

二、变量数列的编制实例

(一) 等距数列的编制

例 3.1:某班 50 名学生《统计学》考试成绩如下:

58	74	85	65	82	72	76	83	62	100
88	69	91	66	98	95	77	83	63	75
64	63	82	81	86	72	78	67	57	84
85	67	90	71	82	73	74	63	97	99
97	88	80	97	87	76	77	85	100	93

第一步:将数列按大小顺序排序:

57	58	62	63	63	63	64	65	66	67
67	69	71	72	72	73	74	74	75	76
76	77	77	78	80	81	82	82	82	83
83	84	85	85	85	86	87	88	88	90
91	93	95	97	97	97	98	99	100	100

第二步:根据数列的数量特征确定分组的形式。考试成绩是连续变量且分布较均匀,确定采用等距分组的形式。

第三步:找出数列中的最大值和最小值,再计算全距。

(最大值=100;最小值=57;全距=43)

第四步:确定组数。

(根据 $N=50$,将相关数据代入经验公式得:$k=1+3.3\lg 50=6.61$)

第五步:确定组距。

(43÷6.61=6.51; 为了方便计算和绘制统计图,组距一般取 5 或 10 的整倍数,因此确定组距为 10)

第六步:确定首组的下限和末组的上限。首组的下限一般应小于数列中的最小值,末组的上限应大于数列中的最大值。考虑到考试成绩中,60 分为一个重要的量的界限,即及格线。首组和末组应采用开口式。首组应为 60 以下,末组应为 100 以上。

第七步:统计总体单位在各组的分配次数,并编制统计表或统计图。如表 3.4和图 3.1。

表 3.4 某班《统计学》考试成绩次数分布表

按成绩分组(分)	人数(人)f	频率(%)$f/\sum f$
60 以下	2	4
60~70	10	20
70~80	12	24
80~90	15	30
90~100	9	18
100 以上	2	4
合　　计	50	100

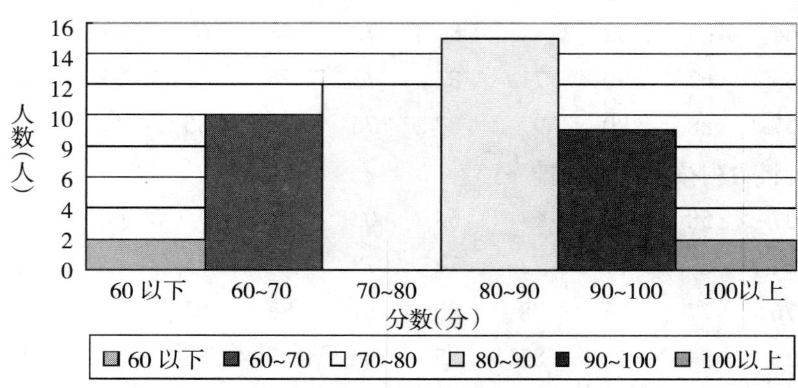

图 3.1 分配数列的统计图

(二)异距数列的编制

异距分组,各组次数的多少受到组距大小不同的影响。在研究各组次数实际分布时,为了消除异距分组所造成的这种影响,就要计算频数密度。其公式如下:

频数密度=频数/组距;频率密度=频率/组距 (3.3.1)

标准组距次数=频数密度×标准组组距(最小组的组距) (3.3.2)

例3.2:已知某企业职工的年龄数据见表3.5。

表3.5 某企业职工年龄统计表

按年龄分组(岁)	职工人数(人)	组距	频数密度(%)=次数/组距	标准组距人数(人)=频数密度×4
(甲)	(1)	(2)	(3)=(1)/(2)	(4)=(3)×4
16~20	150	4	37.5	150
20~30	730	10	73.0	292
30~40	920	10	92.0	368
40~60	200	20	10.0	40
合计	2000	—	—	—

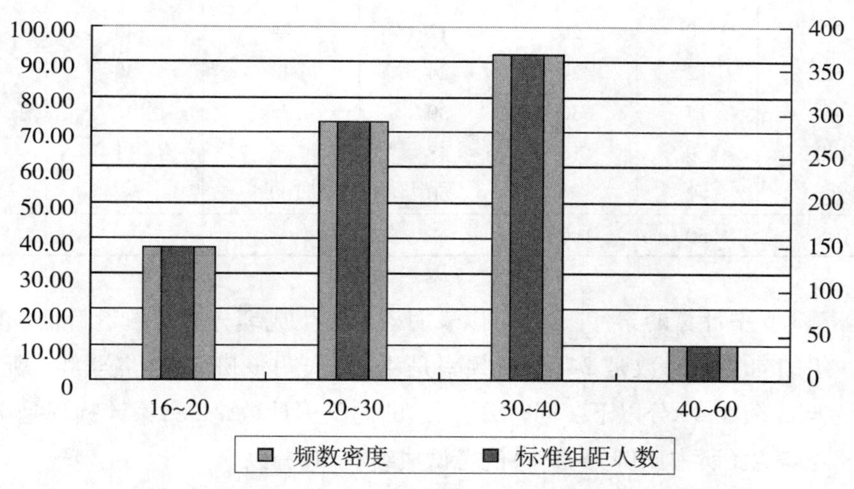

图3.2 异距分组的统计图

从图3.2可以看出,按频数密度和标准组距人数所画出的统计图都能正确反映职工的年龄分布特征,且两者的分布特征是一致的。

三、分配数列的分布特征

由于各种社会经济现象有着不同的性质,决定了各种统计总体都有不同的次数分布,进而形成各种不同类型的分布特征。研究各种类型的次数分布特征对于准确认识不同社

会经济现象的变量在形成总体数量表现中的作用有着重要的意义。

(一)累计次数(Cumulative Frequency)和累计频率(Cumulative Relative Frequency)

将变量数列各组的次数或频率逐组相加累计而编成累计次数分布数列,用来表示次数分布的特征。根据累计的变量值方向不同,累计次数可以分为向上累计和向下累计。

1. 向上累计

它是将各组次数或频率,由标志值小的方向向标志值大的方向逐组累计。各组的累计次数表示的意义是:该组上限以下所包含的总体单位数是多少。

2. 向下累计

它是将各组次数或频率,由标志值大的方向向标志值小的方向逐组累计。各组的累计次数表示的意义是:该组下限以上所包含的总体单位数是多少。

例如,将表 3.4 的学生成绩统计表计算累计次数分布表如表 3.6:

表 3.6　　学生考试成绩累计次数分布统计表

按成绩分组(分)	人数(人)	频率(%)	向上累计		向下累计	
			次数(人)	频率(%)	次数(人)	频率(%)
60 以下	2	4	2	4	50	100
60~70	10	20	12	24	48	96
70~80	12	24	24	48	38	76
80~90	15	30	39	78	26	52
90~100	9	18	48	96	11	22
100 以上	2	4	50	100	2	4
合计	50	100	—	—	—	—

根据表 3.6 中计算的累计次数,可以表明该班学生成绩分布的数量特征。比如:70~80 分这一组的向上累计数是 24,累计频率是 48%,表明该班有 24 名学生(所占比例为 48%)的考试成绩在 80 分以下。同时,这一组的向下累计数是 38,累计频率是 76%,表明该班有 38 名学生(所占比例为 76%)的考试成绩在 70 分以上。

(二)次数分布(Frequency Distribution)的主要类型

各种不同性质的社会经济现象都有不同的次数分布。通过大量的观察和研究,概括起来次数分布的类型主要有三种类型:正态分布、U 型分布、J 型分布。

1. 正态分布的特征

正态分布亦称钟形分布,其特征是:两头小,中间大。即靠近中间的变量值分布的次数多,靠近两边的变量值分布的次数少。比如,居民收入水平的分布,学生考试成绩的分布,农产品平均产量的分布等。

正态分布为对称分布,即中间变量值分布的次数最多,两边变量值分布的次数随着远离中间变量值而逐渐变小，并且以中间变量值为中心，两侧呈对称。如图 3.3 所示：

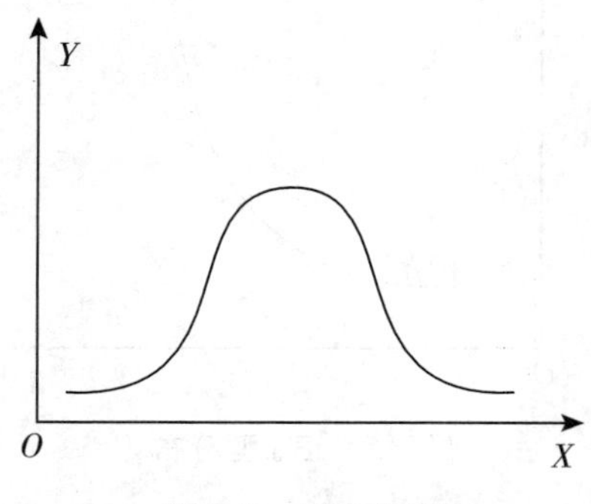

图 3.3　正态分布

与对称分布对应的是非对称分布，分为左偏分布和右偏分布。左偏分布（负偏）是当数列出现了极小值，次数分配曲线向左延伸。右偏分布（正偏）是当数列出现了极大值，次数分配曲线向右延伸。

2. U 型分布的特征

U 型分布的特征与正态分布的特征正好相反，即：两头大，中间小。也即靠近中间的变量值分布的次数少，靠近两边的变量值分布的次数多。绘制成曲线图，像英语字母 U，因此称为“U”型分布。比如人口的死亡率分布。如图 3.4 所示：

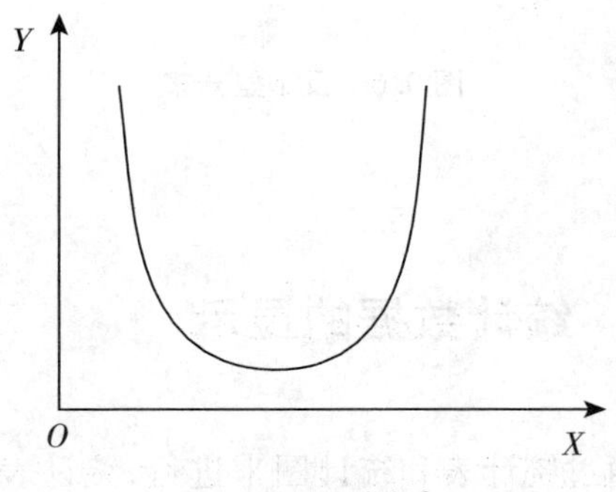

图 3.4　U 型分布

3. J 型分布的特征：J 型分布分为正 J 型分布和反 J 型分布

(1) 正 J 型分布的特征：次数随着变量的增大而增多。例：投资额按利润率的大小分布。如图 3.5 所示：

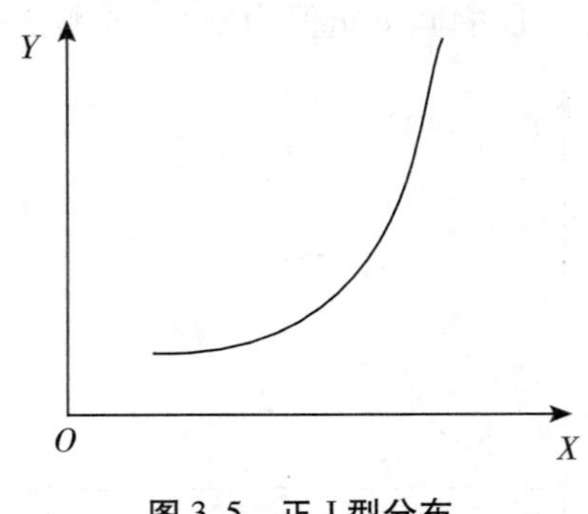

图 3.5　正 J 型分布

(2)反 J 型分布的特征:次数随着变量的增大而减少。例:产品产量的增加,产品单位成本下降。如图 3.6 所示:

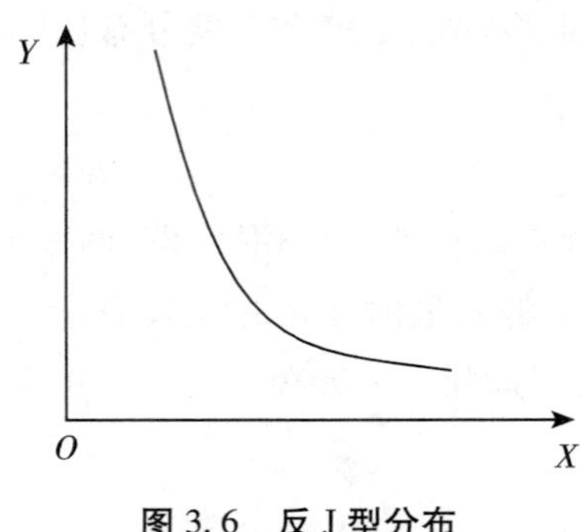

图 3.6　反 J 型分布

第四节　统计数据的显示

统计数据的显示可以通过统计表和统计图来进行,统计表和统计图可以更加清楚地将统计数据生动、形象地表现出来,比用文字的形式表述更具有吸引力。特别是利用 Excel 系统中的大约 100 多种不同格式的统计图表,就可以将关系复杂的统计数据制作成精美的二维或三维的统计图表。

一、统计表

(一)统计表的概念

把经过汇总整理得出的系统化的统计数据按一定的顺序填列在表格内,形成的就是统计表。

统计表是表现统计数据最常用的形式。其主要优点是:

(1)能有条理、有系统地排列统计数据,使统计数据的显示简明易懂。

(2)能合理地、科学地组织统计数据,便于计算和比较表内各项统计指标。

(3)利用统计表易于检查数据的完整性和正确性。

(二)统计表的构成

(1)从构成要素上看,统计表是由总标题、横行标题、纵栏标题、指标数值四部分构成。另外,统计表在表的下方还可以增列补充数据、注解、数据来源、填表单位、填表人员以及填表日期等。如表 3.7 所示。

表 3.7 重庆市 2012 年规模以上工业企业 R&D 活动经费支出与项目统计表(总标题)

单位:万元

	主词栏	宾词栏					
	按登记注册类型分	R&D 项目数(项)	研究与发展经费内部支出	技术改造经费支出	技术引进经费支出	购买国内技术用款	纵栏标题
横行标题	内资企业	4607	940 615	329 212	22 781	40 487	指标数值
	港、澳、台商投资企业	205	47 061	13 773	179	2118	
	外商投资企业	301	183 369	448 422	161 435	5190	
	合计	5113	1 171 045	791 407	184 395	47 795	

数据来源:2013 年重庆市统计年鉴

(2)从内容上看,统计表可以分为两个组成部分。一部分是统计表所要说明的总体,它可以是各个总体单位的名称、总体的各个组,这个部分的内容称为主词;另一部分则是说明总体的统计指标,包括指标名称和指标数值,这部分称为宾词。如表 3.7 所示。

(三)统计表的分类

1. 统计表按作用分为调查表、汇总表(或整理表)和分析表

(1)调查表:是在统计调查中用于登记、收集原始统计数据的表格。

(2)汇总表或整理表:是在统计汇总或整理过程中使用的表格和用于表现统计汇总或整理结果的表格。

(3)分析表:是在统计分析中用于对整理后的统计数据进行统计定量分析的表格。

2. 统计表按主词分组的情况分为简单表、简单分组表和复合分组表

(1)简单表:它指主词未加任何分组,仅按总体单位的名称或时间顺序排列的统计表,如表 3.8。

(2)简单分组表:它指主词仅按一个标志进行分组,即运用简单分组形成的统计表,如表 3.2。

(3)复合分组表:它指主词按两个或两个以上标志进行层叠分组,即运用复合分组的表格。

3. 统计表按宾词设计的情况分为平行排列表和分层排列表

宾词指标的设计在统计表的设计中是十分重要的部分。宾词的设计大致有两种

方法：

（1）简单设计，即将宾词指标作平行排列，各项指标的数值都是单独计算的，如表3.7。

（2）复合设计，即将宾词指标结合起来，作层叠配置，分层排列，如表3.8。

表3.8　　2009—2012年中国建筑企业收入与利润统计表

单位：亿元

年份	主营业务		其他业务	
	业务收入	业务利润	业务收入	业务利润
2009	74 431.07	5217.89	1047.13	204.53
2010	92 196.42	6515.01	1440.16	262.41
2011	110 703.99	3799.18	1298.79	305.17
2012	128 761.71	4495.27	1421.22	192.13

数据来源：国家统计局数据库

在统计表的设计中，一定要注意主词与宾词的搭配关系。主词如果是复合设计，宾词的设计就要简单一些。主词如果是简单或分组设计，宾词就可以复合设计。尽量避免出现主词和宾词都是复合设计的情况，否则不能清楚地反映现象之间的数量关系，影响统计表优势的发挥。

（四）编制统计表应注意的问题

统计表在设计时，应力求做到简练、明确、实用、美观，便于人们阅读、比较和分析统计数据。在具体编制统计表时，应注意以下问题：

（1）标题。统计表的总标题、项目指标要简明扼要，准确反映内容，数据所属空间和时间，使人一目了然，便于分析。

（2）线条的绘制。统计表的左右两端一般不划线，采用“开口式”，纵栏之间用细线分开，表的上、下端用粗线，横行之间可以不加线。如果横行过多，也可以每5行加一细线。

（3）合计栏的设置。统计表纵列若需合计时，一般应将列在最后一行，各横行若需合计时，可将合计列在最前一栏或最后一栏。

（4）栏数的编号。统计表纵栏较多时，为便于阅读，可编栏号，习惯上对非填写数据的各栏分别以（甲）、（乙）、（丙）、（丁）等的次序编栏；对填写数量数据的各栏分别以（1）、（2）、（3）、（4）等的次序编栏；对各栏数字之间有一定计算关系的，也可用数学符号表示，如（3）=（2）÷（1）。

（5）指标数值。当缺乏某项资料时，用“…”表示，当不应有数据时，用“—”表示，以免误认为漏项。

（6）计量单位。统计表必须注明统计数据的计量单位。①全表只有一个计量单位时，应写在表的右上方。②各横行计量单位不同，可单列一计量单位栏。③各纵列计量单位不同,可在各列的指标后加计量单位。

(7)注解或数据来源。为保证统计数据的科学性和严肃性,在统计表的下方应注明数据来源、注解或说明,以便考查。

二、统计图

(一)统计图的概念

统计图就是以散点、直线、折线、曲线、面积、形状、图形等具体的形象来表示统计数据的形式。统计图可以描述总体的内部构成及其变化情况,显示社会经济现象之间的对比关系、发展趋势,分析不同现象之间的相互依存关系等。运用统计图来显示统计数据,具有生动、形象、具体等优势,可以在最短的时间内给人留下深刻、清晰的印象。

(二)统计图类型

1. 直方图(Histogram)

用直方图的高度和宽度来显示变量次数分布特征的图形。横轴一般表示分组情况,纵轴表示次数或频率。直方图一般不用来表示累计次数的分布特征,可以分为单式、复式等图形。

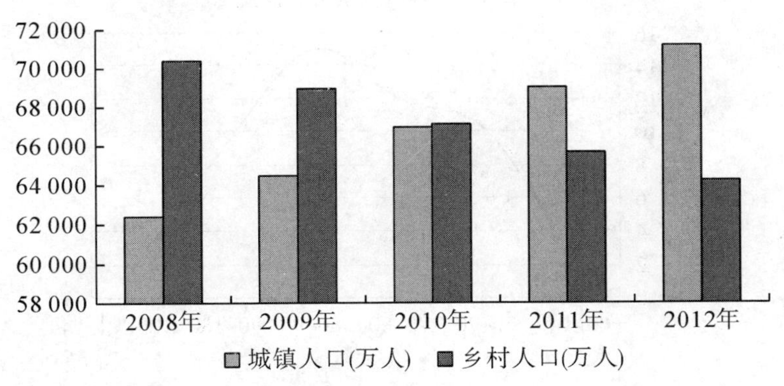

图 3.7 直方图

注:2010 年数据为当年人口普查数据推算数;其余年份数据为年度人口抽样调查推算数据。按城乡分人口中现役军人计入城镇人口。

数据来源:国家统计局数据库

2. 折线图(Polygram)

在直方图的基础上,用折线将表示各组次数高度的坐标连接而成,也可用组中值与次数求得坐标连接而成。折线图可以用来表示累计次数的分布。如图 3.8:

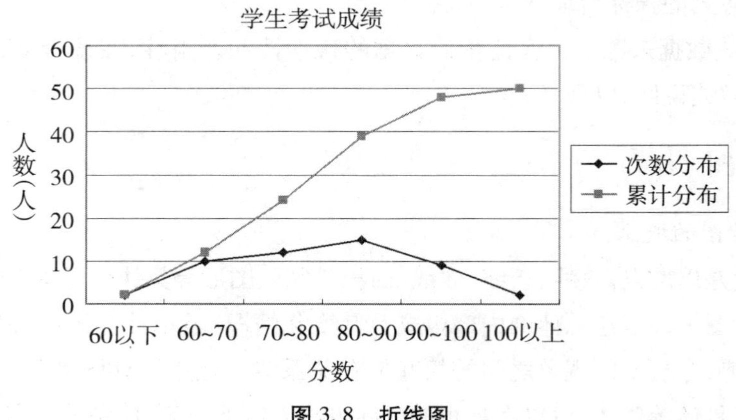

图 3.8 折线图

3. 曲线图

在折线图的基础上,当变量数列的组数无限增多时,折线便近似地表现为一条平滑的曲线。这是一种理论曲线,用来描述各种统计量和分布规律。依据表 3.4 的数据绘制曲线图,如图 3.9 所示:

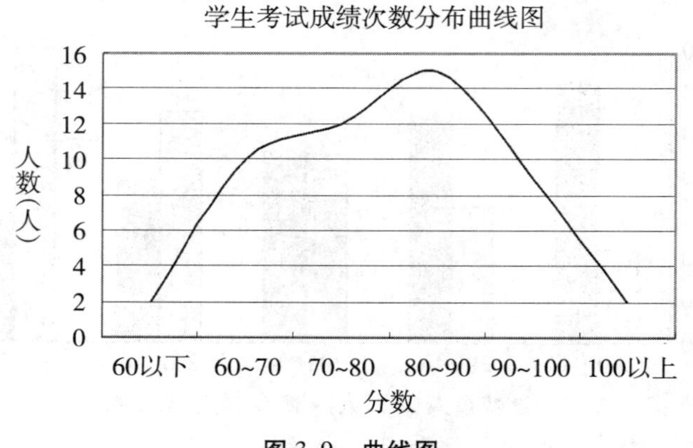

图 3.9 曲线图

4. 茎叶图(Stem-and-Leaf plot)

茎叶图是一种用顺序条形图来组织和表示数据的方法。茎叶图类似于直方图,与直方图比较,其构造更容易,且能显示变量的实际值,从而不会因数据分组将具体的数值信息丢失。这种方法适用于数据可以根据第一位或前两位数值进行分组。"茎叶"的涵义是:将所有数据的位数统一后,第一位或前两位数字表示"茎",每一个具有相同第一位或前两位数字的数据都显示为该"茎"的一个"叶"。依据例 3.3 的数据绘制茎叶图,如图 3.10 所示:

学生考试成绩次数分布茎叶图

次数	茎 & 叶
2	5 . 7 8
5	6 . 2 3 3 3 4
5	6 . 5 6 7 7 9
6	7 . 1 2 2 3 4 4
6	7 . 5 6 6 7 7 8
8	8 . 0 1 2 2 2 3 3 4
7	8 . 5 5 5 6 7 8 8
3	9 . 0 1 3
6	9 . 5 7 7 7 8 9
2	10. 0 0

茎的宽度： 10

每片叶子： 1 个数据

图 3.10 茎叶图

在“茎”为 5 处，有两片“叶”，分别为 7、8。“茎叶”相连即表示在整体数据中，50 这一级共有两个数据，分别为 57 和 58。

5. 帕拉图（Pareto chart）

类似于直方图。它是定性变量的次数分布条形图，图中表示次数的柱状从左到右依次降序排列。依据表 3.4 的数据绘制帕拉图，如图 3.11 所示：

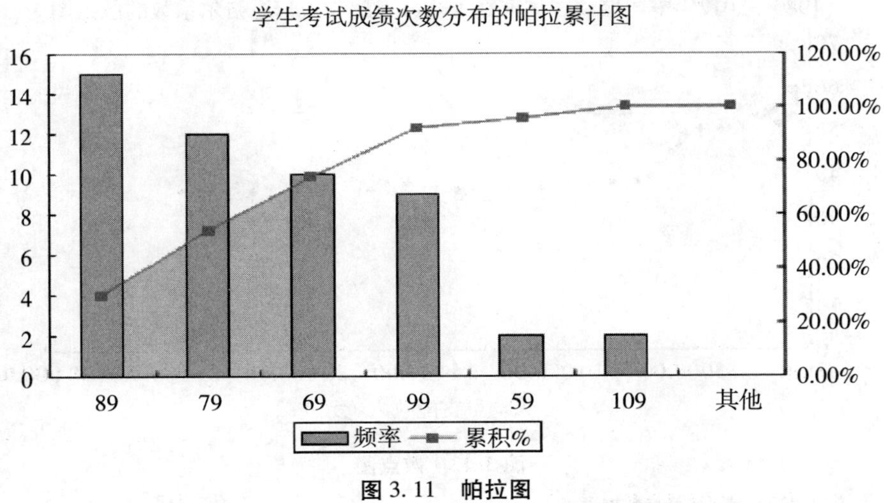

图 3.11 帕拉图

6. 饼图(Pie chart)

它是以圆形的分割来表示总体的分组及构成情况,图中每一块都代表着总体的一部分。

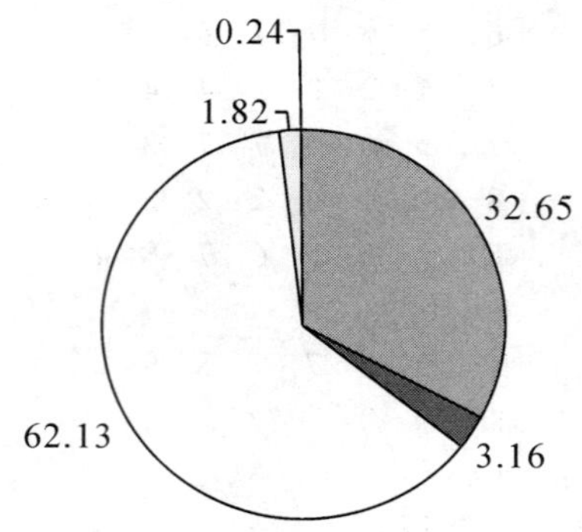

图 3.12 饼图

数据来源:国家统计局数据库

7. 散点图(Scatter plot)

它是用来分析两个变量之间的相关关系的,在图形上的每一个点都代表着一对观测值。如图 3.13 所示,随着城市居民家庭人均可支配收入的增加,恩格尔系数呈下降趋势。

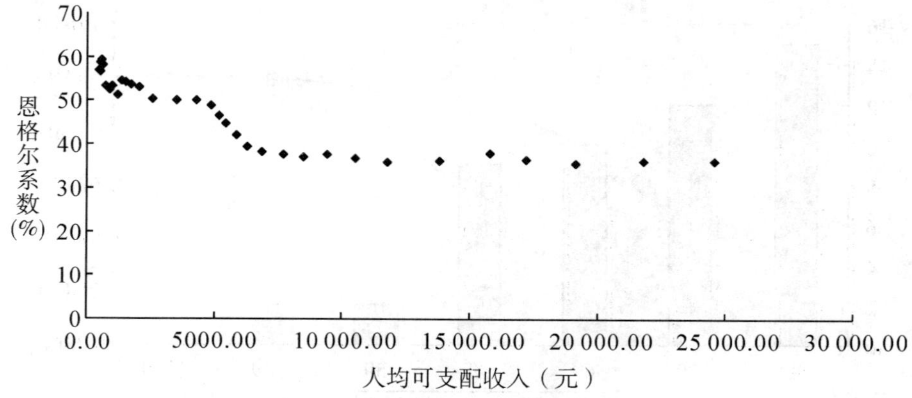

图 3.13 散点图

数据来源:国家统计局数据库

练习与思考

一、单项选择题

1. 将统计总体按某一标志进行分组后,其结果是(　　)。

A. 组内同质性,组间同质性　　B. 组内差异性,组间差异性

C. 组内同质性,组间差异性　　D. 组内差异性,组间同质性

2. 在组距数列中,当全距确定时,组距与组数的关系是(　　)。

A. 组距越大,组数越少　　B. 组距越大,组数越多

C. 组距越小,组数越少　　D. 组距与组数的关系不确定

3. 连续型变量在确定组限时,相邻组的组限必须(　　)。

A. 间断　　B. 重叠

C. 相等　　D. 不等

4. 变量数列中,各组频率的合计数应该为(　　)。

A. 大于1　　B. 等于1

C. 小于1　　D. 不等于1

5. 在异距数列中,要准确反映其分布状况,必须采用(　　)。

A. 向上累计　　B. 向下累计

C. 频数　　D. 频数密度

6. 计算向上累计次数或频率时,其累计数表达的意义是(　　)。

A. 上限以下的累计次数或频率　　B. 上限以上的累计次数或频率

C. 下限以下的累计次数或频率　　D. 下限以上的累计次数或频率

7. 在统计表中,说明统计表名称的词语是(　　)。

A. 主词　　B. 宾词

C. 总标题　　D. 横行标题

8. 次数分布的特征是:两头小,中间大。即靠近中间的变量值分布的次数多,靠近两边的变量值分布的次数少。这种次数分布是(　　)。

A. 正态分布　　B. U型分布

C. 正J型分布　　D. 反J型分布

9. 类似于直方图,与直方图比较,其构造更容易,且能显示变量的实际值,从而不会因数据分组将具体的数值信息丢失,这种图形是(　　)。

A. 折线图　　B. 曲线图

C. 茎叶图　　D. 帕拉图

10. 填写统计表时，当某一位置不应有数字，运用的符号是(　　)。

A. 0　　B. ×　　C. …　　D. –

二、多项选择题

1. 在统计数据整理之前，要对统计数据进行审核。审核的主要内容是(　　)。

A. 数据的准确性　　B. 数据的及时性
C. 数据的系统性　　D. 数据的完整性
E. 数据的客观性

2. 统计分组的作用是(　　)。

A. 划分社会经济现象的类型　　B. 刻画总体具有的特征
C. 揭示社会经济现象的内部构成　　D. 反映总体单位的分布情况
E. 分析社会经济现象之间的依存关系

3. 在组距数列中，组中值是(　　)。

A. 假定值，即假定该组的标志值是均匀分布
B. 上限与下限之间的中间数值
C. 可以代表各组标志值的平均水平
D. 在开口组中，无法确定组中值
E. 各组标志值的平均数

4. 某地区的工厂按经济类型进行分组，分组标志的名称应写在统计表的(　　)。

A. 总标题栏　　B. 纵列标题栏
C. 横行标题栏　　D. 主词栏
E. 宾词栏

5. 根据次数分布的特征，次数分布的类型主要有(　　)。

A. 正态分布　　B. U 型分布
C. 正 J 型分布　　D. 反 J 型分布
E. S 型分布

三、简答题

1. 什么是统计数据整理？简述统计数据整理的基本步骤。
2. 什么是统计分组？简述统计分组的原则和作用。
3. 如何选择统计分组的标志？
4. 什么是分配数列？简述编制分配数列的步骤。
5. 次数分布的主要类型有哪些？简述其不同的特征。
6. 什么是统计表？简述编制统计表时应该注意的问题。
7. 什么是统计图？简述直方图、折线图、曲线图、茎叶图、帕拉图、饼图和散点图的特点。

四、综合题

1. 已知40份用于购买汽车的个人贷款数据：

单位：元

930	514	456	1903	1240	1280	2550	585	1640	1217
2235	957	2111	445	783	872	638	3005	346	1590
1100	554	974	660	720	1377	861	328	1423	747
356	1190	340	1620	1525	1200	1780	935	592	655

要求：

(1)利用 Excel 的 FREQUENCY 函数进行统计分组整理，编制分配数列，计算各组次数和频率，以及累计次数和频率。

(2)利用 Excel 绘制直方图、折线图、曲线图和饼图。

(3)从偏斜程度描述次数曲线的状态。

(4)利用 Excel 绘制次数分布的累计次数或频率分布。

2. 测得40个城市某天最低温度(华氏)的数据，做出最低温度数据的茎叶图。

38	46	45	67	42	54	43	50	45	40
48	41	67	43	38	39	65	68	50	59
64	61	52	67	47	50	63	76	45	53
46	42	57	68	64	56	50	43	59	53

3. 已知资料如下表：

单位：元

年 指标	2003	2004	2005	2006	2007	2008	2009	2010	2011	2012
城镇居民家庭人均可支配收入	8472.2	9421.6	10 493.0	11 759.5	13 785.8	15 780.8	17 174.7	19 109.4	21 809.8	24 564.7
农村居民家庭人均纯收入	2622.2	2936.4	3254.9	3587.0	4140.4	4760.6	5153.2	5919.0	6977.3	7916.6

要求：利用 Excel 画出复式折线图，并比较城乡居民收入差距的变化情况。

第四章

综合指标与数据分布特征

[教学目的与要求]:

1. 正确理解综合指标的概念;
2. 掌握总量指标的概念、分类及计量方法;
3. 掌握六种相对指标的概念、特点以及计算方法;
4. 深刻理解和掌握数据分布特征描述指标和测度值的计算方法。

经过统计整理,将大量反映总体单位数量特征的原始资料进行加工、汇总,就可以得到反映社会经济现象总体数量特征的统计指标,这就是综合指标。用综合指标去概括和分析社会经济现象总体的数量特征和数量关系的方法叫综合指标法。利用综合指标法可以分析现象的总量、相对水平、平均水平和变异情况。综合指标法是统计常用的基本分析方法之一。

综合指标从其作用和方法特点的角度可概括为三类:总量指标(又称绝对指标)、相对指标和平均指标。这三种指标作为统计的综合指标,可以看作是统计整理的结果,同时又是统计分析的基础和工具。

第一节　总量指标

一、总量指标的概念、作用和种类

(一)总量指标的概念

总量指标(Total Amount Indicant)是反映社会经济现象在一定时间、地点、条件下的总体规模或水平的统计指标。总量指标也称为绝对指标或绝对数。其数学表现形式为绝对数,但与数学中的绝对数不同,它不是抽象的绝对数,而是一个有名数。如 2013 年中国国内生产总值(GDP)568 845 亿元,其中,第一产业增加值 56 957 亿元,第二产业增加值 249 684 亿元,第三产业增加值 262 204 亿元。总量指标也可表现为总量之间的绝对差数,如增加量、减少量等。例如,2013 年年末全国大陆总人口为 136 072 万人,比上年末增加 668 万人。这个增加人数也是总量指标。

(二)总量指标的作用

(1)总量指标是反映一个国家的国情、国力,反映某部门或企事业单位人、财、物等方面的基本数据。例如,在掌握了一个国家在一定时间的人口数、劳动力数量、国内生产总值、国民收入、粮食产量和主要工业品产量等主要经济社会指标后,就对这个国家有了一个基本的认识。

(2)总量指标是国家进行宏观管理和企业进行经济核算的基本依据之一。国家在制定宏观经济政策、编制国民经济计划时都必须运用总量指标。企业在分析经济效益时也离不开收入、成本、利税总额等总量指标,否则也无法进行具体的分析。

(3)总量指标是计算相对指标和平均指标的基础。总量指标是人们认识事物的起点,也是计算相对指标和平均指标的基础。

(三)总量指标的种类

1. 总量指标按其反映总体的内容不同,可分为总体单位总量和总体标志总量

总体单位总量(Aggregate Number of Population Units)是指总体中包含的总体单位数之和,是反映总体自身规模大小的总量指标。总体标志总量(Aggregate Value of Population Units)是指总体各单位某种标志值之和,是根据总体各单位标志值计算的结果。例如:对某地区居民使用手机的普及情况进行调查,该地区的居民人数是总体单位总量,居民使用的手机个数是总体标志总量。一个总量指标究竟应属于总体单位总量还是总体标志总量,应随着研究目的的不同及研究对象的变化而定,不是一成不变的。例如,当研究目的是分析该地区居民使用手机的品牌情况,手机个数则是总体单位总量。明确总体单位总量和总体标志总量之间的差别,对于计算和区分相对指标与平均指标具有重要的意义。

2. 总量指标按其反映时间状态不同,可分为时期指标和时点指标

时期指标(Period Indicant)是反映现象在某一时期发展过程的总数量的指标。例如一定时期的产品产量、产值、商品销售量、工资总额等。时点指标(Time Point Indicant)是反映现象在某一时刻(瞬间)上所处状态的总量指标。例如,年末人口数、企业数、商品库存数等。

时期指标和时点指标的区别是:

(1)时期指标的数值是连续登记取得的,它的每一个数值表示现象在一定时期内发生的总量,如,一月份的某产品的总产量是1月1日至1月31日每天产量的总和,而时点指标的数值是间断计数取得的,它的每一个数值表示现象发展到一定时点上所处的水平,如年末职工人数是指年初的职工人数经过一年的增减变动,至年末(当年的12月31日)实有的职工人数。

(2)时期指标具有累加性,即各期数值相加可以说明现象在较长时期内发生的总量,如一年的总产量是各月产量之和;而时点指标不具有累加性,即各时点数值相加是没有意义的。

(3)时期指标数值的大小要受时期长短的制约;而时点指标数值的大小与时点间的间隔长短无直接关系。因此,在运用时期指标时应明确数据所属的时期范围;而对时点指标则要注意它的时点特性。

二、总量指标的计量单位

总量指标的计量单位主要有实物单位、货币单位和劳动单位。

(一)实物单位

实物单位是根据事物本身的属性和特点而采用的计量单位。它包括:

(1)自然单位。它是根据被研究对象的自然属性来表示其数量的单位。如人口以

"人"为单位、汽车以"辆"为单位等。

(2)度量衡单位。它是根据度量衡制度规定的计量单位来计量的。如粮油以"千克"为单位、布匹以"米"为单位、耕地以"公顷"为单位等。

(3)标准实物单位。它是把性质相似的各种实物单位折算成标准实物单位来计量。例如,各种不同马力的拖拉机,如用"台"表示,则不能准确反映实际情况。必须将其折算成统一的标准单位,即标准台,一般以15马力折合为1标准台来计算其标准实物量。

以实物单位计量的指标具备可以体现现象使用价值的优点,但实物单位计量是不便于综合、汇总的,因为不同事物之间不具有可加性。

(二)货币单位

货币单位是用货币来度量社会财富或劳动成果的一种计量单位。它具有广泛的综合性和概括能力,不同事物通过换算成货币单位后可以直接加总,所以以货币单位计量的价值指标就能综合反映现象在一定条件下的总规模、总水平和总成果,在经济领域的运用十分广泛。例如,可以利用货币单位来计算国内生产总值、国民总收入、总成本、利税总额等。同时,货币单位有现行价格(当年价)和不变价格之分。现行价格是各个时期的实际价格;不变价格是在综合不同产品产量并反映它们的总动态时,为了消除不同时期价格变动的影响所用的固定价格。

(三)劳动单位

劳动单位是用劳动时间表示的计量单位,是一种复合单位。如工日、工时等。劳动单位也有一定的综合能力,但一般局限于一个单位内部或同行业内使用,主要用于基层企业编制和检查生产作业计划及进行劳动定额管理等。

第二节　相对指标

一、相对指标的概念和作用

(一)相对指标的概念

相对指标(Relative Indicant)是两个有联系的指标对比计算的比率。它从数量上反映事物在时间、空间、事物本身内部以及不同事物之间的联系程度和对比关系。相对指标通常也被称为相对数,如男女性别比、消费率、计划完成百分比等。相对指标的计量单位包括无名数和有名数两种。无名数是一种抽象化的数值,常以倍数、系数、成数、百分数、千分数等表示。有名数是将相对指标中的分子和分母的指标计量单位同时使用,形成的双重单位,如人口密度以"人/平方千米"表示。

(二)相对指标的作用

(1)相对指标是以相互关联的指标对比,从数量上反映事物之间的联系,通过它可以表明现象发展的相对程度,为人们深入认识事物和进行分析研究提供依据。

(2)由于不同时期和不同空间的总量指标代表不同条件下的现象发展规模,因此,往往不能直接对比。相对指标把两个总量指标抽象化了,从而使不能直接对比的数值变为可比。

二、相对指标的种类及计算方法

(一)结构相对指标

结构相对指标(Relative Indicant of Structure),即结构相对数,是在统计分组的基础上,以总体中的部分数值与总体数值对比求得的比重或比率,是反映总体内部组成状况(即结构)的综合指标。结构相对数一般用百分数表示,各组比重总和等于100%或1。其计算公式为:

结构相对数=(总体部分数值÷总体全部数值)×100%　　(4.2.1)

例4.1:2013年中国第一产业增加值56 957亿元,占国内生产总值的比重为10.01%。这个比重10.01%就是结构相对数。结构相对数一般用百分数表示,各组比重总和等于100%或1。如表4.1所示,中国2013年第一、第二、第三产业比重分别为10.01%、43.89%和46.10%,三次产业比重之和为100%。

表4.1　中国国内生产总值(GDP)构成表

	2010年		2013年	
	增加值(亿元)	比率(%)	增加值(亿元)	比率(%)
第一产业	40 497	10.18	56 957	10.01
第二产业	186 481	46.86	249 684	43.89
第三产业	171 005	42.96	262 204	46.10
合　计	397 983	100.00	568 845	100.00

资料来源:中国统计公报(2010)(2013)

注:本表按当年价计算

结构相对数的作用:可以反映总体内部结构的特征;可以通过不同时期相对数的变动,看出事物内部结构的变化过程及其发展趋势;能反映人力、物力、财力的利用程度及生产经营效果的好坏。

(二)比例相对指标

比例相对指标(Relative Indicant of Proportion),即比例相对数,是总体内部各组成部分之间对比求得的比率,反映总体中各组成部分之间数量联系的程度和比例关系。其计算公式为:

比例相对数=总体中某部分数值÷总体中另一部分数值　　(4.2.2)

比例相对指标可以用百分数表示，也可以用一比几和几比几的形式表示。一种方法是将作为比较基础的数值抽象化为1、10、100或1000，看被比较的数值是多少。例如，2010年第六次全国人口普查主要数据公报（第1号）显示：男女性别比为105.20∶100。这说明以女性为100，男性人口是女性人口数的1.052倍，简称性别比为105.20。另一种方法是首先将总体全部数值抽象化为100，求得各部分数值在总体中所占百分数，然后将各部分的百分数连比得到比例相对数。例如，在表4.1中，2013年中国国内生产总值抽象化为100后，第一产业、第二产业、第三产业的比例为10.01∶43.89∶46.10。

（三）比较相对指标

比较相对指标（Comparative Relative Indicant），即比较相对数，又称类比相对数，是将两个同类指标做静态对比求得的比率。表明同类事物在同一时间不同空间条件下的数量对比关系，一般用百分数或倍数表示。其计算公式为：

$$比较相对数=\frac{甲地区（单位）某一现象的水平}{乙地区（单位）同类现象的水平} \tag{4.2.3}$$

例4.2：某年有甲、乙两企业同时生产一种性能相同的产品，甲企业工人劳动生产率为19 307元，乙企业为27 994元。

$$两企业劳动生产率比较相对数=\frac{19\ 307}{27\ 994}\times100\%=68.97\%$$

说明甲企业劳动生产率是乙企业的68.97%。

（四）计划完成程度相对指标

计划完成程度相对指标（Relative Indicant of Fulfillment of Plan），即计划完成相对数，是实际完成数值与计划任务数值的对比形成的比率。其计算公式为：

$$计划完成相对数=（实际完成数\div计划任务数）\times100\% \tag{4.2.4}$$

计划完成相对数常用来检查、监督计划执行情况，通常以百分数表示，又称为计划完成百分比。计划完成百分数的计算要根据具体情况采用不同的方法：

1. 根据绝对数来计算计划完成相对数

$$计划完成程度相对数=\frac{实际总水平}{计划总水平}\times100\% \tag{4.2.5}$$

例4.3：设某企业某年计划完成工业增加值200万元，实际完成220万元，则：

$$增加值计划完成程度=\frac{220}{200}\times100\%=110\%$$

计算结果表明该厂超额10%完成增加值计划。

2. 根据相对数或平均数计算计划完成相对数

$$计划完成程度相对数=\frac{实际平均水平（相对数）}{计划平均水平（相对数）}\times100\% \tag{4.2.6}$$

例4.4：某化肥厂计划每吨化肥平均成本为200元，实际平均成本为180元，则：

$$成本计划完成相对数=\frac{180}{200}\times100\%=90\%$$

计算结果表明该厂化肥平均单位成本实际比计划多降低了10%，平均每吨化肥节约生产费用20元。

3. 根据提高率或降低率计算计划完成相对数

即计划数是相对数形式，不应直接用实际降低率或提高率除以计划降低率或提高率，而应以包括原有基数在内的公式计算。即：

$$计划完成程度相对数=\frac{1\pm实际提高率(实际降低率)}{1\pm计划提高率(计划降低率)}\times100\% \qquad (4.2.7)$$

例4.5：某企业本年度计划单位成本降低6%，实际降低7.6%，则：

$$成本降低率计划完成相对数=\frac{1-7.6\%}{1-6\%}\times100\%=98.29\%$$

根据计算结果，本年度单位成本降低率比计划多完成了1.71%。

例4.6：某企业计划规定劳动生产率比上年提高10%，实际比上年提高15%，则：

$$劳动生产率计划完成相对数=\frac{1+15\%}{1+10\%}\times100\%=104.5\%$$

根据计算结果，劳动生产率超额4.5%完成计划任务。

4. 计划执行进度的考核

计划进度执行情况考核，主要是分析计划期内计划执行的进度，并据以考核计划执行的均衡性。

$$计划执行进度=\frac{累计完成数}{全期计划数}\times100\% \qquad (4.2.8)$$

累计完成数是指从计划执行的初始至报告期止的实际完成累计数。全期计划数是指计划全期的计划任务数。对计划执行进度的考核，可以检查计划执行的均衡程度，及时采取必要措施，确保如期或超额完成计划，如表4.2所示。

表4.2　某企业三个分公司计划完成情况表

	全年计划销售额（万元）	截止到第三季度的累计完成销售额（万元）	计划执行进度（%）
A公司	600	459	76.5
B公司	400	298	74.5
C公司	100	68	68.0
合计	1100	825	75.0

从计划执行进度来看，截止到第三季度，各公司的计划执行情况应当进行到75%的进度要求才算按计划均衡发展。从表4.2可看出，整个企业的计划执行情况达到了75%的进度要求，但从三个公司各自来看，发展是不均衡的。B公司和C公司尚未完成计划进

度，尤其是C公司，只有68%，与均衡发展的要求还有相当的差距。因此，该企业通过进度执行情况检查，发现C公司目前需要查找原因，加大营销力度，以便保证企业顺利完成全年销售计划。

5. 长期计划的检查

长期计划是指五年或五年以上的计划。长期计划的检查有两种方法，即水平法和累计法。

(1)水平法：指在计划中，只规定计划期最末一年应达到的水平。(运用条件是：现象在计划期内呈递增趋势)计算公式为：

$$计划完成程度=\frac{计划期最末一年实际达到的水平}{计划规定的最末一年应该达到的水平}\times100\% \tag{4.2.9}$$

例4.7：某企业规定"十二五"期间某产品产量(即2015年)达到56万吨，实际第五年产量为63万吨，则：

$$计划完成程度=\frac{63}{56}\times100\%=112.5\%$$

超额12.5%完成生产计划。

检查计划执行情况，不仅要计算计划完成程度，还需要计算提前完成计划的时间。

采用水平法检查提前完成计划时间的方法是：只要在计划期内有连续12个月(可以跨日历年度)实际完成的水平达到了计划规定的最末一年的水平，剩下的时间就是提前完成计划的时间。

如：在五年计划期内，如果在第四年的七月至第五年的六月(连续12个月)实际完成数达到了计划规定末年应达到的水平，即提前半年完成计划。

(2)累计法：若计划是按整个计划期内累计应达到的水平规定的，就用累计法检查计划执行情况。计算公式为：

$$计划完成程度=\frac{计划期实际累计完成数}{计划期计划累计完成数}\times100\% \tag{4.2.10}$$

例4.8：某五年计划规定基建投资总额为2200亿元，五年内实际累计完成2240亿元，则：

$$计划完成程度=\frac{2240}{2200}\times100\%=101.82\%$$

即超额1.82%完成计划任务。

采用累计法检查提前完成计划时间的方法是：从计划期初往后连续累计，只要实际累计数达到计划规定的累计数，所剩余的时间就是提前完成计划的时间。

比如，五年基建投资总额计划为2200亿元，实际至第五年六月底止累计实际投资额已达2200亿元，则提前半年完成计划。

（五）强度相对指标

1. 强度相对指标的概念

强度相对指标（Relative Indicant of Intensity）是两个性质不同但有一定联系的指标数值对比求得的比数，用来表明现象的强度、密度和普遍程度。其计算公式为：

$$强度相对数=\frac{某一指标数值}{另一有联系而性质不同的指标数值} \tag{4.2.11}$$

例 4.9：已知 2012 年年末中国大陆总人口是 135 404 万人，2013 年年末为 136 072 万人，全国国土总面积 960 万平方千米，则

$$2013\ 年人口密度=\frac{2013\ 年平均人口数}{国土面积}=\frac{135\ 738\ 万人}{960\ 万平方千米}=141.39（人/平方千米）$$

强度相对数的数值有两种表示方法：①用复名数表示，如"人/平方千米"、"部/百人"等。②用百分数或千分数表示，如"商品流通费用率$=\frac{费用额}{销售额}\times 100\%$"，用百分数表示，说明平均每百元销售额负担多少费用额。人口出生率、人口死亡率和人口自然增长率等指标一般用千分数表示。

应该注意的是，强度相对数有平均的涵义，比如商业网点密度。这个指标是强度相对数，不是平均数。其分子与分母可以互换，形成互为相反的正、逆指标。如：

$$商业网点密度=\frac{商业网点数}{平均人口数}（个/万人）\quad（正指标）$$

$$商业网点密度=\frac{平均人口数}{商业网点数}（万人/个）\quad（逆指标）$$

正指标的数值大小与现象的发展程度或密度成正比例；逆指标的数值大小与现象的发展程度或密度成反比例。在实际工作中，一般选择其中的一个指标计算即可。

2. 强度相对指标的意义

（1）强度相对指标能够说明社会经济现象的强弱程度，在反映一个国家的经济实力时，被广泛地运用。

（2）强度相对指标还可用来反映现象的密度和普遍程度，如人口密度、铁路或公路网密度等。

（3）强度相对指标还可以用来反映社会生活条件或效果。如：每万元产值的利润率等。

（六）动态相对指标

动态相对指标（Dynamic Relative Indicant）是指某一指标在不同时间上的数值的对比形成的比率，表明现象发展变化的方向和程度。其表现形式为动态相对数，计算公式为：

$$动态相对数=\frac{报告期指标数值}{基期指标数值} \tag{4.2.12}$$

例 4.10:某企业 2012 年上半年实现利润 1200 万元,2013 年上半年实现利润 1360 万元,则:

$$动态相对数=\frac{报告期指标数值}{基期指标数值}=\frac{1360}{1200}\times 100\%=113.33\%$$

通过计算看出该企业 2013 年上半年与 2012 年上半年相比,利润增加了 13.33%。

三、计算和运用相对指标的原则

(一)可比性原则

可比性是指计算相对指标时,其分子、分母在内容、范围、计算方法、计算价格、计量单位等方面是可比的。范围的可比性是指分子分母从总体范围上讲应协调一致。例如计算"人口密度",分子、分母应属于同一个地区或同一个国家,不能用甲地区(国家)的人口数与乙地区(国家)的土地面积相比;内容的可比性是指分子、分母从总体包含的内容构成上应协调一致。例如某集团报告期增加值与基期增加值进行对比,一定要注意该报告期和基期所包含的企业数是否一致,如不一致应调整使其从内容结构上可比;计算方法的可比性是指分子分母计算方法上应协调一致。例如用某一个城市的国内生产总值与另一个城市的国内生产总值进行对比时,一定要考虑两个城市的国内生产总值是否都是使用同一种方法(比如生产法、收入法或支出法)计算的。

(二)相对指标和总量指标结合运用的原则

相对指标说明现象发展变化的方向和程度,而没有说明现象发展变化的绝对量,总量指标则正好相反。因此,应将总量指标与相对指标结合运用,才能更深入地说明现象发展变化的情况。例如,有甲乙两个企业,2013 年增加值分别增长了 5%和 12%,甲企业 2012 年增加值为 10 000 万元,乙企业 2012 年增加值为 80 万元。如果单从相对指标看,甲企业似乎不如乙企业。但结合增长 1%绝对值分析,甲企业增加值虽然只增长 5%,但每增长 1%的绝对值是 100 万元,乙企业增加值虽然增长 12%,但每增加 1%的绝对值是 0.8 万元。

(三)相对指标与多个指标结合运用的原则

在对一个复杂的现象进行研究时,只利用一个相对指标往往不能满足需要。只有根据现象的具体情况,运用多个指标才能比较深入地说明问题。

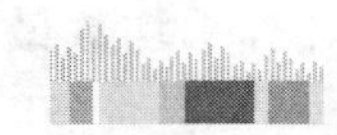

第三节　数据分布集中趋势的测定——平均指标

一、平均指标的概念及特点

（一）平均指标的概念

平均指标（Mean）又称平均数，是指同类现象在一定时间、地点、条件下所达到的一般水平。它作为同类现象的一般水平，是总体内各单位参差不齐的标志值的代表值，也是对变量分布集中趋势的测度。它是将总体各单位某一标志值的个体差异抽象化，反映总体某一变量达到的一般水平的指标，如平均工资、平均年龄、平均受教育年限等。

（二）平均指标的特点

1. 将数量差异抽象化

平均指标将各个变量值间的差异抽象化，从而说明总体的一般水平。如某地区的职工平均工资指标，是将该地区职工个人之间的工资差异抽象化，用来说明该地区职工工资的一般水平。

2. 只能就同类现象计算

计算平均指标的各单位必须具有同类性质，这是计算平均指标的前提条件。如果将性质不同的个体混杂在一起，由此计算的平均数只会掩盖事物的本质区别，得出错误的结论。

3. 能反映总体变量的集中趋势

平均指标是反映总体变量分布特征的指标之一。从总体变量分布的情况看，多数标志值集中在平均数附近，所以平均指标是标志值集中趋势的测度数，是反映总体变量集中倾向的代表值。

在统计中，常用的平均指标有算术平均数、调和平均数、几何平均数、众数和中位数等。其中，算术平均数、调和平均数、几何平均数是根据变量数列中各单位的标志值计算得到的，所以称为数值平均数；众数和中位数是根据变量数列中某些标志值所处的位置来确定的，称为位置平均数。各种平均指标的计算方法、指标涵义、运用条件都不相同，现分别加以叙述。

二、数值平均数

数值平均数（Mean）是根据数据分布的全部标志值（或变量值）来计算的平均数，也称均值，是反映数据分布集中趋势的重要指标。它包括算术平均数（$\bar{X}$）、调和平均数（$\bar{X}_H$）和几何平均数（$\bar{X}_G$）。

(一) 算术平均数(Arithmetic Mean)

算术平均数是分析社会经济现象一般水平的最基本指标,是统计中计算平均数最常用的方法。其基本计算公式为:

$$算术平均数 = \frac{总体标志总量}{总体单位总量}$$

在上述公式中,分子与分母在总体范围上是一致的,在经济内容上有着一一对应关系,即分母是分子(标志值) 的承担者。如:按增加值计算的劳动生产率,它是增加值与劳动者人数之比,分子与分母之间是一一对应关系,即每个劳动者都创造增加值,所以,该指标是平均数。这也是平均数和强度相对数的区别所在。

强度相对数也是两个有联系的总量指标之比,但它们之间并不存在一一对应关系。比如,国内生产总值与全国人口数之比,计算得到的全国人均国内生产总值指标是个强度相对指标。因为,全国人口中,有一部分人是不创造国内生产总值的(如:在校学生)。可见,人均国内生产总值指标的分子与分母之间不存在一一对应关系,该指标是强度相对数,而不是平均数。

算术平均数由于掌握的资料不同,可分为简单算术平均数和加权算术平均数两种。

1. 简单算术平均数(Simple Arithmetic Mean)

简单算术平均数是用一组数据中所有数据值求和再除以该组数据的个数而得到的数值平均值。它主要用于未分组的原始资料。

计算公式为:$$\bar{x} = \frac{x_1 + x_2 + \cdots + x_n}{n} = \frac{\sum_{i=1}^{n} x_i}{n} \quad (4.3.1)$$

其中,$x_1, x_2, \cdots x_n$ 表示各个变量值;n 表示变量值个数;$\sum$ 表示总和符号。

例4.11:某生产车间有6个工人,他们生产某种零件的日产量分别为7件、8件、9件、6件、9件、9件。则该车间的平均日产量为:

$$\bar{x} = \frac{x_1 + x_2 + \cdots + x_n}{n} = \frac{7 + 8 + 9 + 6 + 9 + 9}{6} = \frac{48}{6} = 8(件)$$

2. 加权算术平均数(Weighted Arithmetic Mean)

如果已知资料是经过分组整理,编制成了单项式数列或组距式数列,且每组的次数不同时,就应采用加权算术平均数的方法计算算术平均数。

计算公式为:$$\bar{x} = \frac{\sum xf}{\sum f} \quad 或 = \sum x \cdot \frac{f}{\sum f} \quad (4.3.2)$$

其中:x 表示变量值,f 表示变量值出现的次数。

(1) 加权算术平均数的计算步骤:

如果是单项式数列求加权算术平均数:

第一步，把各组的变量值乘以相应的权数，求出各组总量（xf）；第二步，把各组总量相加，求得最终的总量（$\sum xf$）；第三步，把各组的权数相加，求得总权数（$\sum f$）；第四步，用最终的总量除以总权数，得平均数。

如果是组距式数列求加权算术平均数：

第一步，确定各组组中值；第二步，用各组组中值乘以相应的权数，求出各组的总量（xf）；第三步，把各组的总量相加，求得最终的总量（$\sum xf$）；第四步，把各组的权数相加，求得总权数（$\sum f$）；第五步，用最终的总量除以总权数，得平均数。

例 4.12：某厂职工按日产量分组后所得组距数列如表 4.3 所示，试求该厂的平均日产量。

表 4.3　　**某厂职工的日产量分组资料**

按日产量分组（千克）	组中值 x（千克）	工人数 f（人）	xf
60 以下	55	10	550
60 ~ 70	65	19	1235
70 ~ 80	75	50	3750
80 ~ 90	85	36	3060
90 ~ 100	95	27	2565
100 ~ 110	105	14	1470
110 以上	115	8	920
合计	—	164	13 550

解：平均日产量 $\bar{X} = \dfrac{\sum x \cdot f}{\sum f} = \dfrac{13\,550}{164} = 82.62$（千克）

此时，工人数既是次数，也是权数。

例 4.13：某企业 25 个班组按工人劳动生产率分组资料如下：

表 4.4　　**某企业劳动生产率统计表**

工人劳动生产率（件）x_i	生产班组数	工人数 f_i
50 ~ 60	10	150
60 ~ 70	7	100
70 ~ 80	5	70
80 ~ 90	2	30
90 以上	1	16
合　　计	25	366

求:这 25 个班组的平均劳动生产率。

解:平均劳动生产率 $=\dfrac{\text{总产量}}{\text{总人数}}=\dfrac{\sum \text{各组劳动生产率}\times\text{各组工人数}}{\sum \text{各组工人数}}$

$$=\frac{\sum xf}{\sum f}$$

$$=\frac{55\times150+65\times100+75\times70+85\times30+95\times16}{150+100+70+30+16}$$

$$=\frac{24\ 070}{366}$$

$$=65.77(\text{件})$$

此时,工人数为权数 f,而不是生产班组数。

当对绝对数求加权算术平均数时,次数就是权数 f;当对相对数或平均数求加权算术平均数时,次数不一定是权数,此时,变量 x 的分母数据为权数 f。

(2) 加权算术平均数的影响因素:一是各组变量值的大小(x);二是各组单位数的大小(f 或 $\frac{f}{\sum f}$),即权数。

变量数列的权数有两种形式:一种是以绝对数(f) 表示,称为次数或频数;另一种是以相对数($\frac{f}{\sum f}$) 表示,称为频率。同一总体资料,用这两种权数所计算的加权算术平均数是完全相同的。

(3) 权数的作用:变量值与权数相乘,被称为加权。同一总体中当各组变量值确定不变时,各组次数对平均数大小起着决定性作用。即:出现次数多的变量值对平均数的影响作用大些,使平均数向其靠拢;出现次数少的变量值对平均数的影响作用小些,平均数远离该变量值。所以,各组变量值的出现次数在计算平均数的过程中起着权衡轻重的作用,故常将其称作权数。

3. 算术平均数的数学性质

(1) 各变量值与算术平均数的离差总和等于零。

简单平均数:

$$\sum(X-\bar{X})=\sum X-n\bar{X}=\sum X-\sum X=0$$

加权平均数:

$$\sum(X-\bar{X})f=\sum Xf-\bar{X}\sum f=\sum Xf-\sum Xf=0$$

(2) 各变量值与算术平均数的离差平方和为最小值。

简单平均数：$\sum(X-\bar{X})^2=$ 最小值

加权平均数：$\sum(X-\bar{X})^2 f=$ 最小值

证明：设 X_0 为任意数，$C=\bar{X}-X_0$，则 $X_0=\bar{X}-C$

以 X_0 为中心的离差平方和为：

$$\sum(X-X_0)^2=\sum[X-(\bar{X}-C)]^2=\sum[(X-\bar{X})+C]^2$$

$$=\sum(X-\bar{X})^2+2C\sum(X-\bar{X})+nC^2=\sum(X-\bar{X})^2+nC^2$$

$\because nC^2\geqslant 0 \quad \therefore \sum(X-X_0)^2\geqslant\sum(X-\bar{X})^2$

$\therefore \sum(X-\bar{X})^2$ 为最小值

同理 $\sum(X-\bar{X})^2 f$ 为最小值

（3）两个独立的同性质变量代数和的平均数等于各变量平均数的代数和，即 $\overline{x+y}=\bar{x}+\bar{y}$。

（4）两个独立的同性质变量乘积的平均数等于各个变量平均数的乘积，即 $\overline{x\cdot y}=\bar{x}\cdot\bar{y}$。

（二）调和平均数（Harmonic Mean）

调和平均数是常用的另一种平均指标。调和平均数是各变量值倒数的算术平均数的倒数，又称倒数平均数，多用于算术平均数的变形计算。

1. 简单调和平均数（Simple Harmonic Mean）

简单调和平均数适用于未分组资料，其计算公式为：

$$\bar{X}_H=\frac{1+1+\cdots+1}{\frac{1}{x_1}+\frac{1}{x_2}+\cdots+\frac{1}{x_n}}=\frac{n}{\sum_{i=1}^{n}\frac{1}{x_i}} \qquad (4.3.3)$$

式中：$\bar{X}_H$ 表示调和平均数；x_i 表示变量值；n 表示变量值个数。

2. 加权调和平均数（Weighted Harmonic Mean）

加权调和平均数适用于已分组资料，其计算公式为：

$$\bar{X}_H=\frac{m_1+m_2+\cdots+m_n}{\frac{m_1}{x_1}+\frac{m_2}{x_2}+\cdots+\frac{m_n}{x_n}}=\frac{\sum m_i}{\sum\frac{m_i}{x_i}} \qquad (4.3.4)$$

式中，m_i 为一种特殊权数，是各组总量指标，即 $m_i=x_i f_i$。

3. 调和平均数的计算步骤

第一，计算各个变量值的倒数，即 $\frac{1}{X}$；

第二，计算上述各个变量值倒数的算术平均数，即$\frac{\sum \frac{1}{X_i}}{n}$；

第三，计算算术平均数的倒数，得到调和平均数，即$\frac{n}{\sum \frac{1}{X}}$。

对分组情况，$\bar{X}_H = \frac{\sum m}{\sum \frac{m}{X_i}}$

4. 加权算术平均数与加权调和平均数的关系

调和平均数可以作为算术平均数的变形，因为：当 $m = xf$ 时，

$$\bar{x} = \frac{\sum xf}{\sum f} = \frac{\sum xf}{\sum \frac{1}{x} xf} = \frac{\sum m}{\sum \frac{m}{x}} = \bar{X}_H$$

两者只是由于所掌握的资料不同而采用的不同计算公式：加权算术平均数一般是在已知分母情况下运用；而加权调和平均数一般是在已知分子的情况下运用。

例 4.14：某企业有三个工厂，已知其增加值的计划完成程度及计划增加值资料如表 4.5 所示，计算该企业增加值的平均计划完成程度。

表 4.5　某企业各工厂增加值的计划完成程度情况表

工厂	计划完成程度(%)x	计划增加值(万元)f
甲	92	130
乙	105	1280
丙	117	300
合计	—	1710

因为，计划完成程度 $= \frac{\text{实际完成数}}{\text{计划任务数}}$，而在已知资料中，未知实际完成数，即未知分子资料，所以应采用加权算术平均数的方法计算平均计划完成程度。即：

$$\text{平均计划完成程度} = \frac{\sum xf}{\sum f} = \frac{\sum \text{计划完成程度} \times \text{计划增加值}}{\sum \text{计划增加值}}$$

$$= \frac{0.92 \times 130 + 1.05 \times 1280 + 1.17 \times 300}{130 + 1280 + 300}$$

$$= \frac{1814.6}{1710}$$

$$= 106.12\%$$

根据计算结果,该企业平均计划完成程度是 106.12%,即超额 6.12% 完成计划。

例 4.15:某企业有三个工厂,已知其增加值的计划完成程度及实际完成增加值资料如表 4.6 所示,计算该企业增加值的平均计划完成程度。

表 4.6　　某企业各工厂计划完成程度情况表

工厂	计划完成程度(%)x	实际完成增加值(万元)m
甲	92	119.6
乙	105	1344.0
丙	117	351.0
合计	—	1814.6

因为,计划完成程度 $=\dfrac{\text{实际完成数}}{\text{计划任务数}}$,而在已知资料中,未知计划任务数,即未知分母资料,所以应采用调和算术平均数的方法计算平均计划完成程度。即:

$$\text{平均计划完成程度}=\frac{\sum m}{\sum \frac{m}{x}}=\frac{\sum \text{实际完成增加值}}{\sum \frac{\text{实际完成增加值}}{\text{计划完成程度}}}$$

$$=\frac{119.6+1344+351}{\frac{119.6}{0.92}+\frac{1344}{1.05}+\frac{351}{1.17}}$$

$$=\frac{1814.6}{1710}$$

$$=106.12\%$$

根据计算结果,该企业平均计划完成程度是 106.12%,即超额 6.12% 完成计划。

从以上计算结果可以看出,加权算术平均数和调和算术平均数的计算结果是一致的,因而可以确定,调和算术平均数是加权算术平均数的变形形式,两者只是计算形式不同,而本质是一致的。

5. 根据平均数和相对数计算调和平均数的运用

根据平均数和相对数计算平均数有两个原则:其一,不能用简单平均的方法,必须加权;其二,当所掌握的资料是构成平均数(相对数)的母项指标时,采用加权算术平均的方法;当所掌握的资料是构成平均数(相对数)的子项指标时,采用加权调和平均的方法,体现了调和平均数的运用。

(1) 由平均数计算调和平均数的运用。

例 4.16:已知某商品在三个集贸市场上的甲、乙、丙商品平均每千克价格及销售额资料如表 4.7 所示:

表 4.7　　三个集贸市场的销售资料

市场	平均价格(元) X	销售额(元) m	销售量(千克) $\frac{m}{X_i}$
甲	1.00	30 000	30 000
乙	1.50	30 000	20 000
丙	1.40	35 000	25 000
合计	—	95 000	75 000

$$总平均价格\ \bar{X}_H = \frac{\sum m}{\sum \frac{1}{X}m} = \frac{95\ 000}{75\ 000} = 1.27(元)$$

根据计算结果,该商品在三个集贸市场的平均价格是 1.27 元。

(2) 由相对数计算调和平均数的运用。

例 4.17:某公司有四个工厂,已知其计划完成程度及实际产值资料如表 4.8 所示:

表 4.8　　某公司产值资料表

工厂	计划完成程度(%) X	实际产值(万元) m	实际产值 ÷ 计划完成程度(%)(即计划产值:万元) $\frac{m}{x_i}$
甲	90	90	100
乙	100	200	200
丙	110	330	300
丁	120	480	400
合计	—	1100	1000

$$平均计划完成程度 = \frac{\sum m}{\sum \frac{1}{X}m} = \frac{1100}{1000} = 110\%$$

根据计算结果,表明该公司平均计划完成程度为 110%,即超额 10% 完成计划。

6. 调和平均数的特点

(1) 如果数列中有一标志值等于零,则无法计算;

(2) 它作为一种数值平均数,受所有标志值的影响,但较之算术平均数,受极端值的影响要小。

(四) 几何平均数(Geometric Mean)

1. 简单几何平均数

简单几何平均数被定义为 n 个变量值乘积的 n 次算术方根。计算公式为:

$$\bar{X}_G = \sqrt[n]{X_1 X_2 \cdots X_n} = \sqrt[n]{\prod_{i=1}^{n} X_i} \qquad (4.3.5)$$

式中：$\bar{X}_G$ 表示几何平均数，$\prod$ 为连乘符号。

几何平均数主要用于计算平均比率或平均速度，因而 X_i 常常代表比率或速度这样一类相对数。在实际运用时，可以运用对数进行计算。

2. 加权几何平均数

$$\bar{X}_G = \sqrt[f_1+f_2+\cdots+f_n]{X_1^{f_1} \cdot X_2^{f_2} \cdot \cdots \cdot X_n^{f_n}} = \sqrt[\sum f]{\prod X^f} \qquad \text{公式}(4.3.6)$$

式中：f 为各变量值的次数或权数

例 4.18：投资银行某笔投资的年利率是按复利计算的，25 年的年利率分配是：有 1 年为 3%，有 4 年为 5%，有 8 年为 8%，有 10 年为 10%，有 2 年为 15%，求平均年利率。

表 4.9　　几何平均数计算表

年利率（%）	年数
3	1
5	4
8	8
10	10
15	2
合计	25

将表 4.9 的数据代入公式（4.3.6）得：

$$\bar{X}_G = \sqrt[25]{103\%^1 \times 105\%^4 \times 108\%^8 \times 110\%^{10} \times 115\%^2}$$
$$= \sqrt[25]{7.95}$$
$$= 108.65\%$$

这就是说，25 年的平均年利率的发展速度为 108.65%，年平均利率为 8.65%。

3. 几何平均数的特点

如果数列中有一个标志值等于零或负值，就无法计算几何平均数；几何平均数受极端值的影响较算术平均数和调和平均数小；几何平均数适用于反映特定现象的平均水平，即现象的总标志值是各单位标志值的连乘积。

4. 常用数值平均数之间的数量关系

算术平均数、调和平均数和几何平均数都是常用的数值平均数，三者之间一般存在下述的数量关系：

调和平均数（$\bar{X}_H$）≤ 几何平均数（$\bar{X}_G$）≤ 算术平均数（$\bar{X}$）

由于三种平均数之间存在这种不等式关系，所以在计算平均数时，应根据现象的性质和统计研究的目的来选择恰当的平均数。

三、位置平均数

位置平均数不是根据统计总体的全部标志值或变量值计算的，而是根据其在总体中所处的位置或地位来确定的。

位置平均数有两种：众数（M_o）和中位数（M_e）。

（一）众数

众数（Mode）是总体或分布数列中出现频数最多或出现频率最高的那个标志值。

1. 众数存在的条件

由众数的定义可看出其存在的条件：

（1）只有总体单位数较多，且有明显的集中趋势时才存在众数。

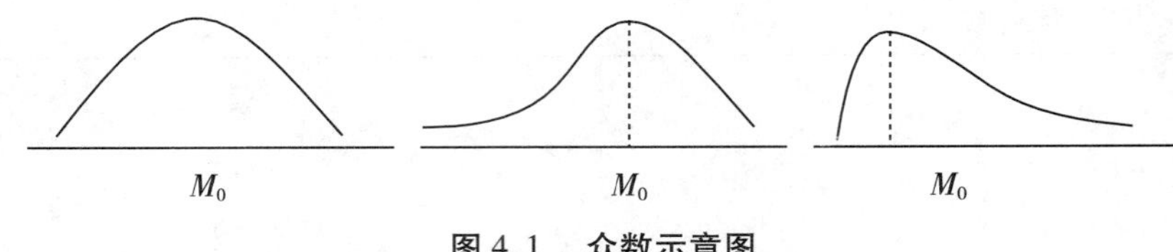

图 4.1　众数示意图

如果有两个次数相等的众数，则称复众数。

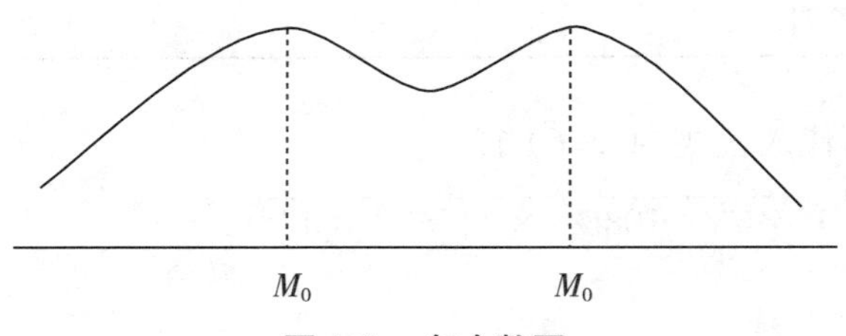

图 4.2　复众数图

（2）在单位数很少，或单位数虽多但无明显集中趋势时，计算众数是没有意义的。如图 4.3 所示资料就无众数。

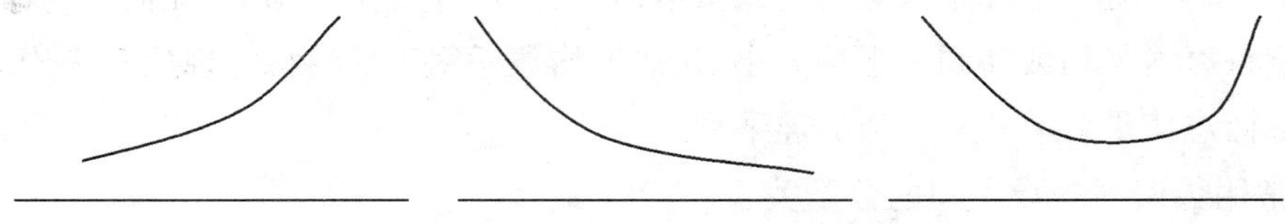

图 4.3　无众数存在的情况图

2. 众数的计算方法

（1）根据单项式数列确定众数。数列中出现次数最多的那个标志值就是众数。

例 4. 19，根据以下资料，确定众数。

表 4. 10　　某种商品的价格情况

价格（元）	销售数量（千克）
2.00	20
2.40	60
3.00	140
4.00	80
合计	300

根据表 4. 10 资料，观察到第三组出现的次数最多，所以，众数 $M_0 = 3$（元）。

（2）根据组距数列确定众数。首先，由最多次数来确定众数所在组；其次，利用比例插值法来推算众数的近似值。计算公式如下：

下限公式：$M_0 = X_L + \dfrac{\Delta_1}{\Delta_1 + \Delta_2} \times d$　　（4. 3. 7）

上限公式：$M_0 = X_U - \dfrac{\Delta_2}{\Delta_1 + \Delta_2} \times d$　　（4. 3. 8）

公式中：

X_L、X_U—— 表示众数组的下限、上限；

Δ_1—— 表示众数组次数（f_2）与前一组次数之差（f_1）；　$\Delta_1 = f_2 - f_1$

Δ_2—— 表示众数组次数（f_2）与后一组次数之差（f_3）；　$\Delta_2 = f_2 - f_3$

d—— 众数组的组距。

例 4. 20：以下是某企业工人日产量资料，试计算其众数。

表 4. 11　　某企业日产量数据

按日产量分组（千克）	工人人数（人）
60 以下	10
60 ~ 70	19
70 ~ 80	50
80 ~ 90	36
90 ~ 100	27
100 ~ 110	14
110 以上	8

在表 4.11 中,众数所在组为 70 ~ 80(千克)这一组。计算众数的近似值:

根据下限公式计算:

$$工人日产量的众数 = X_L + \frac{\Delta_1}{\Delta_1 + \Delta_2} \times d$$

$$= 70 + \frac{50 - 19}{(50 - 19) + (50 - 36)} \times 10 = 76.89(千克)$$

根据上限公式计算:

$$工人日产量的众数 = X_U - \frac{\Delta_2}{\Delta_1 + \Delta_2} \times d$$

$$= 80 - \frac{(50 - 36)}{(50 - 19) + (50 - 36)} \times 10 = 76.89(千克)$$

根据计算结果,该企业工人日产量的众数是 76.89 千克。

3. 众数的特点

(1) 众数是一个位置平均数,它只考虑总体分布中最频繁出现的变量值,而不受各单位标志值的影响,从而增强了对变量数列一般水平的代表性。不受极端值和开口组数列的影响。

(2) 众数是一个不容易确定的平均指标,当分布数列没有明显的集中趋势而趋均匀分布时,则无众数可言;当变量数列是不等距分组时,众数的位置也不好确定。

(二) 中位数(M_e)

1. 中位数的概念

中位数(Median)是一个统计总体或分布数列中处于中间位置的变量值。用一个中等水平的标志值来表示分布数列的集中趋势,有非常直观的代表性意义。

2. 中位数的计算方法

(1) 未分组的原始资料:首先,将标志值按大小顺序排列。其次,确定中位数的位次。中位数的位置 $= \frac{n+1}{2}$(n 为总体单位数)。最后,确定中位数。

当 n 为奇数时,则居于中间位置的那个标志值就是中位数。

例 4.21:有五个工人生产某产品件数,按序排列如下:

20,23,26,29,30

$$中位数位置 = \frac{n+1}{2} = \frac{5+1}{2} = 3$$

即,第 3 位工人日产 26 件产品为中位数:$M_e = 26$(件)

当 n 为偶数时,则中间位置的两个标志值的算术平均数为中位数。

上例中,假如有六个工人生产某产品件数,按序排列如下:

20,23,26,29,30,32

$$中位数位置 = \frac{n+1}{2} = \frac{6+1}{2} = 3.5$$

这表明中位数是第三、第四位工人的平均数：

$$M_e = \frac{26+29}{2} = 27.5(件)$$

(2) 由单项数列确定中位数：第一步，计算累计次数（向上累计或向下累计）；第二步，按$\frac{\sum f}{2}$确定中位数所在组；第三步，确定中位数。

例 4.22：某企业按日产零件分组如表 4.12 所示，试计算其中位数。

表 4.12　　工人生产量统计表

按日产零件分组(件)	工人数(人)	向上累计	向下累计
26	3	3	80
31	10	13	77
32	14	27	67
34	27	54	53
36	18	72	26
41	8	80	8
合计	80	—	—

$$中位数位置 = \frac{\sum f}{2} = \frac{80}{2} = 40$$

由计算可知，处在数列中第 40 位工人的生产量就是中位数。根据累计次数可知第 40 位工人在第四组，即 $M_e = 34$(件)。

(3) 由组距数列确定中位数。第一步，计算累计次数（向上累计或向下累计）；第二步，按$\frac{\sum f}{2}$确定中位数所在组；第三步，采用下列公式计算中位数的近似值：

$$下限公式：M_e = X_L + \frac{\frac{\sum f}{2} - S_{m-1}}{f_m} \cdot d \quad (4.3.9)$$

$$上限公式：M_e = X_U - \frac{\frac{\sum f}{2} - S_{m+1}}{f_m} \cdot d \quad (4.3.10)$$

式中：

X_L、X_U—— 表示中位数所在组的下限、上限

f_m—— 中位数所在组的次数

S_{m-1}—— 中位数所在组前一组的累计次数

S_{m+1}—— 中位数所在组后一组的累计次数

$\sum f$—— 总次数

d—— 中位数所在组的组距

例 4.23:某企业工人生产量统计表如表 4.13 所示,试计算其中位数。

表 4.13　　工人生产量统计表

按日产量分组(千克)	工人数(人)	向上累计	向下累计
50 ~ 60	8	8	83
60 ~ 70	19	27	75
70 ~ 80	50	77	56
80 ~ 90	6	83	6
合计	83	—	—

第一步,计算累计次数(向上累计或向下累计);

第二步,确定中位数所在组。

$$中位数的位置 = \frac{\sum f}{2} = \frac{83}{2} = 41.5$$

即中位数所在组是 70 ~ 80

第三步,按下限公式(向上累计) 计算中位数,

$$M_e = X_L + \frac{\frac{\sum f}{2} - S_{m-1}}{f_m} \times d(下限公式)$$

$$= 70 + \frac{\frac{83}{2} - 27}{50} \times 10$$

$$= 72.9(千克)$$

或按上限公式(向下累计) 计算中位数。

$$M_e = X_U - \frac{\frac{\sum f}{2} - S_{m+1}}{f_m} \times d(上限公式)$$

$$= 80 - \frac{\frac{83}{2} - 6}{50} \times 10$$

$$= 72.9(千克)$$

计算结果说明工人日产量中位数是73千克。无论是用下限公式或是用上限公式,其计算结果都是一致的。

3. 中位数的特点:

(1) 中位数也是一种位置平均数,它也不受极端值及开口组的影响,具有稳健性。

(2) 各单位标志值与中位数离差绝对值之和最小。

即:$\sum |X - M_e| = \min$ 或 $\sum |X - M_e| f = \min$

(3) 对某些不具有数学特点或不能用数字测定的现象,可以用中位数求其一般水平。

(三) 中位数、众数与算术平均数的关系

1. 判别总体分布特征

(1) $\bar{x} = M_e = M_o$(对称分布)

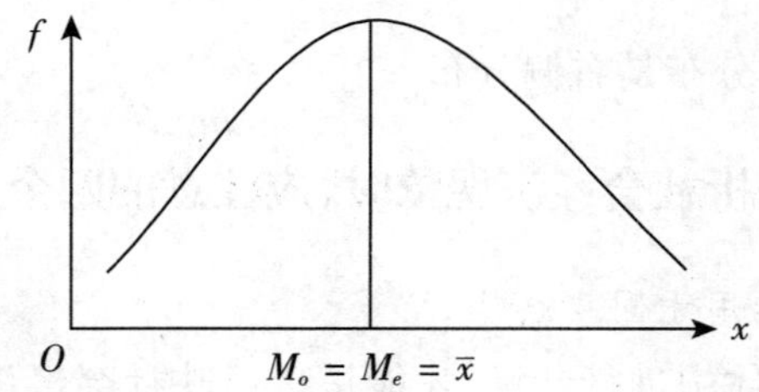

(2) $\bar{x} > M_e > M_o$(正偏态分布)

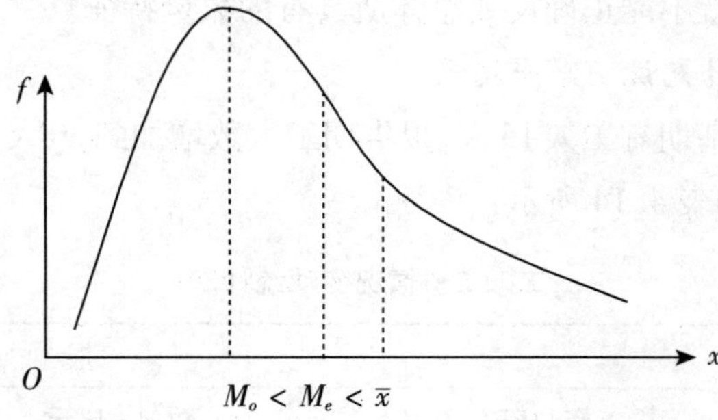

(3) $\bar{x} < M_e < M_o$(负偏态分布)

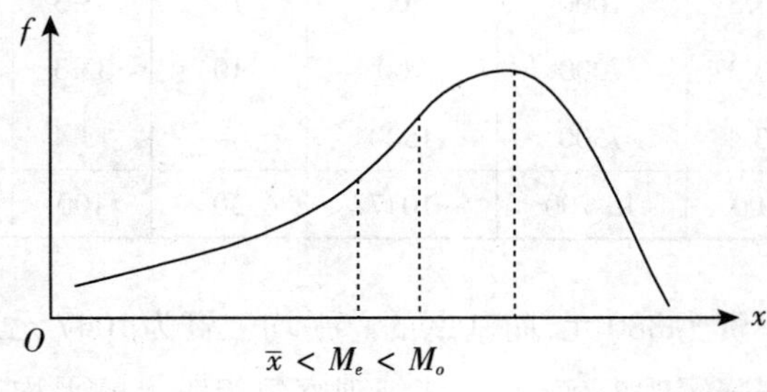

2. 互相推算（在偏斜不大时）

$M_e - M_o = 2(\bar{x} - M_e)$，经变换，有：

$$M_o = 3M_e - 2\bar{x}$$

$$M_e = \frac{M_o + 2\bar{x}}{3}$$

$$\bar{x} = \frac{3M_e - M_o}{2}$$

例 4.24：一组工人的月收入众数为 700 元，月收入的算术平均数为 1000 元，则月收入的中位数近似值是：

$$M_e = \frac{1}{3}(M_o + 2\bar{X}) = \frac{1}{3}(700 + 2 \times 1000) = 900(\text{元})$$

$\because \bar{X} > M_e > M_o$

$\therefore$ 该组工人的月收入分布是右偏分布。

四、运用平均指标分析社会经济现象时，应注意的四个原则

（一）平均指标只能运用于同质总体

平均数只能在同质总体中进行计算，才能正确反映社会经济现象的一般水平。所谓同质性，是指社会经济现象的各个单位在被平均的标志上具有相同性。否则，就会混淆不同质总体的数量特征，就不能正确反映总体所具有的数量特征。

（二）用组平均数补充说明总平均数

例如，某生产小组基期有工人 15 人，报告期工人数增加到 30 人，两个时期各技术等级的工人数和工资总额如表 4.14 所示：

表 4.14　　工人工资情况变动统计表

级别	基期				报告期			
	工人数（人）	比重（%）	工资总额（元）	平均工资（元）	工人数（人）	比重（%）	工资总额（元）	平均工资（元）
二级工	2	13.3	1000	500	16	53.3	9600	600
四级工	8	53.3	7200	900	10	33.3	10 000	1000
七级工	5	33.4	7500	1500	4	13.4	6800	1700
合计	15	100	15 700	1047	30	100	26 400	880

报告期的总平均工资为 880 元，而基期的总平均工资为 1047 元，是不是就说明该生产小组的平均工资水平下降了呢？实际上，仔细观察每组工人的平均工资水平可以发现，不管是二级工、四级工还是七级工，其报告期平均工资水平都比基期水平高。之所以每小组

工人的平均工资都提高了却反而使总平均工资下降，主要原因是工人人数的结构发生了变化。基期时二级工的比重只有13.3%，报告期时却上升到了53.3%，其他组的结构也发生了相应的变化。正是由于工资水平较低的二级工人所占比重大幅度上升，所以使得总平均工资反而下降了。

（三）根据具体条件选择平均方法

不同的平均数，其计算方法、意义和使用条件都存在较大的不同，在使用平均数时，一定要根据变量数列的性质和已知条件来确定平均数的计算方法。

（四）平均数与典型值和分配数列结合分析

例如，某工业部门100个企业年度利润计划完成程度资料如表4.15所示：

表4.15　各企业利润计划完成程度统计表

按计划完成程度分组(%)	企业数
85 ~ 90	2
90 ~ 95	8
95 ~ 100	10
100 ~ 105	40
105 ~ 110	30
110 ~ 115	10
合计	100

如果100个企业年度平均利润计划完成程度为105%（另据企业实际数据计算），以总平均数为界将全部企业分成了先进和落后两个部分，可以在其中的具有代表性的企业中总结经验与教训。

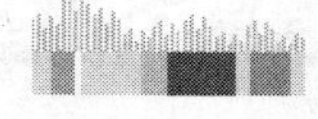

第四节　数据分布离散程度的测定——标志变异指标

一、标志变异指标的概念

标志变异指标（Variable Indicant）是反映同质总体各单位标志值的差异程度，即数列的离散趋势的指标。标志变异指标又称标志变动度。

平均数是将总体中各单位标志值的数量差异抽象化，以反映总体各单位在某一标志上的一般水平，即集中趋势。但一个变量数列除了需要反映其集中趋势的特征以外，还需反映其另一特征，即离散趋势，以说明被抽象化的总体各单位标志值的差异程度。

标志变异指标主要有：全距（R）、四分位差（$Q.D.$）、平均差（$A.D.$）、标准差（σ）和离散系数。

二、标志变异指标的作用

(一) 衡量平均指标的代表性

甲、乙两学生某次考试成绩如表4.16所示。

表4.16　　学生考试成绩记录表

	语文	数学	物理	化学	政治	英语
甲	95	90	65	70	75	85
乙	100	70	95	50	80	75

甲、乙两学生的平均成绩为80分,集中趋势一样,但是他们偏离平均数的程度却不一样。乙同学考试成绩的离散程度大,数据分布较分散,平均成绩的代表性就较小;甲同学考试成绩的离散程度小,数据分布较集中,平均成绩的代表性就较大。

(二) 反映社会经济活动过程的均衡性

它可用来反映社会生产和其他社会经济活动过程的均衡性或协调性以及产品质量的稳定程度。

表4.17　　百货公司供货计划完成情况统计表

店名	供货计划完成百分比(%)			
	季度总供货计划执行结果	一月	二月	三月
甲	100	30	36	34
乙	100	20	30	50

从表4.17的数据可以看出,甲、乙两个百货公司的供货计划都是完成的,但从它们的各月数据中就可以看出差异程度的不同。其中,甲公司的供货计划完成程度比较均衡,差异程度较小。而乙公司的供货计划完成程度在各月有较大的差异,存在着前松后紧的情况,计划完成的均衡性较差。

(三) 标志变异指标是统计分析的一个基本指标

标志变异指标是统计反映数列分布特征的重要指标之一,也是计算抽样平均误差等其他统计指标的基础。

三、标志变异指标的种类及计算

(一) 全距

全距(Range)也叫极差,常用R表示,是一组资料的最大值与最小值之差。反应其最大的可能的变化范围。

1. 未分组资料的极差

未分组资料的极差的计算公式：

R = 最大值 − 最小值 = max − min （4.4.1）

2. 分组资料的极差

分组资料的极差的计算公式：

R = 最大组的上限 − 最小组的下限

对开口组：最大组的上限 = 前一组的上限 + 组距
最小组的下限 = 后一组的下限 − 组距

全距的优点是计算方便，易于理解，可以粗略反应数据的变异情况，其数值大，表示数据的分散程度大；数据小则表示数据集中。缺点是只考虑数列中极大值和极小值的差异，而忽视了其他变量值的分布情况，因而，不能全面反映总体各单位标志值的变异程度。

（二）四分位差

四分位差也称为修正极差，如果将总体各单位的标志值按大小顺序排列，然后将数列分为四等分，形成三个分割点（Q_1、Q_2、Q_3），这三个分割点称为四分位数。其中第二个四分位数 Q_2 就是数列的中位数 M_e。

四分位差 $IQR = Q_3 - Q_1$ （4.4.2）

式中，Q_3 和 Q_1 分别被称为上四分位点和下四分位点。是一组资料的四分之三位次和四分之一位次上的变量值。

4.4.2 式的意义是很明确的，即去掉整个数据的前 25% 和后 25%，集中反映中间 50% 数据离散程度的指标。

例 4.25：某班 19 个学生身高（厘米）资料（已排序）如下：

160 163 165 168 170 171 172 175 175 176

176 177 177 178 178 180 181 187 189

试计算该组资料的 Q_1、Q_2、Q_3、IQR。

下四分位点的位次 $= \dfrac{n+1}{4} = \dfrac{20}{4} = 5$，即第五个位次所对应的变量值 170 即为 Q_1 的值。

第二个四分位次（即中位数的位次）$\dfrac{n+1}{2} = \dfrac{20}{2} = 10$，即第十个位次对应的变量值 176 为 Q_2 的值。

上四分位点的位次 $= \dfrac{3(n+1)}{4} = \dfrac{3 \times 20}{4} = 15$，即第 15 个位次对应的变量值 178 为 Q_3 的值。

修正极差 $IQR = Q_3 - Q_1 = 178 - 170 = 8$ 厘米，表明该班中间 50% 学生身高相差 8

厘米。

四分位差的特点：① 四分位差不受两端各25%数值的影响，能对开口组数列的差异程度进行测定；② 用四分位差可以衡量中位数的代表性高低；③ 四分位差不反映所有标志值的差异程度，它所描述的只是次数分配中间一半的离差，所以也是一个比较粗略的指标。

（三）平均差

1. 平均差的概念

平均差是数列中各单位标志值与平均数之间绝对值的平均数。

2. 平均差的计算

计算公式为：

（1）未分组资料：$A.D. = \frac{\sum |X - \bar{X}|}{n}$ （4.4.3）

（2）分组资料：$A.D. = \frac{\sum |X - \bar{X}| f}{\sum f}$ （4.4.4）

例4.26：某车间100个工人按日产量编成变量数列的资料如表4.18，求平均差。

表4.18 工人日产量情况统计表

工人按日产量分组（千克）	工人数（人）f	组中值 X	Xf	$X-\bar{X}$	$\lvert X-\bar{X}\rvert f$
20 ~ 30	5	25	125	-17	85
30 ~ 40	35	35	1225	-7	245
40 ~ 50	45	45	2025	3	135
50 ~ 60	15	55	825	13	195
合计	100	—	4200	—	660

$\therefore \bar{X} = \frac{4\ 200}{100} = 42$（千克）

$A.D. = \frac{\sum |X - \bar{X}| f}{\sum f} = \frac{660}{100} = 6.6$（千克）

3. 平均差的特点

（1）平均差是根据全部标志值与平均数离差而计算出来的变异指标，能全面反映标志值的差异程度。

（2）平均差计算有绝对值符号，不适合代数方法的演算使其运用受到限制。

（四）标准差

1. 标准差的概念

标准差是总体各单位某一数量标志的标志值与其算术平均数的离差平方之平均数的平方根，故又称“均方差”。其意义与平均差基本相同，只是采用了平方的方法解决正负方向问题。其计算过程简便且数学性质也最优，是最常用，也是最重要的标志变异指标。

2. 计算公式

$$\sigma = \sqrt{\frac{\sum (x-\bar{x})^2 f}{\sum f}} \text{（标准差）}$$

$$\sigma^2 = \frac{\sum (x-\bar{x})^2 f}{\sum f} \text{（方差）} \tag{4.4.5}$$

3. 计算标准差的一般步骤：

（1）算出每个变量值对平均数的离差；

（2）将每个离差平方；

（3）计算这些平方数值的算术平均数；

（4）把得到的数值开平方根，即按 4.4.5 式计算得到 σ。

例 4.27：根据表 4.19 的数据计算标准差如下：

表 4.19　　**工人日产量标准差计算表**

工人按日产量分组（千克）	工人数（人）f	组中值 X	$X-\bar{X}$	$(X-\bar{X})^2 f$
50 ~ 60	10	55	- 27.62	7 628.64
60 ~ 70	19	65	- 17.62	5 898.82
70 ~ 80	50	75	- 7.62	2 903.92
80 ~ 90	36	85	2.38	203.92
90 ~ 100	27	95	12.38	4 138.14
100 ~ 110	14	105	22.38	7 012.10
110 以上	8	115	32.38	8 387.72
合　计	164	—	—	36 173.26

由计算得到：

$$\bar{X} = \frac{\sum xf}{\sum f} = \frac{55 \times 10 + 65 \times 19 + \cdots + 115 \times 8}{10 + 19 + \cdots + 8} = 82.62\text{（千克）}$$

$$\sigma = \sqrt{\frac{\sum (X-\bar{X})^2 f}{\sum f}} = \sqrt{\frac{36\ 173.26}{164}} = 14.85\text{（千克）}$$

4. 标准差与全距、平均差的关系

(1) σ 与 R 的关系:经验表明,当分布数列接近于正态分布时,R 和 σ 之间存在以下经验公式:R 为 4 ~ 6 个 σ;当标志值项数较少时,$R \approx 4\sigma$;当标志值项数较多时,$R \approx 6\sigma$

(2)σ 与 $A.D.$ 的关系。对同一资料,所求的平均差一般比标准差要小,即 $A.D. \leqslant \sigma$

四、属性总体的概念和特征值的计算

(一) 属性总体的概念

在社会经济现象中,除了变量总体外,还有属性总体(是非总体)。属性总体就是将总体单位分为具有某种标志的单位和不具有某种标志的单位。比如,人口中可以将人按性别分为“男”与“女”两组;产品按是否合格可分为“合格品”与“不合格品”两组等。这种用“是”、“否”或“有”、“无”来表示的标志,叫做是非标志。

由于是非标志只有两个标志表现,所以就用“1”表示具有某种标志,用“0”表示不具有某种标志。

属性总体的总体单位数用 N 表示,具有某种标志的单位数用 N_1 表示,不具有某种标志的单位数用 N_0 表示,则 $N = N_1 + N_0$。

这两部分单位数(N_1 或 N_0)占全部单位数(N)的比重,就叫做成数。用 p 或 q 表示。

即:$p = \frac{N_1}{N}, q = \frac{N_0}{N}$。

两个成数之和等于 1:$\frac{N_1}{N} + \frac{N_0}{N} = 1$;

即 $p + q = 1$,所以,$q = 1 - p$

(二) 属性总体特征值的计算方法

1. 属性总体的算术平均数

$$\bar{x}_p = \frac{\sum xf}{\sum f} = \frac{1 \times N_1 + 0 \times N_0}{N_1 + N_0} = \frac{N_1}{N} = p \tag{4.4.6}$$

2. 属性总体的标准差

$$\sigma_p = \sqrt{\frac{\sum (x - \bar{x})^2 f}{\sum f}} = \sqrt{\frac{(1-p)^2 N_1 + (0-p)^2 N_0}{N_1 + N_0}}$$

$$= \sqrt{\frac{(1-p)^2 N_1}{N} + \frac{p^2 N_0}{N}} = \sqrt{(1-p)^2 p + p^2 q}$$

$$= \sqrt{(1-p)^2 p + p^2 (1-p)} = \sqrt{(1-p)p[(1-p) + p]}$$

$$= \sqrt{(1-p)p}$$

$$\sigma_p^2 = (1 - p)p \tag{4.4.7}$$

3. 计算实例

某企业生产一批产品共计500件，其中合格品480件，不合格品20件。计算是非标志的平均数与标准差。

$$\bar{X}_p = p = \frac{N_1}{N} = \frac{480}{500} = 96\%$$

$$\sigma_p = \sqrt{(1 - p)p} = \sqrt{(1 - 96\%) \times 96\%} = 19.60\%$$

计算结果表明，这批产品的合格率是96%，标准差是19.60%。

五、离散系数

（一）离散系数的概念

以上标志变动度是反映标志值离散程度的绝对指标，是带有计量单位的有名数。因而对不同水平、不同性质或不同计量单位的总体进行比较时就会面临不可比的情况。这就需要将标志变动度与对应的平均数进行对比，计算离散系数，即转化为相对数的形式，才能进行比较。

（二）离散系数的计算

离散系数有全距系数、平均差系数、标准差系数。常用的是标准差系数。其计算公式如下：

$$V_\sigma = \frac{\sigma}{\bar{x}} \times 100\% \tag{4.4.8}$$

例4.28：两组不同水平的工人日产量（件）资料：

甲组：60，65，70，75，80

$\bar{X}_甲 = 70$（件）， $\sigma_甲 = 7.07$（件）

乙组：2，5，7，9，12

$\bar{X}_乙 = 7$（件）， $\sigma_乙 = 3.41$（件）

因为 $\sigma_甲 > \sigma_乙$ 而判断甲组离散程度大于乙组，或乙组的平均数代表性高于甲组，这都是不妥的。因为这两组数列的水平相差悬殊，应计算离散系数来判断：

$$V_{\sigma甲} = \frac{7.07}{70} \times 100\% = 10.1\%$$

$$V_{\sigma乙} = \frac{3.41}{7} \times 100\% = 48.7\%$$

根据计算结果可知：

$\because V_{\sigma甲} < V_{\sigma乙}$

$\therefore$ 甲组标志值离散程度小于乙组，甲组平均数的代表性高于乙组。

第五节* 分布的偏度与峰度

一、分布的偏度

(一) 偏度的概念

偏度就是次数分配的非对称程度。通常分为两种:右偏(正偏)和左偏(负偏)。

(二) 偏度的测定方法

1. 算术平均数与众数比较法

(1) 在对称分布中,算术平均数与众数、中位数合而为一;

(2) 在非对称分布中,算术平均数与众数、中位数彼此分离。其中,算术平均数与众数分居两边,中位数在中间。因而,算术平均数与众数之间的距离,就可以作为测定偏度的一个尺度。

偏度绝对值 $= X - M_o$

偏度的绝对值越大,表示次数分布的非对称程度就越大;

偏度的绝对值越小,表示次数分布的非对称程度就越小。

偏度系数:偏度的绝对值与其标准差之比。用 SK_p 表示:

$$SK_p = \frac{\bar{x} - M_o}{\sigma}$$

当 $\bar{x} > M_o$ 时,偏度系数为正值,属正偏;

当 $\bar{x} < M_o$ 时,偏度系数为负值,属负偏。

例 4.29:某市中型企业增加值的平均数是 24 百万元,众数是 17.50 百万元,标准差为 12.71 百万元。

偏度绝对值 $= X - M_o = 24 - 17.50 = 6.5$(百万元)

$$SK_p = \frac{\bar{x} - M_o}{\sigma} = \frac{24 - 17.5}{12.71} = 0.51$$

它表明此数列的分布是正偏分布,众数对算术平均数的偏斜程度为 0.51。

2. 动差法

(1) 动差法的概念。动差是一个物理学的概念:矩,表示力与力臂对重心的关系。这种关系,与统计学中变量和权数对平均数的关系相似。所以,统计学中也用动差来说明次数分配的性质。

(2) 动差法的计算方法。

① 以任意数(x_0) 为中心,所有变量值(x) 与任意数(x_0) 离差 k 次方的平均数,称为

变量值(x)对x_0的k次动差。这种动差,称为一般动差。

$$M = \frac{\sum (x - x_0)^k f}{\sum f}$$

② 当一般动差公式中的$x_0 = x$时,即所有变量值以算术平均数为中心时,称为中心动差。

$$m = \frac{\sum (x - \bar{x})^k f}{\sum f}$$

③ 当一般动差公式中的$x_0 = 0$时,即所有变量值以原点为中心时,称为原点动差。

$$M' = \frac{\sum x^k f}{\sum f}$$

④ 统计学中常用中心动差来测定次数分配的偏态和峰度。但中心动差计算繁琐,一般动差计算简单。因而,经常用一般动差来推算中心动差。

中心动差与一般动差的关系是:

$$m_2 = M_2 - M_1^2$$

$$m_3 = M_3 - 3M_2M_1 + 2M_1^3$$

$$m_4 = M_4 - 4M_3M_1 + 6M_2M_1^2 - 3M_1^4$$

在等距数列情况下,如果采用假定原点(x_0)除以组距(Δ)的简化形式,在由一般动差换算为中心动差时,每个公式,需要乘以相应的组距(Δ)次方。即:

$$m_2 = (M_2 - M_1^2)\Delta^2$$

$$m_3 = (M_3 - 3M_2M_1 + 2M_1^3)\Delta^3$$

$$m_4 = (M_4 - 4M_3M_1 + 6M_2M_1^2 - 3M_1^4)\Delta^4$$

⑤ 利用动差测定偏态的方法:

a. 利用动差测定偏态,主要是通过中心动差m_3进行的。

b. 一次中心动差$m_1 = 0$,是对称分布的基本特征。在非对称分布中,由于算术平均数的数学性质$\sum (x - \bar{x}) = 0$,m_1也是等于0的。因而,m_1不可能作为测定偏态的依据。

c. 任何离差,经过平方(包括4次、6次等偶次方)以后,皆为正值,汇总时不再相互抵消。因而,m_2、m_4、m_6等也不能作为测定偏态的依据。

d. 在对称分布中,每一项离差,经过奇次方后,都可以相互抵消。故m_3、m_5、m_7等都等于零。

e. 而在非对称分布中,m_3、m_5、m_7等则都不等于0。因而,可以通过这种关系测定次数分配的非对称程度。为了方便,通常只利用m_3作为测定偏态的依据。

⑥ 利用m_3测定偏态的方法,是将m_3与σ^3对比,用相对数形式表示的偏度(α)作为

偏态的测定值:$\alpha = \frac{m_3}{\sigma^3}$

上式根据二次动差和三次动差计算,则为:$\alpha = \frac{m_3}{\sqrt{m_2^3}}$

a. 当 $\alpha = 0$ 时,说明分配数列中,大于平均数的变量次数和小于平均数的变量次数完全相等,所以分布是对称的。

b. 当 $\alpha < 0$ 时,说明分配数列中,大于平均数的变量次数比小于平均数的变量次数更多,所以分布呈左偏或负偏。α 的值越小,说明负偏的程度越大。

c. 当 $\alpha > 0$ 时,说明分配数列中,小于平均数的变量次数比大于平均数的变量次数更多,所以分布呈右偏或正偏。α 的值越大,说明正偏的程度越大。

二、分布的峰度

(一) 峰度的概念

峰度是次数分配的另一个重要特点,是次数分配曲线顶端的尖峭程度。峰度分为三种:① 正态峰度,② 尖顶峰度,③ 平顶峰度。

(二) 峰度的测定方法

通常利用四次中心动差(m_4)将四次中心动差(m_4)除以标准差的四次方(σ^4)或二次中心动差的平方(m_2^2),它用 β 来表示:

$$\beta = \frac{m^4}{\sigma_4} = \frac{m_4}{\sqrt{m_2^4}} = \frac{m_4}{m^2 m_2}$$

(1)$\beta = 3$ 时,次数分配曲线为正态曲线;

(2)$\beta < 3$ 时,次数分配曲线为平顶曲线;

(3)$\beta > 3$ 时,次数分配曲线为尖顶曲线。

(4) 如果 β 的数值越小于 3,则次数分配曲线的尖端越平坦;

(5) 当 β 接近于 1.8 时,次数分配趋向于一条水平线,即各组包括相同次数;

(6) 当 β 的数值在 1.8 以下时,次数分配曲线是"U" 型分配;

(7) 如果 β 的数值越大于 3,则次数分配曲线的顶端越尖峭。

练习与思考

一、单项选择题

1. 就业人数增减量指标属于(　　)。

A. 相对指标　　B. 平均指标

C. 总量指标　　D. 变异指标

2. 下面指标中,属于时期指标的是(　　)。

A. 某地区人口数　　B. 商品库存量

C. 产品产量　　D. 中小企业数

3. 男女性别比是一个(　　)。

A. 结构相对指标　　B. 比例相对指标

C. 比较相对指标　　D. 强度相对指标

4. $\bar{X}$(算术平均数)、H(调和平均数)和 G(几何平均数)的关系是:(　　)

A. $\bar{X} \leqslant G \leqslant H$　　B. $G \leqslant H \leqslant \bar{X}$

C. $H \leqslant \bar{X} \leqslant G$　　D. $H \leqslant G \leqslant \bar{X}$

5. 位置平均数包括(　　)。

A. 算术平均数　　B. 调和平均数

C. 几何平均数　　D. 中位数、众数

6. 若标志总量是由各单位标志值直接加总得来的,则计算平均指标的形式是(　　)。

A. 算术平均数　　B. 调和平均数

C. 几何平均数　　D. 中位数

7. 指标值随研究范围的大小而增减的综合指标是(　　)。

A. 相对指标　　B. 平均指标

C. 总量指标　　D. 质量指标

8. 平均数的涵义是指(　　)。

A. 总体各单位不同标志值的一般水平

B. 总体各单位某一标志值的一般水平

C. 总体某一单位不同标志值的一般水平

D. 总体某一单位某一标志值的一般水平

9. 计算和运用平均数的基本原则是(　　)。

A. 可比性　　B. 目的性

C. 同质性　　　　D. 统一性

10. 人均粮食产量是（　　）。

A. 总量指标　　　　B. 平均指标

C. 强度相对指标　　　　D. 数量指标

二、多项选择题

1. 下列指标中是平均指标的有（　　　）。

A. 某厂主要产品年产量与该厂当年工人平均人数之比

B. 2006 年我国人均国民总收入

C. 某高校学生总数与教师总数之比

D. 某地区 2005 年钢产量与当地人口数之比

E. 某单位职工工资总额与职工人数之比

2. 不受极值影响的平均指标有（　　　）。

A. 算术平均数　　　　B. 众数

C. 中位数　　　　D. 调和平均数

E. 几何平均数

3. 标志变动度（　　　）。

A. 是反映总体各单位标志值差别大小程度的指标

B. 是评价平均数代表性高低的依据

C. 是反映社会生产的均衡性或协调性的指标

D. 是反映社会经济活动过程的均衡性或协调性的指标

E. 可以用来反映产品质量的稳定程度

4. 调和平均数的特点有（　　　）。

A. 如果数列中有一个标志值等于零，则无法计算调和平均数

B. 它受所有标志值大小的影响

C. 它受极小值的影响要大于受极大值的影响

D. 它受极大值的影响要大于受极小值的影响

E. 它受极小值和极大值的影响要比算术平均数小

5. 几何平均数主要适合于计算（　　）。

A. 具有等差关系的数列　　　　B. 具有等比关系的数列

C. 变量的代数和等于总量的现象　　　　D. 变量的连乘积等于总速度的现象

E. 变量的连乘积等于总比率的现象

三、判断题

1. 一个总量指标究竟应属于总体单位总量还是总体标志总量，应随着研究目的的不同和研究对象的变化而定。

2. 男女性别比为 107.98 : 100，这说明以男性为 100，女性人口是男性人口数的 1.0798 倍。

3. 强度相对数与平均数不同，因为它不是同质总体的标志总量与总体单位数之比。

4. 所有的强度相对指标都有正、逆指标之分。

5. 只有在总体单位数较多，且有明显的集中趋势时才存在众数。

6. 同一总体时期指标数值大小与日期长短成正比，时点指标数值大小与日期长短成反比。

7. 甲企业完成产值 50 万元，刚好完成计划；乙企业完成产值 88 万元，超额完成 10%，则甲乙两企业平均超额完成 5%。

8. 平均指标将各单位的数量差异抽象化了，所以平均指标数值大小与个别标志值大小无关系。

9. 所有分位数都属于数值平均数。

10. 总体各单位的标志值都不相同时，众数不存在。

四、简答题

1. 简述时期指标与时点指标的区别。

2. 简述计算和运用相对指标的原则。

3. 简述强度相对数与平均数的区别。

4. 几何平均数有哪些特点？

5. 简述计算离散系数的原因。

五、计算题

1. 某地区 2013 年的劳动生产率计划比上年提高 8%，实际执行结果是比上年提高了 9%，问该地区劳动生产率的计划完成程度是多少？

2. 根据下表计算相对指标并填空。

国家和地区	国土面积（万平方千米）	年中人口数（万人）	人口密度（人/平方千米）
世界总计		630 476	
亚　洲	3187.0	382 440	120
中　国	960.0	129 227	
日　本	37.8	12 765	
印　度	328.7	106 546	
非　洲		85 056	28
欧　洲	2297.6		32
北美洲		50 667	22
南美洲	1783.4		20
大洋洲	856.4	3223	4

资料来源：联合国粮农组织数据库

3. 已知,甲、乙两班学生在某次考试中各科目的成绩如下表所示。

学生成绩统计表

	语文	数学	物理	化学	政治	英语
甲	95	90	65	70	75	85
乙	110	70	95	50	80	75

试计算:(1)甲、乙两班学生的平均成绩和标准差;

(2)比较平均指标的代表性。

4. 两个不同品牌水稻分别在四块田上试种,其产量资料如下:

甲品牌水稻		乙品牌水稻	
田块面积(亩)	总产量(千克)	田块面积(亩)	亩产量(千克)
1.2	600	1.0	500
0.8	404	1.3	520
0.5	720	0.7	530
1.3	702	1.5	466

假设生产条件相同,试研究两品牌的收获率哪个更稳定性和推广价值较大?(计算结果取两位小数)

5. 某年某市31个区县的生产总值的分组资料如下:

生产总值(万元)	区县数(个)	比重(%)
2500以下	1	
2500~5000	13	
5000~10 000	10	
10 000~15 000	5	
15 000~20 000	1	
20 000以上	1	
合计	31	

要求:(1)计算各组频数比重并填空;

(2)计算某市当年生产总值的平均数、中位数和众数;

(3)计算标准差系数。

第五章

时间数列

［教学目的与要求］：

1. 理解时间数列的概念、种类和作用；
2. 熟练掌握时间数列动态分析指标的概念及计算方法；
3. 熟练掌握时间数列的长期趋势、季节变动的测定方法。

社会经济现象都是处在不断发展变化之中,对现象发展变化的规律,不仅要从内部结构、相互关系去认识,还应随时间演变的过程去研究,这就需要运用时间序列分析方法。时间序列分析是一种广泛运用的数量分析方法,它主要用于描述和探索现象随时间发展变化的数量规律。

本章主要介绍如何根据时间数列进行动态分析,动态分析包括两方面:一是计算各种动态分析指标,反映现象在某一段时期内发展变化的水平和速度;二是测定现象发展变化的规律性,对未来状况做出预测。

第一节　时间数列的概念和种类

一、时间数列的概念

将同类指标在不同时间上的数值按时间先后顺序排列所形成的数列称为时间数列,通常称为时间序列或动态数列(Time Series)。表 5.1 是我国 2007—2012 年若干国民经济指标的时间数列。

从表 5.1 中的几个时间数列可以看出,它们均由两个基本要素构成:一是被研究现象所属的时间,二是与现象所属时间相对应的指标数值。按时间要素所给时间单位的长度,时间数列可以有年、季、月、日等形式。按时间数列中指标的性质和表现形式,可以划分时间数列的类型。

表 5.1　　2007—2012 年中国若干国民经济指标

年　　份	2007	2008	2009	2010	2011	2012
国内生产总值(亿元)	265810	314045	340903	401513	473104	519470
年末总人口(万人)	132129	132802	133450	134091	134735	135404
城镇就业人员平均工资(元)	24721	28898	32244	36539	41799	46769
城镇登记失业率(%)	4.0	4.2	4.3	4.1	4.1	4.1

资料来源:国家统计局数据库

时间数列具有以下基本作用:

(1)可以反映现象发展变化的过程和结果。

(2)可以研究现象发展变化的方向、水平、速度和趋势。

(3)根据时间数列可以预测现象未来的发展变化趋势。

(4)对相互联系的时间序列可以进行对比分析或相关分析。

二、时间数列的种类

时间数列按其统计指标的性质和表现形式，分为绝对数时间数列、相对数时间数列和平均数时间数列三种。其中，绝对数时间数列是最基本的时间数列，相对数和平均数时间数列是派生数列。

1. 绝对数时间数列

将同类总量指标在不同时间上按时间先后顺序排列所形成的时间数列称为绝对数时间数列。它可以反映现象在不同时间上所达到的总量水平。根据时间特点，总量指标分为时期指标和时点指标，因此，绝对数时间数列又可以分为时期数列和时点数列。表 5.1 中的国内生产总值和年末人口数时间数列就分别属于时期数列和时点数列。

时期指标与时点指标的不同特点，决定了时期数列与时点数列具有相互不同的特征：

(1)时期数列中各时间上的指标值可以相加，相加的结果反映现象在更长时间内的总量水平，如某年各月的国内生产总值相加的结果是该年的国内生产总值；而时点数列中各时点上的指标值相加没有实际意义。

(2)时期数列的指标数值大小与所属时期长短有直接关系，对于指标值非负的时期数列，其时期长度越长，指标数值越大；反之，指标数值越小。而时点数列的指标数值大小与时点间隔无直接关系，如年末人口数就不一定比季末人口数大。

(3)时期数列中各指标值表明了现象在一段时间内发展变化的总量，因此，必须将这一时间段内现象所发生的数量逐一登记并加以累计，才能得到相应的指标值，所以时期数列的指标值一般通过连续登记的方式取得。而时点数列中各指标值表明了现象在某一时点上的总量水平，只需在某一时点上统计即可，所以时点数列的指标值一般通过间断登记的方式取得。

2. 相对数和平均数时间数列

将同类相对指标或平均指标在不同时间上的数值按时间先后顺序排列，所形成的时间数列分别称为相对数和平均数时间数列。如表 5.1 中的城镇登记失业率的时间数列是相对数时间数列，职工平均工资时间数列是平均数时间数列。

相对数和平均数时间数列均为绝对数时间数列的派生数列。如第三产业增加值占国内生产总值(GDP)比重的时间数列是由两个时期数列派生形成的，年末第一产业从业人员比重时间数列是由两个时点数列派生形成的，人均国内生产总值时间数列则由一个时期数列和一个时点数列派生而形成。

应当注意的是，相对数时间数列和平均数时间数列中的指标值相加无实际意义。

三、编制时间数列的原则

编制时间数列的目的之一就是要进行动态分析，所以可比性原则是编制时间数列时

要遵循的最基本原则,具体有以下几点:

1. 时间上要可比

在时期数列中各指标值大小直接取决于时期长度,若时期长短不一,指标值则不可比,所以同一时期数列中各指标值所属的时期长度应当一致。在时点数列中各指标值大小虽然与时点间隔长短无直接关系,但为了更准确地反映现象发展变化的状况,同一时点数列中各指标值之间的时点间隔要尽可能相等。

2. 总体范围要一致

时间数列中指标值的大小与总体范围有着密切的联系,若现象的总体范围随时间变化而发生改变,则变化前后的指标值就不能直接对比,必须进行相应调整以保证总体范围的一致性。

3. 指标经济内容要一致

随着时间的推移,同一名称的指标的经济内容可能会发生改变,而不同经济内容的指标值之间不能直接对比,故需要根据指标经济内容的变化调整相应的指标值。

4. 指标值的计算方法、计算价格和计量单位要一致

如国内生产总值指标的计算方法有生产法、支出法和分配法。用不同方法计算往往会导致结果产生一定差异,所以同一时间数列中指标值的计算方法要前后一致。有些统计指标的计算涉及到计算价格问题,如产值指标是根据不变价格还是现行价格计算,但不变价格又会因时期而不同。因此在编制时间数列时,要始终保持计算价格的一致性。同一时间数列中各指标值的计量单位要统一,这一点在实物指标时间数列中要特别注意。

第二节　时间数列的水平分析指标

一、发展水平(Level of Development)

时间数列中各时间上对应的指标数值称为发展水平。在绝对数时间数列中,发展水平表现为绝对数;在相对数和平均数时间数列中,发展水平表现为相对数或平均数。发展水平通常用 a 表示,时间数列各期的发展水平分别为 $a_0, a_1, a_2, \cdots, a_{n-1}, a_n$,其中,$a_0$ 为最初水平,a_n 为最末水平,其他各期水平为中间水平。在动态分析中,通常将所研究和反映的那一时期的发展水平称为报告期水平(记为 a_1),将用作比较基础的那一时期的发展水平称为基期水平(记为 a_0)。

值得注意的是:

(1) 当研究目的和内容发生改变时,基期和报告期的确定会有所变动,发展水平的名称也会相应地改变。

(2) 在对发展水平进行文字说明时，常用“增加到”、“增加了”或“降低到”、“降低了”来表述，例如我国国内生产总值2011年为473 104亿元，2012年增加到519 470亿元，增加了46 366亿元。这里要注意“增加到”与“增加了”、“降低到”与“降低了”的区别。

二、平均发展水平（Average level of Development）

平均发展水平是将时间数列中各期发展水平加以平均而得到的平均数，统计上又称这种平均数为序时平均数或动态平均数。它从动态上反映了现象在一段时间内发展水平的一般情况。

序时平均数与前面介绍的一般平均数相比，既有相同之处又有不同点。其相同之处在于都是将现象的个体数量差异抽象化，反映现象总体的一般水平。不同点主要体现在：序时平均数是将现象在不同时间上的个体数量差异抽象化，从动态上表明现象在一段时间内发展变化所达到的一般水平，是依据时间数列来计算的；而一般平均数是将总体各单位标志值在同一时间上的个体数量差异抽象化，从静态上表明现象在某一具体时间条件下所达到的一般水平，是依据变量数列计算的。

由于发展水平可以表现为绝对数、相对数和平均数，它们在计算序时平均数的方法上各有不同，下面分别介绍。

（一）由绝对数时间数列计算序时平均数

绝对数时间数列有时期数列和时点数列之分，其计算方法分别如下：

1. 时期数列（Periodical Series）的序时平均数

由于时期数列中各指标值之间具有可加性，可直接采用简单算术平均法，即以各时期指标数值之和除以时间数列的项数。用公式表示为：

$$\bar{a}=\frac{a_1+a_2+\cdots+a_n}{n}=\frac{\sum_{i=1}^{n}a_i}{n} \qquad (5.2.1)$$

其中，$\bar{a}$ 为序时平均数；a_i 为第 i 期的发展水平（$i=1,2,\cdots,n$）；n 为时期数列的项数。

例5.1：根据表5.1中的国内生产总值时期数列计算2007—2012年间的年平均国内生产总值为：

$$\bar{a}=\frac{265\,810+314\,045+340\,903+401\,513+473\,104+519\,470}{6}$$

$=385\,808$（亿元）

2. 时点数列（Moment Series）的序时平均数

时点数列中有的指标数值是逐日登记，有的却是间隔较长一段时间登记一次，如月末、季末、年末进行登记。统计上通常将逐日登记指标值的时点数列称为连续时点数列，而将间隔较长时间登记一次指标值的时点数列称为间断时点数列。两种不同的时点数列有着不同的计算公式。

(1) 连续时点数列的序时平均数。根据连续时点数列计算序时平均数有两种情形：

① 逐日登记并逐日给出资料时,可采用简单算术平均法计算,即公式 5.2.1,此时 a_i 表示各时点的指标值,n 表示时点指标值的个数;

② 仅在时点指标值发生变动时进行登记,但登记资料的时间单位仍为"日",此时可用每次变动持续的间隔长度 f_i 为权数,采用加权算术平均数的方法计算。计算公式如下:

$$\bar{a} = \frac{a_1f_1 + a_2f_2 + \cdots + a_nf_n}{f_1 + f_2 + \cdots + f_n} = \frac{\sum af}{\sum f} \quad (5.2.2)$$

其中,a 为各时点指标值;f 为每次变动持续的间隔长度。

例 5.2:某企业 4 月份职工增减变动如表 5.2 所示,求日平均人数。

表 5.2　　某企业 4 月份职工人数

时间	1 ~ 14 日	15 ~ 21 日	22 ~ 30 日
职工人数(人)	500	490	495
天数	14	7	9

该企业 4 月份日平均人数为:

$$\bar{a} = \frac{500 \times 14 + 490 \times 7 + 495 \times 9}{14 + 7 + 9} = 496(\text{人})$$

(2) 间断时点数列的序时平均数。根据间断时点数列计算序时平均数也有两种情形:

① 对于间隔相等的间断时点数列,计算序时平均数的步骤如下:首先,假定所研究的现象在相邻两个时点之间是均匀变化的,可将相邻两个时点值相加后除以 2,求出两个时点之间的平均值,该平均值与两个时点之间的时间段相对应,从而形成一个新的时间数列。其次,对上面求出的各平均值采用简单算术平均法计算其序时平均数。

例 5.3:某企业各月初的职工人数如表 5.3 所示。

表 5.3　　某企业月初职工人数

月份	1 月	2 月	3 月	4 月
月初职工人数(人)	1480	1420	1460	1500

该企业第一季度各月的平均职工人数分别为:

$$1\text{ 月份平均职工人数} = \frac{1480 + 1420}{2} = 1450(\text{人})$$

$$2\text{ 月份平均职工人数} = \frac{1420 + 1460}{2} = 1440(\text{人})$$

$$3\text{ 月份平均职工人数} = \frac{1460 + 1500}{2} = 1480(\text{人})$$

则

$$1\text{季度平均职工人数}=\frac{\frac{1480+1420}{2}+\frac{1420+1460}{2}+\frac{1460+1500}{2}}{3}$$

$$=\frac{\frac{1480}{2}+1420+1460+\frac{1500}{2}}{4-1}$$

$$=1457(\text{人})$$

由此可见,间隔相等间断时点数列计算序时平均数的一般公式为:

$$\bar{a}=\frac{\frac{a_1}{2}+a_2+\cdots a_{n-1}+\frac{a_n}{2}}{n-1}\quad(\text{首末折半法})\tag{5.2.3}$$

式中,a_i 是时点数列中各指标值($i=1,2,\cdots,n$),n 是时点数列的项数。

② 对于间隔不等的间断时点数列,首先应将相邻两个时点值相加后除以 2,得出一系列时点间的平均值。然后以间隔时间长度 f_i 为权数,对这些平均值进行加权算术平均求得序时平均数。

例 5.4:某企业 2013 年职工人数资料如表 5.4 所示。

表 5.4 某企业职工人数资料

时间	1 月初	3 月初	7 月初	11 月初	12 月末
职工人数(人)	240	230	256	250	260

则 2013 年该企业的月平均职工人数为:

$$\bar{a}=\frac{\frac{240+230}{2}\times 2+\frac{230+256}{2}\times 4+\frac{256+250}{2}\times 4+\frac{250+260}{2}\times 2}{2+4+4+2}$$

$$=\frac{470+972+1012+510}{12}$$

$$=247(\text{人})$$

对于间隔不等的间断时点数列,计算序时平均数的一般计算式为;

$$\bar{a}=\frac{\frac{a_1+a_2}{2}\times f_1+\frac{a_2+a_3}{2}\times f_2+\cdots+\frac{a_{n-1}+a_n}{2}\times f_{n-1}}{f_1+f_2+\cdots+f_{n-1}}\tag{5.2.4}$$

(二) 相对数时间数列的序时平均数

相对数时间数列是派生数列,它是由两个有联系的绝对数时间数列相应项对比所形成的数列,用来对比的两个绝对数时间数可以均为时期数列,亦可以均为时点数列,还可以一个是时期数列、另一个为时点数列。因此计算相对数时间数列的序时平均数时,不能直接对数列中的相对数指标值进行平均，而是先分别算出分子数列和分母数列的序时平均数，再将这两个序时平均数对比得到相对数时间数列的序时平均数。计算公式为：

$$\bar{c}=\frac{\bar{a}}{\bar{b}}$$

式中，$\bar{c}$ 为相对数时间数列的序时平均数；$\bar{a}$ 为分子数列的序时平均数；$\bar{b}$ 为分母数列的序时平均数。

下面根据子母项数列的性质，讨论几种情形：

1. 分子、分母项数列均为时期数列时，计算序时平均数的公式

$$\bar{c}=\frac{\bar{a}}{\bar{b}}=\frac{\sum a/n}{\sum b/n}=\frac{\sum a}{\sum b} \tag{5.2.5}$$

例 5.5：表 5.5 给出了某工业企业 2013 年第二季度各月工业销售、工业总产值、工业产品销售率的资料。

表 5.5　某企业 2013 年第二季度产值和销售率

时间	4 月	5 月	6 月
a. 工业销售产值（万元）	741	792	784
b. 工业总产值（万元）	780	825	800
c. 工业产品销售率（%）	95	96	98

则企业 2013 年第二季度月平均工业产品销售率为：

$$\bar{c}=\frac{\sum a}{\sum b}=\frac{741+792+784}{780+825+800}=\frac{2317}{2405}=96.34\%$$

2. 分子、分母项数列均为间隔相等的时点数列，计算序时平均数的公式

$$\bar{c}=\frac{\left(\frac{a_1}{2}+a_2+\cdots+a_{n-1}+\frac{a_n}{2}\right)\div(n-1)}{\left(\frac{b_1}{2}+b_2+\cdots+b_{n-1}+\frac{b_n}{2}\right)\div(n-1)}$$

$$=\frac{\frac{a_1}{2}+a_2+\cdots+a_{n-1}+\frac{a_n}{2}}{\frac{b_1}{2}+b_2+\cdots+b_{n-1}+\frac{b_n}{2}} \tag{5.2.6}$$

例 5.6：表 5.6 给出了某企业 2013 年第三季度各月初管理人员数、职工总数和管理人员占职工总数比重的资料：

表 5.6　　某企业第三季度管理人员数和职工人数

	7月初	8月初	9月初	10月初
a. 管理人员数(人)	192	228	207	240
b. 职工总数(人)	870	910	900	920
c. 管理人员占职工总数比重(%)	22.1	25.1	23.0	26.1

则该企业2013年第三季度月平均管理人员占职工总数比重为:

$$\bar{c}=\frac{\frac{192}{2}+228+207+\frac{240}{2}}{\frac{870}{2}+910+900+\frac{920}{2}}$$

$$=\frac{651}{2705}=24.1\%$$

3. 分子、分母项数列属于不同性质的时间数列时,应根据具体情况进行计算

例5.7:分子数列是时期数列(月增加值数列),分母数列为间隔相等的间断时点数列(月初职工人数数列),某企业2013年度有关月份的资料见表5.7。

表 5.7　　某企业增加值与月初职工人数资料

	7月	8月	9月	10月
a. 增加值(万元)	750	830	800	
b. 月初职工人数(人)	870	910	900	920

则该企业2013年第三季度月平均劳动生产率为:

$$\bar{c}=\frac{\bar{a}}{\bar{b}}=\frac{(750+830+800)\div 3}{(\frac{870}{2}+910+900+\frac{920}{2})\div 3}$$

$$=\frac{2380}{2705}=8799(\text{元})$$

对于分子数列是时期数列,分母数列是间隔相等间断时点数列的相对数时间数列,其计算序时平均数的一般公式为:

$$\bar{c}=\frac{\bar{a}}{\bar{b}}=\frac{(a_1+a_2+\cdots+a_n)\div n}{(\frac{b_1}{2}+b_2+\cdots+\frac{b_{n+1}}{2})\div n}$$

$$=\frac{a_1+a_2+\cdots+a_n}{\frac{b_1}{2}+b_2+\cdots+\frac{b_{n+1}}{2}} \qquad (5.2.7)$$

(三)平均数时间数列的序时平均数

平均数时间数列有一般平均数时间数列和序时平均数时间数列两种。

通常，一般平均数时间数列的分子数列是标志总量数列，分母数列是总体单位总量数列，因此，由一般平均数时间数列计算序时平均数的方法，与相对数时间数列计算序时平均数的方法相同，即分别计算出分子数列和分母数列的序时平均数，然后再将这两个序时平均数对比，得到一般平均数时间数列的序时平均数。

由序时平均数时间数列计算序时平均数时，若时间数列的间隔相等，则直接采用简单算术平均法计算；若间隔期不相等，则以时期数为权数，采用加权算术平均法计算。

三、增长量和平均增长量

（一）增长量（Increment）

增长量是报告期发展水平与基期发展水平之差，它反映现象从基期到报告期数量变化的绝对水平。计算公式为：

增长量 = 报告期水平 - 基期水平

由于采用的基期不同，增长量可分为逐期增长量、累计增长量和年距增长量。

1. 逐期增长量（Period to Period Increment）

它是报告期水平与其前一期水平之差，表明现象逐期增加或减少的数量。可用公式表示为：

$$\Delta_i = a_i - a_{i-1} \tag{5.2.8}$$

式中，Δ_i 为第 i 期相对于第 $i-1$ 期的逐期增长量，a_i 为第 i 期的指标数值。

2. 累计增长量（Cumulative Increment）

它是报告期水平与某一固定时期水平（常为时间数列的最初水平）之差，表明现象在一定时间内总的增长或减少的数量。可用公式表示为：

$$L_i = a_i - a_0 \tag{5.2.9}$$

式中，L_i 为第 i 期的累计增长量；a_0 为时间数列最初水平。

可见，累计增长量与逐期增长量的关系是：在同一时间数列中，累计增长量等于相应时期逐期增长量之和，即：

$$L_i = a_i - a_0 = \sum_{j=1}^{i}(a_j - a_{j-1}) = \sum_{j=1}^{i}\Delta_j \tag{5.2.10}$$

3. 年距增长量：为了消除季节变动的影响，实际工作中常计算年距增长量，它是本期发展水平与去年同期发展水平之差，即：

年距增长量 = 本期发展水平 - 去年同期发展水平

例 5.8：某工业企业 2012 年 3 月份工业增加值是 1000 万元，2013 年 3 月份增加值为 1500 万元，即：

年距增长量 = 1500 - 1000 = 500（万元）

表明 2013 年工业增加值比 2012 年同期增加 500 万元。

（二）平均增长量(Average Increment)

平均增长量是时间数列中逐期增长量的序时平均数。可以分析现象在一段时期内增长的一般水平，对时间数列 $a_1, a_2, \cdots, a_n$，平均增长量的计算公式为：

$$\bar{\Delta} = \frac{\sum_{i=2}^{n}(a_i - a_{i-1})}{n-1} \tag{5.2.11}$$

由于累计增长量等于相应逐期增长量之和，上式又可写成：

$$\bar{\Delta} = \frac{L_n}{n-1} \tag{5.2.12}$$

式中，n 为时间数列的项数。

例5.9：表5.8中列出了我国2007—2012年的国内生产总值资料，计算2008—2012年的平均年增长量。

表5.8　　我国2007—2012年国内生产总值表

单位：亿元

年份	2007	2008	2009	2010	2011	2012
国内生产总值	265 810	314 045	340 903	401 513	473 104	519 470
逐期增长量	—	48 235	26 857	60 610	71 591	46 366
累计增长量	—	48 235	75 093	135 703	207 294	253 660

数据来源：国家统计局数据库

则中国2008—2012年国内生产总值的年平均增长量为：

$$\bar{\Delta} = \frac{48\,235 + 26\,857 + 60\,610 + 71\,591 + 46\,366}{5}$$

$$= \frac{253\,660}{5}$$

$$= 50\,732（亿元）$$

第三节　时间数列的速度分析指标

由时间数列可以计算发展速度、平均发展速度、增长速度和平均增长速度。

一、发展速度和增长速度

（一）发展速度(Speed of Development)

发展速度是两个不同时期发展水平之比，表明报告期水平已发展到基期水平的百分

之几或若干倍,常用百分数或倍数表示,计算式为:

$$发展速度 = \frac{报告期水平}{基期水平} \tag{5.3.1}$$

由于选择的基期不同,发展速度有定基发展速度、环比发展速度和年距发展速度之分。下面以时间数列 $a_0, a_1, a_2, \cdots, a_n$ 为例加以说明。

1. 定基发展速度

定基发展速度是时间数列中报告期水平与某一固定时期水平(通常为最初水平)的比值,即:$\frac{a_1}{a_0}, \frac{a_2}{a_0}, \cdots, \frac{a_n}{a_0}$

它是报告期相对于基期的总发展速度。

2. 环比发展速度

环比发展速度是时间数列中报告期水平与前一期水平之比,即:$\frac{a_1}{a_0}, \frac{a_2}{a_1}, \cdots, \frac{a_n}{a_{n-1}}$

它表明现象在相邻两个时期的逐期发展变化情况。

定基发展速度与环比发展速度之间存在如下关系:

(1) 定基发展速度等于相应时期各环比发展速度的连乘积,即:

$$\frac{a_i}{a_0} = \prod_{j=1}^{i} \frac{a_j}{a_{j-1}} \tag{5.3.2}$$

(2) 相邻时期的两个定基发展速度之比等于相应的环比发展速度,即:

$$\frac{a_i / a_0}{a_{i-1} / a_0} = \frac{a_i}{a_{i-1}} \tag{5.3.3}$$

3. 年距发展速度

年距发展速度是本期发展水平与上年同期发展水平之比,它消除了季节变动的影响,表明了现象本期水平相对于上年同期水平的发展变化情况。

计算年距发展速度的公式为:

$$年距发展速度 = \frac{本期发展水平}{去年同期发展水平} \tag{5.3.4}$$

(二) 增长速度(Increment Speed)

增长速度是增长量与基期水平之比,它表明现象的报告期水平比基期增长了百分之几或若干倍。计算公式为:

$$增长速度 = \frac{增长量}{基期水平} \tag{5.3.5}$$

由于增长量等于报告期水平与基期水平之差,增长速度又表示为:

$$增长速度 = \frac{报告期水平 - 基期水平}{基期水平} = 发展速度 - 1 \quad (5.3.6)$$

由于基期选择的不同，与发展速度一样，增长速度也可分为定基增长速度、环比增长速度和年距增长速度。它们与相应发展速度的关系如下：

定基增长速度 = 定基发展速度 - 1

环比增长速度 = 环比发展速度 - 1

年距增长速度 = 年距发展速度 - 1

根据增长速度与发展速度的关系，当发展速度 > 100% 时，则增长速度 > 0，表明现象的发展水平是增长的，其具体数值体现了增长的程度。当发展速度 < 100%，则增长速度 < 0，表明现象的发展水平是下降的，其具体数值体现了下降的程度。

运用速度指标时应注意以下问题：

(1) 定基增长速度不等于相应时期各环比增长速度的连乘积。

(2) 相邻两个时期的定基增长速度之比不等于相应时期的环比增长速度。

(3) 速度指标数值的大小与基期水平的高低密切相关，通常基期水平越高，发展速度增长 1% 所对应的绝对值就越大。所以往往将增长 1% 绝对值与速度指标结合起来进行统计分析，增长 1% 绝对值的计算公式为：

$$增长1\%绝对值 = \frac{增长量}{增长速度 \times 100} = \frac{基期水平}{100} \quad (5.3.7)$$

(4) 在绝对数时间数列中，有时可能会出现指标数值为负值的情况，例如，某企业近 4 年的利润总额为 80 万元、- 10 万元、- 50 万元和 20 万元，该时间数列计算其环比发展速度分别为：- 12.5%，500%，- 40%，此时，这些环比发展速度已不能真实地反映利润总额的发展变化方间，如利润总额从第 2 期亏损 10 万元继续发展到第 3 期亏损 50 万元，两期发展水平均为负值，体现在发展速度上即为 500%，表明利润总额增长 400%，这与实际情况相违背；再如，第 4 期改变了前期的亏损状况，赢利 20 万元，但由于两期发展水平一正一负，体现在发展速度上就为 - 40%，表明利润总额下降 140%，显然也是不符合实际情况的。对于指标数值时正时负的时间数列，利用速度指标进行分析是不合适的。此时可采用水平指标，如上述时间数列的逐期增长量分别为：- 90 万元、- 40 万元、70 万元，说明前 3 期连续出现下降的态势，最后一期才转降为增。

例 5.10：下面以 2007—2012 年我国国内生产总值的资料，计算有关国内生产总值时间数列的动态分析指标，见表 5.9。

表 5.9　　2007—2012 年中国国内生产总值及其动态分析指标

年份		2007	2008	2009	2010	2011	2012
国内生产总值(亿元)		265 810	314 045	340 903	401 513	473 104	519 470
增长量(亿元)	逐期	—	48 235	26 857	60 610	71 591	46 366
	累计	—	48 235	75 093	135 703	207 294	253 660
发展速度(%)	环比	—	118.15	108.55	117.78	117.83	109.80
	定基	100	118.15	128.25	151.05	177.99	195.43
增长速度(%)	环比	—	18.15	8.55	17.78	17.83	9.80
	定基	—	18.15	28.25	51.05	77.99	98.43
增长 1% 绝对值(亿元)		—	2658.10	3140.45	3409.03	4015.13	4731.04

二、平均发展速度和平均增长速度

(一)平均发展速度(Average Speed of Development)

平均发展速度是环比发展速度的序时平均数,表明现象在一段时间内发展变化的一般水平。计算平均发展速度的方法有几何平均法(水平法)和方程式法(累计法)。

1. 几何平均法(水平法)

由于定基发展速度(即总速度)等于相应各期环比发展速度的连乘积,即:

$$\frac{a_1}{a_0} \times \frac{a_2}{a_1} \times \cdots \times \frac{a_n}{a_{n-1}} = \frac{a_n}{a_0}$$

现在将各环比发展速度的数量差异抽象化,用平均发展速度代替各个环比发展速度,上式可以变形为:

$$\bar{x}^n = \frac{a_n}{a_0}$$

即:$$\bar{x} = \sqrt[n]{\frac{a_n}{a_0}} = \sqrt[n]{\prod_{i=1}^{n} \frac{a_i}{a_{a_{i-1}}}} \qquad (5.3.8)$$

式中,n 为时间数列的项数;a_0 和 a_n 分别为时间数列的最初水平和最末水平;$\bar{x}$ 为平均发展速度。

在例 5.10 中,2008—2012 年中国国内生产总值年平均发展速度为:

$$\bar{x} = \sqrt[5]{\frac{519\ 470}{265\ 810}} = \sqrt[5]{1.9543} = 114.34\%$$

也可以表示为:

$$\bar{x} = \sqrt[5]{1.1815 \times 1.0855 \times 1.1778 \times 1.1783 \times 1.0980}$$
$$= \sqrt[5]{1.9543} = 114.34\%$$

由几何平均法计算平均发展速度的公式可以看出:从时间数列的最初发展水平出发,

按平均发展速度一直发展到最末一期,其最末水平的理论值与实际值相等,所以几何平均法又称为水平法。

2. 方程式法(累计法)

方程式法的基本思想是:由最初水平 a_0 和平均发展速度 $\bar{x}$,推算出各期发展水平的理论值,然后令这些理论值之和与实际发展水平之和相等,即:

$$a_0\bar{x} + a_0\bar{x}^2 + \cdots + a_0\bar{x}^n = \sum_{i=1}^{n} a_i$$

所以:

$$\bar{x}^n + \bar{x}^{n-1} + \cdots + \bar{x} = \frac{\sum_{i=1}^{n} a_i}{a_0} \tag{5.3.9}$$

上述方程的正根就是所求的平均发展速度。在时期长度较长的情况下,通常借助于查表的方法求解。具体表现为:

(1) 若 $\frac{\sum_{i=1}^{n} a_i}{a_0} > n$,表明现象是增长的,此时查增长速度表;

(2) 若 $\frac{\sum_{i=1}^{n} a_i}{a_0} < n$,表明现象是降低的,此时查下降速度表。

由方程式法的基本思想可以看出:从时间数列的最初水平出发,按平均发展速度发展,形成各期发展水平的理论值,这些理论值的累计和与实际发展水平的累计和相等,所以方程式法又称为累计法。

平均发展速度是时间数列的一个重要分析指标,在计算和运用该指标时,应注意以下问题:

(1) 水平法强调最末水平与实际相等,侧重考察最末一期的发展水平,如某企业五年计划期末某产品产量要达到100万吨;而累计法强调各期发展水平之和与实际相等,侧重考察整个时期的发展水平总和,如研究某时期的基本建设投资总量问题。因此,在实际工作中选用何种方法计算平均发展速度,要根据研究对象的具体情况和特点而定。

(2) 平均发展速度指标是对各环比发展速度的抽象化,在它的背后隐藏着各环比发展速度增减变化的具体情况,尤其是在使用几何平均法计算平均发展速度时,利用的仅仅是首末两期水平,中间各期水平如何变动,变动程度怎样,都得不到反映。所以,在运用平均发展速度指标分析实际问题时,要注意利用分段平均发展速度和环比发展速度来补充说明总平均发展速度。

(二) 平均增长速度(Average Speed of Growth)

平均增长速度是环比增长速度的序时平均数,反映现象在一定时期内平均增长程度的指标，它与平均发展速度的关系是：

平均增长速度 = 平均发展速度 - 1

若平均发展速度 > 1，则平均增长速度 > 0，说明在一定时期内现象的发展水平是平均递增的；若平均发展速度 < 1，则平均增长速度 < 0，说明现象的发展水平是平均递减的。在例 5.10 中，我国 2008—2012 年国内生产总值的年平均发展速度为 114.34%，由此可以得到平均增长速度是 114.34% - 1 = 14.34%，表明这期间我国的国内生产总值是平均递增的，平均递增速度为 14.34%。

第四节　时间数列的因素分析

一、影响时间数列的主要因素

在时间数列中，每一期指标值的形成都是多种因素共同作用的结果。为了研究现象的发展变化趋势和规律性，需要将这些因素加以分类，并测定出各类因素对时间数列指标值的影响程度。在统计中，时间数列的影响因素可以归纳为以下四类：

（一）长期趋势（T）

长期趋势（Trend）是在基本因素作用下，在较长时间内时间数列呈现的某种趋势，这种趋势可以是向上、向下或持平。

（二）季节变动（S）

季节变动（Seasonal Variation）是时间数列随季节变化而呈现的周期性变动，季节变动通常以“年”或更短的时间长度为周期。这里所讲的季节变动是一个广义的概念，是指一年或更短的时间内，现象随季节变化而呈现出的周期性波动。

（三）循环变动（C）

循环变动（Cyclical Fluctuations）是时间数列以若干年为周期出现的涨落相间的循环波动。

（四）不规则变动（I）

不规则变动（Irregular Movements）是现象受偶然因素影响而出现的随机波动，是在时间数列的变动中，不能由上述三个因素解释的剩余部分。

时间数列是以上四类因素共同作用的结果，它们之间的合成方式通常有两种模式：

（1）加法模式：假定四类变动因素相互独立的情况下，采用加法模式，即：

$y = T + S + C + I$

（2）乘法模式：假定四类变动因素之间存在交互作用时，采用乘法模式，即：

$y = T \times S \times C \times I$

实际上，因素之间总是存在这样或那样的交互影响，因此乘法模式更为常用。

二、长期趋势的测定

测定现象发展变化的长期趋势就是对时间数列进行修匀，通过修匀显示出现象发展变化的基本态势。测定长期趋势的方法主要有：时距扩大法、移动平均法和趋势模型法。

（一）时距扩大法

扩大时间数列指标所属的时间单位，再根据新的时间单位计算相应的指标值，这样形成一个新的时间数列。由于时距的扩大，新时间数列的指标值受随机因素的影响比较小，从而显示出长期趋势。运用时距扩大法要注意：

（1）对于时期数列和时点数列，时距扩大后，新指标值的计算方式有所不同。如果是时期数列，只需根据新的时间长度累加原有的指标值；如果是时点数列，可按新的时间长度计算原有指标值的序时平均数。

（2）时距扩大到多少为宜，要根据所考察现象本身的特点来定。如果现象的变动本身具有周期性，则时距长度应与波动周期相一致；一般情况下，需要逐步扩大时距试算，以较为充分地显示现象长期趋势为宜。由于时距扩大后，指标值的个数减少，现象变得较为笼统，因此不要过分追求大时距。

（二）移动平均法（Method of Moving Averages）

移动平均法的基本思想是：选择一定的期数，对原数列按逐项移动计算平均数，从而对原数列进行修匀。显然，该方法是通过移动平均的方式消除现象短期内的不规则因素影响，达到显示现象长期趋势的目的。运用移动平均法要注意：

（1）合理确定移动的时期长度：确定移动的时期长度就是要确定移动平均的项数 N，通常是根据时间数列的特点而定。如果现象存在季节变动，为消除季节变动的影响，要以季节周期长度作移动的时期长度。一般情况下，移动的时期长度不能过大，也不能过小。若是过大，虽然有较强的修匀作用，但对趋势变化的敏感性较差；若是过小，虽然能增强移动平均数的敏感性，但修匀作用会下降。因此，要视时间数列本身的特点选择合理的移动时期长度。

（2）奇数项移动平均只要进行一次移动，即可将各移动平均数与相应时期对准，偶数项移动平均要进行二次移动，才能达到上述目的。所谓二次移动就是在第一次移动的基础上，再对相邻两个移动平均数依次进行简单算术平均（即相邻两个移动平均数相加除以2）。

例 5.11：以某企业 2013 年度各月产品销售收入为例，说明时距扩大法和移动平均法的具体运用。

由表 5.10 中的计算结果可以看出：原数列的指标值上下波动，长期趋势不明显，经过时距扩大和移动平均后，新数列都表现出明显的增长趋势。

表 5.10　　**某企业 2013 年产品销售收入的长期趋势计算表**

月份	产品销售收入（万元）(1)	时距	时距扩大后的指标值（万元）(2)	移动平均数		
				$N=5$（一次移动）(3)	$N=4$ 一次移动 (4)	$N=4$ 二次移动 (5)
1 月	530					
2 月	570	1 ~ 3 月	1730			
					572.5	
3 月	630			588		578.50
					602.5	
4 月	560			652		625.00
					647.5	
5 月	650	4 ~ 6 月	1960	656		655.00
					662.5	
6 月	750			664		676.25
					690.0	
7 月	690			706		705.00
					720.0	
8 月	670	7 ~ 9 月	2130	728		721.25
					722.5	
9 月	770			736		735.00
					747.5	
10 月	760			764		767.50
					787.5	
11 月	790	10 ~ 12 月	2380			
12 月	830					

对表 5.10 中的计算数据说明如下：

1. 时距扩大后形成的时间数列如第(2) 列所示，其中：

1730 = 530 + 570 + 630。

2. 第(3) 列是奇数项($N=5$) 移动平均后形成的时间数列，其中：

(530 + 570 + 630 + 560 + 650) ÷ 5 = 588

(570 + 630 + 560 + 650 + 750) ÷ 5 = 632

其余的依次类推。

3. 第(4) 列是偶数项($N=4$) 一次移动平均后形成的数列，其计算方法与上相同，不过这一时间数列没有正对各个月份，而是对应于相邻月的交界处，即 572.5 对应 2 月和 3 月的中间，其他类推。数列(4) 经过二次移动得到最终的移动平均数，见第(5) 列，其中：(572.5 + 602.5) ÷ 2 = 587.5

其余依次类推。

(三) 趋势模型法

趋势模型法是根据时间数列中指标值的发展变化趋势，配合一条理想的趋势线，直观上看，这条趋势线要距离各散点最近。趋势模型法首先要选择合适的趋势方程，并估计其中的未知参数；其次根据确定的趋势方程计算趋势变动测定值，前者是关键。下面重点介绍趋势方程的选择和未知参数的确定。

1. 趋势方程的选择

选择趋势方程可以通过两条途径：一是以时间为横轴、指标值为纵轴画出散点图，然后根据对所研究现象的认识，仔细观察散点的分布规律，选择合适的趋势方程。二是根据时间数列的分析指标来确定，当时间数列指标值的一级增长量大致相等时，可选用直线趋势方程；当时间数列指标值的二级增长量（一级增长量的增长量）大致相等时，可选用抛物线；当时间数列指标值的环比发展速度大致相等时，可选用指数曲线。

2. 未知参数的确定

作为一条理想的趋势线，必须满足以下两个条件：

(1) $\sum (y - y_t)^2 = \min$

原时间数列各期指标值与相应趋势值之间的离差平方和要最小。

(2) $\sum (y - y_t) = 0$

原时间数列各期指标值与趋势值之间的离差和等于零。

下面分别以直线、抛物线和指数曲线说明未知参数的确定。

① 直线趋势（Linear Trend）。

例 5.12：以某企业近 9 年的产品销售收入为例，有关资料见表 5.11。

表 5.11　产品销售收入的长期趋势计算表

年份	时间值 t	销售收入（万元）y	逐期增长量（万元）	趋势值 y_t
2005	-4	510		511.15
2006	-3	560	50	559.53
2007	-2	608	48	607.91
2008	-1	659	51	656.29
2009	0	704	45	704.67
2010	1	750	46	753.05
2011	2	803	53	801.43
2012	3	850	47	849.81
2013	4	898	48	898.19
合计	0	6342	388	6342.03

由表5.11可见，产品销售收入的逐期增长量在388/8 = 48.5左右，所以应配合直线趋势。设趋势方程为：

$$y_t = a + bt$$

其中，y_t 为时间数列的长期趋势；a 为趋势线的截距；b 为斜率，表示 t 每变化一个单位，y_t 平均增加或减少的数量；t 为时间。

现在的目标是确定 a 和 b，使时间数列指标值与相应趋势值的离差平方和最小，即：

$$Q = \sum (y - y_t)^2 = \sum (y - a - bt)^2 = \min$$

要想达到上述目的，可以采用最小二乘法，建立如下标准方程：

$$\sum y = na + b\sum t$$

$$\sum ty = a\sum t + b\sum t^2$$

解上述方程组得：

$$b = \frac{n\sum ty - \sum t\sum y}{n\sum t^2 - (\sum t)^2} \tag{5.4.1}$$

$$a = \bar{y} - b\bar{t} = \frac{\sum y}{n} - b\frac{\sum t}{n} \tag{5.4.2}$$

式中 $\bar{y}$、$\bar{t}$ 分别为 y、t 的算术平均数。

为了简化 a,b 的计算，可通过变换使时间数列的 $\sum t = 0$，这样，上式可简化为：

$$a = \bar{y},\ b = \frac{\sum ty}{\sum t^2} \tag{5.4.3}$$

要使 $\sum t = 0$，对于奇数项时间数列，可令中间一项的时间 $t = 0$，中间点前后各项的时间分别为 -3，-2，-1 和 1,2,3 等；对于偶数项时间数列，令中间两项中点的时间 $t = 0$，中间点前后各项的时间分别为 -5，-3，-1 和 1,3,5 等。

如例 5.12，令时间分别为 -4，-3，-2，-1，0,1,2,3,4，可以求出：

$a = 6342 \div 9 = 704.67$，$b = 2903 \div 60 = 48.38$

所以趋势方程为：

$y_t = 704.67 + 48.38t$

将数据表中的时间 t 代入趋势方程，即可得到销售收入的趋势值 y_t，具体数值见表 5.11 所示。

若要预测 2014 年的产品销售收入，则可将 $t = 5$ 代入方程，求得：$y_{2014} = 704.67 + 48.38 \times 5 = 946.57$（万元）

② 抛物线趋势（Parabola Trend）。抛物线趋势模型又称二次曲线模型，它的趋势方程为：

$y_t = a + bt + ct^2$

式中，a,b,c 为三个待估参数，采用最小二乘法得到如下标准方程：

$$\begin{cases} \sum y = na + b\sum t + c\sum t^2 \\ \sum ty = a\sum t + b\sum t^2 + c\sum t^3 \\ \sum t^2 y = a\sum t^2 + b\sum t^3 + c\sum t^4 \end{cases}$$

解上述方程组，可得 a,b,c 的值。

③ 指数曲线趋势。如果时间数列的环比发展速度大致相等，则可拟合指数曲线。指数曲线的趋势方程为：

$y = ab^t$

对上述方程两边取对数,可使方程线性化,即:

$\lg y = \lg a + t\lg b$

令 $Y = \lg y, A = \lg a, B = \lg b$,得:

$Y = A + Bt$

同样采用最小二乘法,得到如下的标准方程:

$$\begin{cases} \sum Y = nA + B\sum t & (5.4.4) \\ \sum tY = A\sum t + B\sum t^2 & (5.4.5) \end{cases}$$

仍然使时间数列的 $\sum t = 0$,解出 A 和 B。

$$A = \frac{\sum Y}{n}, \ B = \frac{\sum tY}{\sum t^2} \quad (5.4.6)$$

由 A, B 再求反对数得到 a, b,从而给出趋势方程。

三、季节变动的测定

季节变动是由于受自然和社会因素的影响,使现象随季节变化而呈现出周期性变动,冷饮、毛线等时令商品的销售量,瓜果、禽蛋的生产量均存在一定的季节变动。测定和分析季节变动的主要目的在于把握季节变动的规律,从而合理地组织生产、销售等各项经济活动;同时可以将测定出的季节变动从时间数列中剔除,更好地研究长期趋势和循环变动;还可以利用季节变动的规律,配合长期趋势,更科学地进行经济预测。测定季节变动的常用方法有:同期平均法和移动平均趋势剔除法。

(一) 同期平均法

当时间数列的长期趋势不存在或不明显时,可采用同期平均法。同期(月,季)平均法测定季节变动的一般步骤如下:

(1) 计算若干年内同月(季)平均数。

(2) 计算总的月(季)平均数。

(3) 用同期平均数除以总平均数,得出季节比率。

(4) 计算出的季节比率之和应该等于12或4,但实际上由于计算过程的舍入误差,往往季节比率之和与理论值不相等,需要进行调整,即用调整系数乘以各季节比率,调整系数的计算公式如下:

$$调整系数 = \frac{12(4)}{各月(季)季节比率之和} \quad (5.4.7)$$

例5.13:下面以某商场毛线销售量为例,说明同期平均法。

表 5.12　　毛线销售量(千克)的季节比率计算表

年度	1季度	2季度	3季度	4季度	合计
2011	950	590	320	860	2720
2012	1020	610	360	880	2870
2013	1050	650	380	910	2990
合计	3020	1850	1060	2650	8580
季平均	1006.67	616.67	353.33	833.33	715
季节比率	1.4079	0.8625	0.4942	1.2354	4

第一步:计算三年同季度平均数

$$第1季度平均数 = \frac{950 + 1020 + 1050}{3} = 1006.67(千克)$$

其他季度平均数以此类推。

第二步:计算总季度平均数

$$总季度平均数 = \frac{2720 + 2870 + 2990}{12} = 715(千克)$$

第三步:计算各季度的季节比率

$$第1季度季节比率 = \frac{1006.67}{715} = 1.4079$$

其他季度的季节比率计算以此类推。

第四步:判断是否需要调整季度比率

$\because 1.4079 + 0.8625 + 0.4942 + 1.2354 = 4$

$\therefore$ 不需要再调整季度比率。

根据该商场三年毛线销售量的季度资料计算出季节比率见上表。由于四个季节比率之和正好等于4,所以无须进行调整。计算结果表明:第一季度的季节比率最高(旺季),其次是第四季度,第三季度的季节比率最低(淡季)。

在分析季节变动时,要注意季节比率大于1或小于1均表示有季节变动,当大于1或小于1的程度较大时,说明现象分别处于旺季或淡季。

(二)移动平均趋势剔除法

当时间数列存在明显的长期趋势时,需要先剔除长期趋势的影响,然后再计算季节比率,其步骤为:

(1)对时间数列计算移动平均数,作为时间数列的长期趋势值。

(2)用时间数列的原有指标值除以对应的长期趋势值,得到剔除长期趋势后的新时间数列。

(3)对该新数列实施同期平均法的各步骤。

例 5. 14:2010—2013 年某商场棉毛衫销售量的季度资料如表 5. 13 所示。

表 5. 13　　2010—2013 年棉毛衫销售量

年份＼季度	1	2	3	4
2010	830	280	400	1000
2011	980	350	470	1100
2012	1070	410	550	1290
2013	1200	560	710	1420

由表 5. 13 可知,棉毛衫销售量除了具有明显的季节变动外,各季度都存在较强的长期趋势,所以采用移动平均趋势剔除法,计算结果如表 5. 14 所示。

表 5. 14　　棉毛衫销售量的季节变动计算表(1)

年份	销售量(y)	四项移动平均数	长期趋势值(T)	新数列(y/T)
2010	830			
	280	627.5		
	400	665.0	646.25	0.6190
	1000	682.5	673.75	1.4842
2011	980	700.0	691.25	1.4177
	350	725.0	715.50	0.4912
	470	747.5	736.25	0.6384
	1100	762.5	755.00	1.4570
2012	1070	782.5	772.50	1.3851
	410	830.0	806.25	0.5085
	550	862.5	846.25	0.6499
	1290	900.0	881.25	1.4638
2013	1200	940.0	920.00	1.3043
	560	972.5	956.25	0.5856
	710			
	1420			

对新数列按同期平均法重新排列计算,见表 5. 15。

表 5.15　　棉毛衫销售量的季节变动计算表(2)

年份	1 季度	2 季度	3 季度	4 季度	合计
2010	-	-	0.6190	1.4842	-
2011	1.4177	0.4912	0.6384	1.4570	-
2012	1.3851	0.5085	0.6499	1.4638	-
2013	1.3043	0.5856	-	-	-
季节比率	1.3690	0.5284	0.6358	1.4683	4.0015
调整季节比率	1.3685	0.5282	0.6356	1.4677	4

$$调整系数 = \frac{4}{4.0015} = 0.9996$$

由此可见,棉毛衫销售量的旺季在第四季度,第一季度次之,淡季在第二季度,第三季度的业务也比较清淡。

练习与思考

一、单项选择题

1. 构成时间数列的两个基本要素是(　　)。

A. 主词和宾词　　B. 变量和次数

C. 时间和指标数值　　D. 时间和次数

2. 最基本的时间数列是(　　)。

A. 时点数列　　B. 绝对数数列

C. 相对数数列　　D. 平均数数列

3. 时间数列中,各项指标数值可以相加的是(　　)。

A. 相对数数列　　B. 时期数列

C. 平均数数列　　D. 时点数列

4. 时间数列中的发展水平(　　)。

A. 只能是总量指标　　B. 只能是相对指标

C. 只能是平均指标　　D. 上述三种指标均可以

5. 对时间数列进行动态分析的基础指标是(　　)。

A. 发展水平　　B. 平均发展水平

C. 发展速度　　D. 平均发展速度

6. 由间断时点数列计算序时平均数,其假定条件是研究现象在相邻两个时点之间的变动为(　　)。

A. 连续的　　B. 间断的

C. 稳定的　　D. 均匀的

7. 以1987年为基期,2013年为报告期,计算某现象的平均发展速度应开(　　)。

A. 27次方　　B. 26次方

C. 25次方　　D. 24次方

8. 如果逐期增长量相等,则环比增长速度(　　)。

A. 逐年下降　　B. 逐年增长

C. 逐年保持不变　　D. 无法做结论

9. 如果时间数列逐期增长量大体相等,则宜配合(　　)。

A. 直线模型　　B. 抛物线模型

C. 曲线模型　　D. 指数曲线模型

10. 某商场5年的销售收入如下:200万元、220万元、250万元、300万元、320万元。则平均增长量为(　　)。

A. $\frac{120}{5}$　　B. $\frac{120}{4}$

C. $\sqrt[5]{\frac{320}{200}}$　　D. $\sqrt[4]{\frac{320}{200}}$

二、多项选择题

1. 时间数列的水平指标有(　　)。

A. 发展速度　　B. 发展水平

C. 平均发展水平　　D. 增长量

E. 平均增长量

2. 以下社会经济现象属于时期数列的有(　　)。

A. 某企业"十二五"计划期间产值

B. 某农场"十二五"计划期间生猪存栏数

C. 某商场"十二五"计划期间利润额

D. 某学校"十二五"期间毕业生人数

E. 某部队"十二五"期间各年战士数

3. 影响时间数列的因素主要有(　　)。

A. 长期趋势　　B. 季节变动

C. 循环变动　　D. 不规则变动

E. 规则变动

4. 下列属于序时平均数的有(　　)。

A. 一季度平均每月的职工人数

B. 产品产量某年各月的平均增长量

C. 某企业职工第四季度人均产值

D. 某商场职工月人均销售额

E. 某地区近几年出口贸易额平均增长速度

5. 用最小二乘法配合一条理想的趋势线,要求满足的条件是(　　)。

A. $\sum(y-y_t)=0$　　B. $\sum(y-y_t)^2=$最小值

C. $\sum(y-y_t)^2>0$　　D. $\sum(y-y_t)=$最小值

E. $\sum(y-y_t)^2=0$

三、判断题

1. 某高校历年招生人数数列是时期数列。

2. 若各期的增长量相等,则各期的增长速度也相等。

3. 若季节指数为1,说明没有季节变动。

4. 发展水平只能用绝对数表示。

5. 若平均发展速度大于100%,则环比发展速度也大于100%。

6. 在同一时间数列中,累计增长量等于相应时期逐期增长量之差。

7. 定基增长速度等于相应环比增长速度的连乘积。

8. 按几何平均法计算平均发展速度,其最末水平的理论值与实际值相等。

9. 如果进行12项移动平均,移动后得到的新数列与原数列相比,首尾各少6项。

10. 按12个月计算的季节比率,其和应该等于12。

四、简答题

1. 什么是时间数列? 编制时间数列的原则是什么?

2. 简述序时平均数与一般平均数的异同。

3. 比较平均发展速度的两种不同计算方法的侧重点。

4. 影响时间数列的主要因素有哪些?

5. 什么是长期趋势? 测定长期趋势的方法有哪几种?

五、计算题

1. 某商场历年销售额资料如下:

年度		2008	2009	2010	2011	2012	2013
发展水平(万元)							
增长量(万元)	累计			106.2			
	逐期		63.72				
发展速度(%)	定基						
	环比					136.0	
增长速度(%)	定基				45.2		
	环比						3.2
增长1%的绝对值(万元)			2.85				

试根据上述资料,计算有关的分析指标。

2. 某企业2013年1~4月商品销售额和职工人数资料如下:

月份	1	2	3	4
商品销售额(万元)	90	124	143	192
月初职工人数(人)	58	60	64	66

根据上述资料计算第一季度月的平均劳动生产率。

3. 某地区2010年底人口数为3000万人,假定以后每年以9‰的增长率增长;又假定该地区2010年粮食产量为110亿千克,要求2015年平均每人粮食达到425千克。试计算:2015年的粮食产量应该达到多少千克?粮食产量每年平均增长速度如何?

4. 某地区2009—2013年水稻产量资料如下:

年份	2009	2010	2011	2012	2013
水稻产量(万吨)	320	332	340	356	380

试建立直线趋势方程,并预测2015年的水稻产量。

第六章

统计指数

[教学目的与要求]：

1. 理解指数的概念、作用及种类；
2. 熟练掌握综合指数、平均数指数的编制原则及方法；
3. 熟练掌握指数体系与因素分析的方法并能运用；
4. 理解可变构成指数的编制与因素分析。

指数(Index),是研究社会经济现象差异及变动程度的统计相对数。指数分析方法是最重要的统计分析方法之一,是社会经济统计中历史最悠久、运用最广泛、同社会经济生活联系最密切的一类指标。指数起源于欧洲物价波动的研究,距今有三百多年的历史。现在指数已被广泛运用于社会经济生活的方方面面,一些重要的指数已成为考察社会经济发展状况的晴雨表。

第一节　统计指数的概念和分类

一、指数的概念、性质和作用

(一)指数的概念

为了阐明指数的概念,我们把所研究的现象总体分为简单现象总体和复杂现象总体。如在表 6.1 中,考察某市场各摊位小麦销售量的变动状况,用报告期的产量与基期产量相比,用$\frac{q_1}{q_0}$表示。如甲摊位的小麦销售量七月份是六月份 133.33%,表示甲摊位小麦销售量七月份比六月份增加了 33.33%。而要考察整个市场小麦销售量总的变动状况,直接用$\frac{\sum q_1}{\sum q_0}=\frac{1480}{1150}=128.70\%$,表示四个摊位小麦的销售量总体上升了 28.70%。这种由单一事物构成的总体,即在数量上可直接加总的事物所构成的总体,称为简单现象总体(Simple Phenomenon Population)。

表 6.1　　某市场各摊位的小麦销售量

摊位	小麦销售量(千克)		$\frac{q_1}{q_0}$(%)
	六月(q_0)	七月(q_1)	
甲	300	400	133.33
乙	350	550	157.14
丙	200	250	125.00
丁	300	280	93.33
合计	1150	1480	128.70

但是在表 6.2 中,考察的不是某一种单一商品的销售量变动状况,而是要考察整个市场所有商品销售量的总变动状况,此时不能简单地用$\frac{\sum q_1}{\sum q_0}$。因为该市场各商品的计量单位不一样,使用价值不一样,不能直接简单地加总对比。这种在数量上不能直接相加或不

能直接对比的事物所形成的总体，称为复杂现象总体(Complicated Phenomenon Population)。

表 6.2　　某市场商品销售量及销售价格资料

商品	计量单位	销售量(千克)			价格(元)		
		六月	七月	$\frac{q_1}{q_0}$(%)	六月	七月	$\frac{p_1}{p_0}$(%)
甲	千克	650	950	146.15	10	10	100.00
乙	台	1000	1000	100.00	0.5	0.8	160.00
丙	米	200	300	150.00	11	12	109.09
丁	吨	210	200	95.24	18	20	111.11

统计指数有广义和狭义之分。

广义的指数(Generalized Index)泛指一切说明现象数量变动或差异程度的相对数。上面简单现象总体的数量变动属于广义指数,即一般的动态相对数。因此,前面所学的结构相对数、比例相对数、比较相对数、计划完成相对数、强度相对数、动态相对数等都属于广义指数。

狭义的指数(Index in Narrow Sense),只是相对数中的特殊部分,是特指不能直接加总的复杂现象总体的综合变动程度的相对数。如 2013 年全国居民消费价格指数为 102.6%,即消费价格比 2012 年增长了 2.6%,它反映 2013 年全部消费品及服务价格综合变动的程度。又如,多种产品的成本指数和不同商品的销售量指数,都是反映所研究现象综合变动情况的相对数,都属于狭义指数范畴。

本章主要研究的是狭义指数。

（二）指数的性质

根据狭义指数的概念,可知指数具有以下性质:

(1) 综合性。狭义指数不是反映一种事物的变动,而是综合反映多种事物所构成的复杂总体的变动,因此是一种综合性的指数。如,消费品价格指数是综合反映所有消费品和服务价格的变动,而不是某一种消费品价格的变动。

(2) 平均性。统计指数所表示的综合变动是多种事物平均意义上的变动,其数值是各个事物变动的一般程度的代表值。如表 6.2 中,甲、乙、丙、丁四种商品价格报告期较基期有不同程度的变化,我们所计算的该市场销售商品价格总指数 105.92%,则它所反映的是这四种商品价格七月份平均较六月份上涨了 5.92%,而不是某一种商品的价格变动。

（三）指数的作用

(1) 综合反映复杂社会经济现象总体的变动方向和程度。无论哪种指数,计算的结果一般都用百分数表示,这个百分数大于 100% 或小于 100%,则表示上升或下降的方向;而比 100% 大多少或小多少,则表示升降的程度。不仅如此,用指数的子项减母项,还可以计算差异的绝对值变动情况。

(2) 分析多因素影响现象的总变动中,各个影响因素的影响大小和方向。现象总体的数量变动,往往是两个或两个以上影响因素共同作用的结果。比如销售额由销售量和销售价格构成,销售额的变动就是销售量变动和销售价格变动共同作用的结果。我们可以从相对数和绝对数两个方面分析销售量和销售价格变动对销售额的影响程度和影响方向。

(3) 测定研究现象在长时间内的发展变化趋势。利用连续编制的指数动态数列,可以分析社会经济现象长时间的发展变化趋势。

二、指数的分类

(一) 按指数考察的范围不同,分为个体指数与总指数

个体指数(Individual Index)是反映单项事物变动的相对数,如表6.1反映甲、乙、丙、丁四个摊位小麦销售量指数$\frac{q_1}{q_0}$,就是个体指数。常见的有某种商品的价格指数、某产品的成本指数等。

总指数(General Index)是综合反映复杂现象总体数量变动的相对数,即前面提到的狭义指数。如零售物价总指数、农副产品批发价格指数、上证180指数、工业产品产量指数等。

另外,还有介于个体指数与总指数之间的指数,称为组指数或类指数。实际上,它也可以被看成是较小范围的一种总指数,是说明总体中某一组或某一类现象的变动方向和程度的相对数。

(二) 按指数化指标的性质不同分为数量指标指数和质量指标指数

将计算指数的指标定义为指数化指标。有数量指标指数和质量指标指数。

数量指标指数(Quantitative Index)是说明数量指标变动程度的相对数,如产品产量指数、商品销售量指数、职工人数指数等;质量指标指数(Qualitative Index)是说明总体内涵数量变动情况的指数,即反映质量指标变动程度的相对数。如商品价格指数、产品单位成本指数、工资水平指数等。

(三) 按总指数的编制方法不同分为综合指数、平均数指数、平均指标对比指数

综合指数(Composite Index)是在确定了同度量因素后,通过两个有联系的综合指标对比计算的总指数。

平均数指数(Average Index)是从个体指数出发,对个体指数运用加权平均的方法计算出来的指数,常常作为综合指数的变形而使用。常见的有加权算术平均数指数和加权调和平均数指数。

综合指数和平均数指数是计算总指数的两种形式,其编制方法和运用将在以下章节

中详细介绍。

平均指标对比指数是通过两个加权算术平均指标对比计算的指数，也称为可变构成指数。

这三类指数既有区别，又有联系，各适用于指数计算的不同情况。

（四）按选择的基期不同分为定基指数和环比指数

指数往往随时间的推移而编制，从而形成了在时间上前后衔接的指数数列。定基指数(Fixed Base Index)是指在指数数列中，以某一固定时期的水平作为对比基期的指数。环比指数(Chain Index)是在指数数列中，以前一时期的水平作为对比基期的指数。

第二节　综合指数

综合指数是总指数的基本形式。它是将不能直接相加或对比的复杂现象，通过同度量因素的引入过渡到能够相加的价值量指标，再将两个不同时期的价值量综合指标对比计算指数的一种方法。

一、综合指数编制的关键问题

（一）确定指数化因素

指数化因素(Factor of Indexation)是指需要通过指数的编制来反映其变化程度的那个因素，如物量指数的销售量。与指数化因素相对应的另一个概念是同度量因素，同度量因素是将原来不能同度量的指数化因素转变为能同度量的那个媒介因素。例如，在编制销售量总指数时，需要引入销售价格，用不同商品销售量乘以各自对应的销售价格，把不能同度量的销售量转化为可以同度量的销售额后，就可以直接相加了，这里销售价格就是同度量因素。

通常将指数化因素是数量指标的指数称为数量指标指数；指数化因素是质量指标的指数称为质量指标指数。

（二）确定同度量因素

编制综合指数，首先必须解决不同事物数量的不同度量问题，设法找到一个媒介因素即同度量因素，才能解决复杂现象总体的指数化指标不能直接加总的问题。同度量因素有两个作用：一是“同度量”作用，二是对指数化因素的“加权”作用。如编制商品零售价格总指数时，需要以商品销售量为同度量因素，由于销售量高的商品其销售额也高，相应地对总指数的影响就大，因此，同度量因素也被称为“权数”；而在编制销售量指数时，销售量是指数化因素，单位商品销售价格是同度量因素。

(三) 确定同度量因素的时期

确定同度量因素的时期是指数编制的又一重要问题,应从实际情况出发,根据编制指数的具体目的、任务和研究对象的经济内容来确定。

根据同度量因素的时期选择不同,综合指数有不同的计算公式,国际上通用的是拉氏指数和帕氏指数。

拉氏指数是德国统计学家拉斯佩尔(Laspeyres,1834—1913) 于 1864 年提出的一种指数计算方法,它在计算综合指数时将同度量因素固定在基期,如计算价格综合指数时,以基期的数量(如产量或销售量) 为同度量因素;反之,在计算数量指标综合指数时,也以基期质量指标(如价格) 作为同度量因素。具体公式为:

质量指标综合指数:$$\bar{k}_p = \frac{\sum p_1 q_0}{\sum p_0 q_0} \tag{6.2.1}$$

数量指标综合指数:$$\bar{k}_q = \frac{\sum q_1 p_0}{\sum q_0 p_0} \tag{6.2.2}$$

式中:$\bar{k}$ 代表综合指数;q 代表数量指标(如销售量);p 代表质量指标(如价格);1 代表报告期;0 代表基期。

拉氏指数是将同度量因素固定在基期水平上,故又称为“基期加权综合指数”。拉氏指数可以消除权数变动对指数的影响,从而使不同时期的指数具有可比性。实际运用中常用拉氏公式来计算数量指标(如产量或销售量) 综合指数。

帕氏指数是 1874 年德国另一位经济学家哈曼 · 派许(Herman Paasche,1851—1925) 提出的一种计算指数的方法,它在计算综合指数时,将同度量因素固定在报告期。如计算价格综合指数时,以报告期的数量指标(如产量或销售量) 作为同度量因素;反之,在计算数量指标综合指数时,也以报告期质量指标(如价格) 作为同度量因素。具体公式为:

质量指标综合指数:$$\bar{k}_p = \frac{\sum p_1 q_1}{\sum p_0 q_1} \tag{6.2.3}$$

数量指标综合指数:$$\bar{k}_q = \frac{\sum q_1 p_1}{\sum q_0 q_1} \tag{6.2.4}$$

帕氏指数将同度量因素固定在报告期水平,故又称为“报告期加权综合指数”。帕氏指数不能消除权数变动对指数的影响,因而不同时期的指数缺乏可比性。但帕氏指数可以反映质量指标(如商品价格) 和数量指标(如销售量) 的同时变动,具有较明显的经济意义。实际运用中常用帕氏公式来计算价格、成本等质量指标综合指数。

在我国指数编制理论和实践中,遵循的一般原则是:数量指标指数用拉氏公式,即以基期质量指标为同度量因素;质量指标指数用帕氏公式,即以报告期数量指标作为同度量因素。

二、综合指数的编制方法

(一) 数量指标指数的编制

数量指标指数是反映现象总体规模或水平变动情况的指数。如:工业产品产量指数、商品销售量指数、职工人数指数等。现以例 6.1 为例,来说明数量指标指数的编制原理和方法。

例 6.1:某商业企业经营三种商品,有关资料如表 6.3 所示。试根据表中数据编制销售量总指数。

表 6.3　　某企业商品销售量和价格资料

商品名称	计量单位	销售量		价格		销售量个体指数 $\frac{q_1}{q_0}$	销售价格个体指数 $\frac{p_1}{p_0}$
		基期 q_0	报告期 q_1	基期 p_0	报告期 p_1		
甲	件	200	300	0.8	0.8	1.50	1.00
乙	套	600	450	0.2	0.3	0.75	1.50
丙	台	500	600	0.7	0.5	1.20	0.71

根据表中数据可知,三种商品的销售量有增有减,要反映每一种商品销售量的变动,可以通过计算个体指数说明。以 k_q 表示个体物量指数,q_1 和 q_0 分别表示报告期和基期的销售量,则三种商品的个体销售量指数分别为:

甲商品的个体销售量指数 $k_q = \frac{q_1}{q_0} = \frac{300}{200} = 150\%$;

乙商品的个体销售量指数 $k_q = \frac{q_1}{q_0} = \frac{450}{600} = 75\%$;

丙商品的个体销售量指数 $k_q = \frac{q_1}{q_0} = \frac{600}{500} = 120\%$。

这些个体指数只能说明,甲、乙、丙三种商品的销售量报告期比基期分别增加了 50%、减少了 25% 和增加了 20%。三种商品销售量的增减变化方向和程度不同。若要概括说明三种商品销售量的综合变动,就要编制销售量总指数。

销售量总指数的编制:

1. 引入同度量因素

三种商品品种不一样,计量单位不同,所以这三种商品销售量不能直接相加得到销售总量,而价值量是可以相加的,需要引入同度量因素销售价格,将不能直接相加的销售量过渡到能相加的销售额价值量。因销售量 × 价格 = 销售额,从联系中可以看出价格起到了媒介的作用,可以作为同度量因素引入。这里指数化指标是销售量,即销售量为指数化因素；销售价格为同度量因素。

2. 对比两个时期的销售额

销售量总指数 $\bar{k}_q = \dfrac{\sum q_1 p}{\sum q_0 p}$

式中：$\bar{k}_q$ 为销售量总指数，p 为销售价格，q 为销售量。

该公式为计算数量指标综合指数的一般计算公式，在分子与分母的对比中，只反映了数量指标（即销售量）一个因素的变化，所以对比的结果说明了销售量综合变动的方向和程度。

3. 确定同度量因素的时期

编制数量指标指数一般将同度量因素固定在基期，即计算拉氏数量指数。其计算公式应该为：

$$\bar{k}_q = \frac{\sum q_1 p_0}{\sum q_0 p_0} \qquad (6.2.2)$$

销售量指数的编制原理和方法同样适用于其他数量指标总指数的编制，如产量总指数、职工人数总指数等。

根据公式6.2.2和表6.3的有关资料，计算 $\sum q_1 p_0$，$\sum q_1 p_0$ 是以报告期销售量乘以基期价格计算的假定销售额；$\sum p_0 q_0$ 是基期实际销售额。是借助于同度量因素价格计算的销售额综合指标，具体计算如表6.4所示：

表6.4　　**商品销售综合指数计算表**

商品名称	计量单位	销售量 q		价格（万元）p		销售额（万元）			
		q_0	q_1	p_0	p_1	基期 q_0p_0	报告期 q_1p_1	假定期 q_1p_0	假定期 q_0p_1
甲	件	200	300	0.8	0.8	160	240	240	160
乙	套	600	450	0.2	0.3	120	135	90	180
丙	台	500	600	0.7	0.5	350	300	420	250
合计	—	—	—	—	—	630	675	750	590

将表中数据带入公式6.2.2计算企业的销售量总指数为：

$$\bar{k}_q = \frac{\sum q_1 p_0}{\sum q_0 p_0} = \frac{750}{630} = 119.05\%$$

计算结果表明：① 三种产品销售量报告期比基期平均增加了19.05%；② 由于销售量增加了19.05%使企业销售额报告期较基期增加了19.05%；③ 分子与分母相减的差额说

明由于销售量的变动对销售额绝对值的影响。

本例中公式分子与分母分别是三种产品假定期和基期的销售额,其差额为:

$$\sum q_1p_0 - \sum q_0p_0 = 750 - 630 = 120(\text{万元})$$

说明由于三种商品销售量平均增加 19.05%,使总销售额增加了 120 万元。这是假定价格不变的情况下纯粹由销售量的变动所带来的。这样的销售量综合指数反映了销售量的变动及其对销售额的影响程度。

(二) 质量指标指数的编制

质量指标综合指数是反映质量指标综合变动情况的相对数。价格指数是最常见的质量指标指数。仍以表 6.3 的资料为例,来说明质量指标指数的编制原理和方法。

例 6.2:根据表 6.4 的资料,编制企业的销售价格总指数。

根据表 6.4 的数据资料,同样可以计算三种商品销售价格的个体指数:

甲商品销售价格的个体指数 $k_p = \dfrac{p_1}{p_0} = \dfrac{0.8}{0.8} = 100\%$

乙商品销售价格的个体指数 $k_p = \dfrac{p_1}{p_0} = \dfrac{0.3}{0.2} = 150\%$

丙商品销售价格的个体指数 $k_p = \dfrac{p_1}{p_0} = \dfrac{0.5}{0.7} = 71.43\%$

计算结果表明,甲、乙、丙三种商品的销售价格报告期比基期分别增加了 0%、50% 和 -28.57%。三种商品销售价格的增减变化方向和程度不同。若要概括说明三种商品销售价格的综合变动,就必须编制销售价格总指数。

销售价格总指数的编制:

1. 引入同度量因素

将不能直接相加的商品价格分别乘以相应的销售量得到销售额,就过渡到能够相加的销售额价值量。从销售量 × 销售价格 = 销售额的联系中可以看出,销售量起了媒介作用,所以,同度量因素是销售量,销售价格是指数化因素。

2. 对比两个时期的销售额

销售价格总指数 $\bar{k}_p = \dfrac{\sum p_1q}{\sum p_0q}$

式中:$\bar{k}_p$ 为销售价格总指数,p 为销售价格,q 为销售量。

该公式为计算质量指标综合指数的一般计算公式,在分子与分母的对比中,只反映了质量指标(如销售价格)一个因素的变化,所以对比的结果说明了质量指标(此处为销售价格)综合变动的方向和程度。

3. 确定同度量因素的时期

编制质量指标指数一般将同度量因素固定在报告期,即计算帕氏指数,其计算公

式为:

$$\bar{k}_p = \frac{\sum p_1 q_1}{\sum p_0 q_1} \tag{6.2.3}$$

销售价格指数的编制原理和方法同样适用于其他质量指标总指数的编制,如单位成本总指数等。

根据公式6.2.3和表6.4的有关资料,先计算 $\sum p_1 q_1$ 和 $\sum p_0 q_1$, $\sum p_1 q_1$ 和 $\sum p_0 q_1$,分别是报告期实际销售额和假定报告期销售量乘以基期价格计算的假定销售额。数据代入公式 6.2.3 得企业的销售价格总指数为:

$$\bar{k}_p = \frac{\sum q_1 p_1}{\sum q_1 p_0} = \frac{675}{750} = 90\%$$

计算结果表明:① 三种产品销售价格报告期比基期平均下降了 10%;② 或者说由于销售价格的降低使企业销售额减少了 10%; ③ 分子与分母相减的差额,说明由于销售价格的变动对销售额绝对值的影响。

本例中分子与分母分别是三种产品报告期的销售额与假定期销售额,其差为:

$$\sum q_1 p_1 - \sum q_1 p_0 = 675 - 750 = -75\text{(万元)}$$

说明由于三种商品的销售价格平均下降 10%,使企业销售总额减少了 75 万元;而对消费者来说,是在维持报告期消费水平的情况下,由于价格下降而减少支出 75 万元。这是假定销售量已经发生变化的情况下,按照报告期的销售量进行计算的。也就是说,减少的销售额里面,除了价格下降所带来的变动影响之外,还隐含着销售量变动所带来的影响,实际带有双重因素的影响。在现实生活中,价格变动往往会引起人们消费行为的变化,故以报告期销售量为同度量因素计算的价格指数是很有现实经济意义的。

三、其他形式综合指数公式简介

在指数理论的发展与完善过程中,还先后产生了一些编制综合指数的其他计算方法,这些方法也影响着现代指数的编制。

(一) 马歇尔 — 埃奇沃斯指数

以基期和报告期水平的平均值为同度量因素,采用交叉加权的形式编制综合指数的计算方法称为马 — 埃公式。因为这个公式是 1887—1890 年英国经济学家马歇尔(Marshall, 1842—1924) 和埃奇沃斯(Edgeworth,1845—1926) 两人共同设计出来的。按此公式计算的指数值介于拉氏和帕氏指数之间。具体计算公式为:

$$\text{数量指标指数 } \bar{k}_q = \frac{\sum q_1 \frac{p_0 + p_1}{2}}{\sum q_0 \frac{p_0 + p_1}{2}} \tag{6.2.5}$$

$$质量指标指数\ \bar{k}_p = \frac{\sum p_1 \frac{q_0 + q_1}{2}}{\sum p_0 \frac{q_0 + q_1}{2}} \tag{6.2.6}$$

马—埃公式虽然从形式上采用了不偏不倚的做法，但却失去了拉氏和帕氏公式的经济意义。

（二）理想指数（费雪指数）

1911 年由美国统计学家费雪（Fisher，1867—1974）提出的一种计算综合指数的方法，采用交叉计算公式，实际上是拉氏指数和帕氏指数的几何平均数。具体计算公式如下：

$$数量指标指数\ \bar{k}_q = \sqrt{\frac{\sum q_1p_0}{\sum q_0p_0} \times \frac{\sum q_1p_1}{\sum q_0p_1}} \tag{6.2.7}$$

$$质量指标指数\ \bar{k}_p = \sqrt{\frac{\sum q_0p_1}{\sum q_0p_0} \times \frac{\sum q_1p_1}{\sum q_1p_0}} \tag{6.2.8}$$

由于该指数公式能通过他本人提出的对指数公式测验的重要要求，故自称为理想公式。该公式同马—埃公式一样，虽然“不偏不移”，但同样缺乏明确的经济意义，而且所用资料更多，计算比较繁杂，目前只有购买力平价指数是采用的这种计算方法。

（三）不变价格指数

为了研究长期数量变动，把同度量因素（主要指价格）固定在某一规定时期。计算公式为：

$$\bar{k}_q = \frac{\sum q_1p_n}{\sum q_0p_n} \tag{6.2.9}$$

其中，p_n 为不变价格。

上述计算综合指数的公式都各有其特点和对应的适用条件，如马—埃指数公式虽经济意义不很明确，但在进行不同地区的价格比较时，不失为一种较好的计算方法。

总之，社会经济现象复杂多变，任何一种指数计算公式都不可能完全地满足各种需要，从而要求在实际运用中注意根据具体研究对象和条件选用恰当的指数计算公式。

第三节　平均数指数

一、平均数指数的概念和种类

平均数指数是个体指数的加权平均数。由于综合指数的编制对数据资料要求较高，需要不断地收集和更新指数化因素和同度量因素，即要知道基期的价值总量 $\sum p_0q_0$，报告期的价值总量 $\sum q_1p_1$，还要掌握假定的价值总量 $\sum q_1p_0$ 或 $\sum q_0p_1$。但在实际中，$\sum q_1p_0$ 或 $\sum q_0p_1$ 往往难于收集，这就为实际运用带来了困难。因此，实际工作中编制总指数往往采用另一种形式 —— 平均数指数。平均数指数编制遵循“先对比，后平均”的原则，首先从个体指数出发，运用加权算术平均法或加权调和平均法对个体指数进行平均。

二、平均数指数的编制方法

平均数指数按指数化指标的性质和平均方法不同，分为加权算术平均数指数和加权调和平均数指数两种。

（一）加权算术平均数指数

加权算术平均数指数（Weighted Arithmetic Average Index）是对个体指数采用加权算术平均的方法计算的总指数。

加权算术平均指数的计算步骤如下：

（1）计算个体指数。将报告期的数量指标除以基期的数量指标，求得个体数量指数 $k_q=\frac{q_1}{q_0}$；或将报告期的质量指标除以基期的质量指标，得到个体质量指数 $k_p=\frac{p_1}{p_0}$。

（2）取得价值总量 qp 的资料，其中以基期价值总量（q_0p_0）最为常用。

（3）以个体指数为变量$\left(\frac{q_1}{q_0}\text{或}\frac{p_1}{p_0}\Rightarrow x\right)$，基期价值总量为权数（$q_0p_0\Rightarrow f$），以加权算术平均的形式$\left(\bar{x}=\frac{\sum xf}{\sum f}\right)$求得总指数。

加权算术平均数的计算公式为：

$$\text{数量指标指数：}\bar{k}_q=\frac{\sum k_qq_0p_0}{\sum q_0p_0} \tag{6.3.1}$$

式中：$k_q=\frac{q_1}{q_0}$

$$\text{质量指标指数：}\bar{k}_p=\frac{\sum k_pq_0p_0}{\sum q_0p_0} \tag{6.3.2}$$

式中：$k_p=\frac{p_1}{p_0}$

根据综合指数编制原则，一般选择加权算术平均数指数编制数量指标指数，即：

$$k_q = \frac{\sum q_1 p_0}{\sum q_0 p_0} = \frac{\sum \frac{q_1}{q_0} q_0 p_0}{\sum q_0 p_0}$$

例 6.3:仍以表 6.3 资料为例,将某商业企业销售量和销售额资料列于表 6.5,试计算该商业企业的销售量指数及由于销售量变化而变化的销售额。

表 6.5　　某商业企业销售量和销售额资料

产品	销售额(万元)		报告期比基期销售量增长(%)	销售量个体指数(%)
	基期 q_0p_0	报告期 q_1p_1		$k_q = q_1/q_0$
甲	160	240	50	150
乙	120	135	-25	75
丙	350	300	20	120

用 q、p 分别表示销售量和价格,根据数据资料计算:

$$\text{销售量总指数 } \bar{k}_q = \frac{\sum k_q q_0 p_0}{\sum q_0 p_0} = \frac{\sum \frac{q_1}{q_0} q_0 p_0}{\sum q_0 p_0}$$

$$= \frac{1.5 \times 160 + 0.75 \times 120 + 1.2 \times 350}{160 + 120 + 350} = \frac{750}{630}$$

$$= 119.05\%$$

由于销售量增加而增加的销售额:

$$\sum \frac{q_1}{q_0} q_0 p_0 - \sum q_0 p_0 = 750 - 630 = 120(\text{万元})$$

计算结果表明,三种商品销售量报告期比基期平均增加了 19.05%,由此而增加的销售额是 120 万元。

按加权算术平均数指数计算的结果与前面拉氏综合物量指数计算的结果完全相同。事实上,在资料完全相同的情况下,基期加权的算术平均指数恒等于拉氏综合物量指数,两者具有以下关系:

$$\bar{k}_q = \frac{\sum \frac{q_1}{q_0} q_0 p_0}{\sum q_0 p_0} = \frac{\sum q_1 p_0}{\sum q_0 p_0} \tag{6.3.3}$$

需要注意的是:作为一种独立指数形式的平均数指数,和综合指数的形式是不一样的。综合指数的计算通常采用全面资料,平均数指数常采用抽样调查的资料,它本身具有广泛的使用价值。如果公式 6.3.3 中采用报告期价值量为权数,计算结果就会不同。

(二)加权调和平均数指数

加权调和平均数指数(Weighted Harmonic Average Index)是对个体指数采用加权调和平均的方法计算的总指数。

加权调和平均数指数的编制步骤如下:

(1) 计算个体指数。将报告期的质量指标除以基期的质量指标，得到个体质量指数 $k_p = \frac{p_1}{p_0}$；或将报告期的数量指标除以基期的数量指标，求得个体数量指数 $k_q = \frac{q_1}{q_0}$。

(2) 取得价值总量 qp 的资料，通常以报告期价值总量 (q_1p_1) 最为常用。

(3) 以个体指数为变量 $\left(\frac{p_1}{p_0} 或 \frac{q_1}{q_0} \Rightarrow x\right)$，报告期价值总量为权数 $(q_1p_1 \Rightarrow m)$，以加权调和平均的形式 $\left(\bar{x} = \frac{\sum m}{\sum \frac{m}{x}}\right)$ 求得总指数。

加权调和平均指数的计算公式为：

质量指标指数：$$\bar{k}_p = \frac{\sum p_1q_1}{\sum \frac{p_1q_1}{k_p}} \tag{6.3.4}$$

其中，$k_p = \frac{p_1}{p_0}$

数量指标指数：$$\bar{k}_q = \frac{\sum p_1q_1}{\sum \frac{p_1q_1}{k_q}} \tag{6.3.5}$$

其中，$k_q = \frac{q_1}{q_0}$

根据综合指数编制原则，一般选择调和算术平均数指数编制质量指标指数，即：

$$k_p = \frac{\sum p_1q_1}{\sum p_0q_1} = \frac{\sum p_1q_1}{\sum \frac{p_1q_1}{\frac{p_1}{p_0}}}$$

例 6.4：仍以表 6.3 资料为例，将某商业企业销售价格和销售额资料列于表 6.6，试计算该商业企业销售价格指数及由于销售价格变动而增减的销售额。

表 6.6　　某商业企业销售价格和销售额资料

产品	销售额(万元)		报告期比基期价格增长(%)	销售价格个体指数(%)
	基期 q_0p_0	报告期 q_1p_1		$k_p = p_1/p_0$
甲	160	240	0	100.00
乙	120	135	50.00	150.00
丙	350	300	-28.57	71.43

据公式 6.3.4 计算：

销售价格指数：$\bar{k}_p = \dfrac{\sum q_1p_1}{\sum \dfrac{q_1p_1}{k_p}}$

其中，$k_p = \dfrac{p_1}{p_0}$，如表 6.6 的最后一列所示。

$$\bar{k}_p = \frac{240 + 135 + 300}{\dfrac{240}{1.00} + \dfrac{135}{1.50} + \dfrac{300}{0.7143}} = \frac{675}{750} = 90.00\%$$

由于销售价格下降而减少的销售额：

$$\sum q_1p_1 - \sum \frac{q_1p_1}{k_p} = 675 - 750 = -75(\text{万元})$$

计算结果表明，三种商品的价格报告期比基期平均下降了10%，由此而减少的销售额为75万元。按调和平均数指数计算的结果与帕氏综合质量指数的计算结果完全相同。事实上，在资料相同的情况下，报告期加权的调和平均数指数恒等于帕氏综合质量指数。二者的关系如下：

$$\text{质量指数}\ \bar{k}_p = \frac{\sum q_1p_1}{\sum \dfrac{q_1p_1}{\dfrac{p_1}{p_0}}} = \frac{\sum q_1p_1}{\sum \dfrac{p_0}{p_1}q_1p_1} = \frac{\sum q_1p_1}{\sum q_1p_0} \qquad (6.3.6)$$

公式中采用报告期价值总量为权数，其原因同综合物价指数采用报告期物量指标为权数是相同的，都是为了突出指数的经济意义。

第四节　指数体系与因素分析

一、指数体系及其作用

（一）指数体系的概念

指数体系（Index System）指几个指数之间在一定的经济联系基础上，所结成的较为严密的数量关系式。其表现形式为：一个总变动指数等于两个或两个以上因素指数的连乘积。例如：

销售额指数 = 销售量指数 × 销售价格指数。

总成本指数 = 产品产量指数 × 单位产品成本指数

增加值指数 = 员工人数指数 × 劳动生产率指数 × 增加值率指数

销售利润指数 = 销售量指数 × 销售价格指数 × 销售利润率指数

这些指数体系都是建立在有关指数化指标之间的经济联系基础之上的，因而它们具有非常明确的经济意义。

(二) 指数体系的作用

1. 利用指数体系可以进行指数之间的相互推算，即根据已知指数推算未知指数

例如，某生产企业总成本报告期比基期增加了 35%，而单位成本下降了 10%(单位成本指数 90%)，问产品产量如何变动？

上述例子就是要求通过指数体系进行有关的推算，这种推算首先要找到指数之间的关系式，然后就可以推算有关因素的变动。由于

总成本指数(135%) = 产品产量指数 × 单位产品成本指数(90%)，所以：

产品产量指数 $= \dfrac{135\%}{90\%} = 150\%$，即产品产量报告期比基期增加了 50%。

2. 利用指数体系，可以分析各个因素对现象总变动的影响方向和程度

如前例，总成本指数(135%) 即为现象总体变动指数，说明该生产企业报告期总成本较基期增加了 35%，其中由于产品产量的增加使产品总成本增加了(方向)50%(程度)；单位产品成本下降了 10%，使产品总成本下降了(方向)10%(程度)。以上是从相对数方面分析，当然也可以从绝对数上分析产量和单位产品成本对总成本的影响方向和影响程度。

二、指数体系的因素分析

指数体系的因素分析，就是利用指数体系，从绝对数和相对数两个方面分析现象的总变动中，受各影响因素变动的影响方向和影响程度。相对数分析，就是根据指数体系，从指数计算结果本身指出现象总体总量指标或平均指标的变动受各个影响因素的作用程度和结果。绝对数分析，就是通过指数体系中各个指数分子与分母之差，来分析现象总变动差额与各影响因素变动差额之间的因果关系。

(一) 因素分析的分析步骤

因素分析法(Factor Analysis Method) 是建立在现象之间的经济关系基础上，依据指数体系从相对数和绝对数两方面进行分析。具体分析步骤：

(1) 建立指数体系，即总变动指数等于各影响因素指数的连乘积；

(2) 计算被分析指标的总变动；

(3) 计算各影响因素变动的影响程度和绝对值；

(4) 影响因素的综合分析。总变动程度等于各因素变动影响程度的连乘积；总变动绝对值等于各因素变动的绝对值之和。

(二) 总量指标变动的因素分析

总量指标变动的因素分析按照影响因素的多少，分为两因素分析和多因素分析。

1. 总量指标的两因素分析

例 6.4:根据表 6.7 分析销售额变动中销售量和销售价格变动的影响程度。

表 6.7　某企业商品销售量和价格资料

商品名称	计量单位	销售量		价格(万元)	
		基期	报告期	基期	报告期
甲	件	200	300	0.8	0.8
乙	套	600	450	0.2	0.3
丙	台	500	600	0.7	0.5

(1) 建立指数体系。

销售额指数 = 销售量指数 × 销售价格指数

用符号表示为 $\bar{k}_{pq} = \bar{k}_q \times \bar{k}_p$,即相对数分析公式为:

$$\frac{\sum p_1q_1}{\sum p_0q_0} = \frac{\sum q_1p_0}{\sum q_0p_0} \times \frac{\sum p_1q_1}{\sum p_0q_1} \qquad (6.4.1)$$

绝对数分析公式为:

$$\sum p_1q_1 - \sum p_0q_0 = \left(\sum q_1p_0 - \sum q_0p_0\right) + \left(\sum p_1q_1 - \sum p_0q_1\right) \qquad (6.4.2)$$

(2) 销售额的总变动分析。

相对数分析:$\bar{k}_{pq} = \dfrac{\sum p_1q_1}{\sum p_0q_0} = \dfrac{675}{630} = 107.14\%$

绝对数分析:$\sum p_1q_1 - \sum p_0q_0 = 675 - 630 = 45$(万元)

计算结果表明,报告期与基期相比,销售额相对增长了 7.14%,绝对额增加了 45 万元。

(3) 各因素变动对销售额影响程度及影响的绝对额分析。

① 销售量变动的影响方向及影响程度分析:

相对数分析:$\bar{k}_q = \dfrac{\sum q_1p_0}{\sum q_0p_0} = \dfrac{750}{630} = 119.05\%$

绝对数分析:$\sum q_1p_0 - \sum q_0p_0 = 750 - 630 = 120$(万元)

计算结果表明,三种产品的销售量报告期比基期平均增加了 19.05%,由此而增加的销售额是 120 万元。

② 销售价格变动的影响方向和影响程度分析:

相对数分析:$\bar{k}_p = \dfrac{\sum q_1p_1}{\sum q_1p_0} = \dfrac{675}{750} = 90\%$

绝对数分析：$\sum q_1p_1 - \sum q_1p_0 = 675 - 750 = -75$（万元）

计算结果表明，三种产品销售价格报告期比基期平均下降了10%。由此而减少的销售额是75万元。

（4）综合分析。

相对数分析：$107.14\% = 119.05\% \times 90\%$

绝对数分析：$45 = 120 + (-75)$

即该商业企业的销售额报告期比基期增长7.14%，绝对值增加了45万元，其中，由于销售量增长了19.05%，使其销售额绝对增加了120万元；由于销售价格下降了10%，又使其销售额减少了75万元。

指数体系的两因素分析，建立指数体系是非常重要的，其指数体系的建立要遵循一定的原则。其一，从6.4.1式可见，总变动的两个影响因素指数，必须其中一个是数量指标指数，另一个是质量指标指数；其二，两个影响因素指数的排列顺序，一般是先数量指标指数，后质量指标指数；其三，两个影响因素指数不能同时是拉氏或同时是派氏指数，而必须其中一个是拉氏指数，另一个是帕氏指数，否则，指数体系关系就不存在，在例6.4中我们用拉氏销售量指数，而用帕氏价格指数。

2. 总量指标的多因素分析

在实际分析中，有些现象受三个或三个以上因素的影响。例如：

利税总额 = 销售量 × 销售价格 × 利税率

工业产品原材料支出额 = 产品产量 × 单位产品原材料消耗量 × 原材料价格

凡是影响因素在三个或三个以上时，运用指数体系进行因素分析，被称为多因素分析。多因素分析由于影响因素较多，在编制过程中比较复杂。因此编制时应注意以下问题：

（1）分析研究某个因素变量变化时，把其他因素固定下来。

（2）合理安排多个影响因素的排列顺序。对各影响因素排序一般是数量指标在前，质量指标在后；外延因素在前，内涵因素在后；基础因素在前，派生因素在后；任何两个相邻因素的乘积都应该有实际经济意义。

（3）分析某因素的变化时，其余的因素均作为同度量因素固定。一般情况，可按照综合指数的编制原则：当指数化指标是数量指标时，同度量因素的质量指标固定在基期；当指数化指标是质量指标时，同度量因素的数量指标固定在报告期。

例6.5：以某企业原材料消耗总额的资料如表6.8所示，试进行多因素的因素分析。

表 6.8　**某企业产品产量及原材料消耗资料**

产品种类	计量单位	产量		单位原材料消耗量		单位原材料价格(元)	
		基期 a_0	报告期 a_1	基期 b_0	报告期 b_1	基期 c_0	报告期 c_1
甲	吨	100	200	2.0	1.8	10.0	10.0
乙	千克	200	300	10.0	9.5	5.0	4.0
丙	件	500	600	4.0	5.0	30.0	26.0

原材料消耗总额 = 产量 × 单位产品原材料消耗量 × 单位产品原材料价格

所以:原材料消耗总额指数 = 产量指数 × 单位产品原材料消耗量指数 × 单位产品原材料价格指数

具体计算和分析步骤如下:

① 原材料消耗额的总变动:

$$\text{原材料消耗总额指数}=\frac{\sum a_1b_1c_1}{\sum a_0b_0c_0}$$

$$=\frac{200\times1.8\times10+300\times9.5\times4+600\times5\times26}{100\times2\times10+200\times10\times5+500\times4\times30}$$

$$=\frac{93\ 000}{72\ 000}=129.17\%$$

即原材料消耗总额报告期比基期相对增加了 29.17%。

绝对增加额 $=\sum a_1b_1c_1-\sum a_0b_0c_0=93\ 000-72\ 000=21\ 000$(元)

② 各影响因素的变动程度和对原材料消耗额的影响:

a. 产量对消耗额的影响。

$$\text{产量指数}=\frac{\sum a_1b_0c_0}{\sum a_0b_0c_0}=\frac{200\times2\times10+300\times10\times5+600\times4\times30}{100\times2\times10+200\times10\times5+500\times4\times30}$$

$$=\frac{91\ 000}{72\ 000}=126.39\%$$

报告期产量比基期增长了 26.39%,从而使原材料消耗绝对增加了:

$\sum(a_1-a_0)b_0c_0=91\ 000-72\ 000=19\ 000$(元)

b. 原材料单耗对消耗额的影响。

$$\text{单位产品原材料消耗量指数}=\frac{\sum a_1b_1c_0}{\sum a_1b_0c_0}$$

$$=\frac{200\times1.8\times10+300\times9.5\times5+600\times5\times30}{200\times2\times10+300\times10\times5+600\times4\times30}$$

$$=\frac{107\ 850}{91\ 000}=118.52\%$$

即报告期的原材料单耗比基期增长了 18.52%，从而使原材料消耗绝对增加额了：

$\sum a_1(b_1 - b_0)c_0 = 107\ 850 - 91\ 000 = 16\ 850$(元)

c. 原材料单价对消耗额的影响。

$$\text{单位产品原材料价格指数} = \frac{\sum a_1 b_1 c_1}{\sum a_1 b_1 c_0}$$

$$= \frac{200 \times 1.8 \times 10 + 300 \times 9.5 \times 4 + 600 \times 5 \times 26}{200 \times 1.8 \times 10 + 300 \times 9.5 \times 5 + 600 \times 5 \times 30}$$

$$= \frac{93\ 000}{107\ 850} = 86.23\%$$

即报告期的原材料单价比基期下跌了 13.77%，由此而节约的原材料消耗绝对额为：

$\sum a_1 b_1(c_1 - c_0) = 93\ 000 - 107\ 850 = -14\ 850$(元)

③ 影响因素的综合分析。

相对数分析：129.17% = 126.39% × 118.52% × 86.23%

绝对数分析：21 000 = 19 000 + 16 850 − 14 850

分析说明，报告期由于产量平均增加了 26.39%，单位原材料消耗平均增加了 18.52%，原材料单价平均下降了 13.77%，这三方面因素的共同影响，使该企业原材料消耗总额增加了 29.17%；原材料消耗总额绝对增加了 21 000 元，这是由于产量增加和原材料单耗上升分别多支出 19 000 元和 16 850 元，以及由于原材料单价下降而节约 14 850 元的综合影响结果。

（三）平均指标对比指数及其因素分析

在实际运用中，常常需要对平均指标的变动进行对比分析。在分组条件下，总平均指标的变动受两个因素的影响：一是各组的变量水平（常用 x 表示）；二是总体的结构（常用 $\frac{f}{\sum f}$ 表示），即各组单位数占总体单位数的比重。

在平均数变动的因素分析中，通常将各组单位数占总体单位数的比重看成是数量指标，而将各组的变量平均水平看成质量指标。运用指数体系因素分析法，可以分析各因素变动对总平均指标变动的影响方向和程度。总平均指标变动的因素分析，需要区分三种平均指标指数，即可变构成指数、结构影响指数和固定构成指数，三者间的关系为：

可变构成指数 = 结构影响指数 × 固定构成指数

1. 可变构成指数(Index of Variable Construction)

它也叫平均指标对比指数。是指在分组条件下综合反映结构和水平两个因素共同变化所引起的总平均水平的变动指数。公式为：

$$\bar{k}_{可变} = \frac{\sum x_1 f_1}{\sum f_1} \Big/ \frac{\sum x_0 f_0}{\sum f_0} = \frac{\bar{x}_1}{\bar{x}_0} \qquad (6.4.3)$$

式中，$\bar{x}_1$、$\bar{x}_0$ 分别表示某变量报告期、基期的平均值。

可变构成指数分子与分母之差，表明报告期总平均指标与基期总平均指标相差的绝对额，即

$$\bar{x}_1 - \bar{x}_0 = \frac{\sum x_1 f_1}{\sum f_1} - \frac{\sum x_0 f_0}{\sum f_0} \tag{6.4.4}$$

2. 结构影响指数(Structural Effects Index)

它是指在分组条件下，将各组水平固定在基期，单纯反映结构因素变动对总平均指标的影响指数。公式为：

$$\bar{k}_{结构} = \frac{\sum x_0 f_1}{\sum f_1} / \frac{\sum x_0 f_0}{\sum f_0} = \frac{\bar{x}_n}{\bar{x}_0} \tag{6.4.5}$$

式中，$\bar{x}_n$ 表示以基期变量 x_0 与报告期结构$\dfrac{f_1}{\sum f_1}$为权重因子计算的假定平均值。

结构影响指数分子与分母之差，表明各组变量 x_0 固定时，各组结构因素变动对总平均指标的影响的绝对影响，即

$$\bar{x}_n - \bar{x}_0 = \frac{\sum x_0 f_1}{\sum f_1} - \frac{\sum x_0 f_0}{\sum f_0} \tag{6.4.6}$$

3. 固定构成指数(Index of Fixed Construction)

它是指在分组条件下，将结构因素固定在报告期，借以反映各组水平变动对总平均指标影响的指数。公式为：

$$\bar{k}_{固定} = \frac{\sum x_1 f_1}{\sum f_1} / \frac{\sum x_0 f_1}{\sum f_1} = \frac{\bar{x}_1}{\bar{x}_n} \tag{6.4.7}$$

固定构成指数分子与分母之差，表明各组水平因素变动对总平均指标变动影响的绝对额，即

$$\bar{x}_1 - \bar{x}_n = \frac{\sum x_1 f_1}{\sum f_1} - \frac{\sum x_0 f_1}{\sum f_1} \tag{6.4.8}$$

三者构造的指数体系如下：

相对数形式：可变构成指数 = 结构影响指数 × 固定构成指数

$$\frac{\dfrac{\sum x_1 f_1}{\sum f_1}}{\dfrac{\sum x_0 f_0}{\sum f_0}} = \frac{\dfrac{\sum x_0 f_1}{\sum f_1}}{\dfrac{\sum x_0 f_0}{\sum f_0}} \times \frac{\dfrac{\sum x_1 f_1}{\sum f_1}}{\dfrac{\sum x_0 f_1}{\sum f_1}} \tag{6.4.9}$$

可简记为：$\frac{\bar{x}_1}{\bar{x}_0} = \frac{\bar{x}_n}{\bar{x}_0} \times \frac{\bar{x}_1}{\bar{x}_n}$ (6.4.10)

绝对数形式：

增加的总平均数 = 由于结构变化增加的平均数 + 由于水平变化增加的平均数

$$\frac{\sum x_1 f_1}{\sum f_1} - \frac{\sum x_0 f_0}{\sum f_0} = \left(\frac{\sum x_0 f_1}{\sum f_1} - \frac{\sum x_0 f_0}{\sum f_0}\right) + \left(\frac{\sum x_1 f_1}{\sum f_1} - \frac{\sum x_0 f_1}{\sum f_1}\right)$$

可简记为：$\bar{x}_1 - \bar{x}_0 = (\bar{x}_n - \bar{x}_0) + (\bar{x}_1 - \bar{x}_n)$ (6.4.11)

例 6.6：某企业工人的工资资料如表 6.9 所示，试对该企业工人总平均工资的变化情况进行因素分析。

表 6.9　某企业工人人数、平均工资资料表

工人类型	人数（人）		平均工资（元）	
	基期 f_0	报告期 f_1	基期 x_0	报告期 x_1
技术工人	300	400	780	900
辅助工人	200	600	660	780
合 计	500	1000	—	—

用 x，f 分别表示平均工资和人数，则计算得：

$$\bar{x}_1 = \frac{\sum x_1 f_1}{\sum f_1} = \frac{900 \times 400 + 780 \times 600}{400 + 600} = 828（元）$$

$$\bar{x}_0 = \frac{\sum x_0 f_0}{\sum f_0} = \frac{780 \times 300 + 660 \times 200}{300 + 200} = 732（元）$$

$$\bar{x}_n = \frac{\sum x_0 f_1}{\sum f_1} = \frac{780 \times 400 + 660 \times 600}{400 + 600} = 708（元）$$

1. 总平均工资的变动

可变构成指数 $= \frac{\bar{x}_1}{\bar{x}_0} = \frac{\frac{\sum x_1 f_1}{\sum f_1}}{\frac{\sum x_0 f_0}{\sum f_0}} = \frac{828}{732} = 113.11\%$，即总平均工资上升了 13.11%，

由此增加的总平均工资为：$\bar{x}_1 - \bar{x}_0 = 828 - 732 = 96$（元）。

2. 由于受各组工人人数比重变化的影响

结构变动指数 $= \frac{\bar{x}_n}{\bar{x}_0} = \frac{\frac{\sum x_0 f_1}{\sum f_1}}{\frac{\sum x_0 f_0}{\sum f_0}} = \frac{708}{732} = 96.72\%$，即由于技术工人的比重下降使总平均工资降低了 3.28%，由此减少的总平均工资为：

$\bar{x}_n - \bar{x}_0 = 708 - 732 = -24$（元）。

3. 由于受各组工人平均工资水平变动的影响

固定构成指数 $= \frac{\bar{x}_1}{\bar{x}_n} = \frac{\frac{\sum x_1 f_1}{\sum f_1}}{\frac{\sum x_0 f_1}{\sum f_1}} = \frac{828}{708} = 116.95\%$，即由于各组工人工资水平上升使总平均工资提高了 16.95%，由此增加的总平均工资为：

$\bar{x}_1 - \bar{x}_n = 828 - 708 = 120$（元）。

4. 综合分析

相对数分析：$113.11\% = 96.72\% \times 116.95\%$

绝对数分析：96 元 =（-24 元）+ 120 元

即该工厂工人报告期的工资对比基期，平均提高了 13.11%，增加了 96 元，其中：由于技术工人的比重下降使总平均工资降低了 3.28%，绝对数减少了 24 元；由于各组工人工资上升使总平均工资提高了 16.95%，绝对数增加了 120 元。

此外，如果想要了解总平均工资变化如何影响工资总额的变化，可以将上述分析结果直接乘以报告期的工人人数 $\sum f_1$ 求得。本例中，由于总平均工资上升，所增加的工资总额为：

$(\bar{x}_1 - \bar{x}_0) \times \sum f_1 = (828 - 732) \times 1\,000 = 96\,000$（元）

其中：受各组工人人数比重变化而减少的总额 $(\bar{x}_n - \bar{x}_0) \times \sum f_1 = (708 - 732) \times 1000 = -24\,000$（元）；受各组工人平均工资水平上升而增加的总额 $(\bar{x}_1 - \bar{x}_n) \times \sum f_1 = (828 - 708) \times 1000 = 120\,000$（元）。

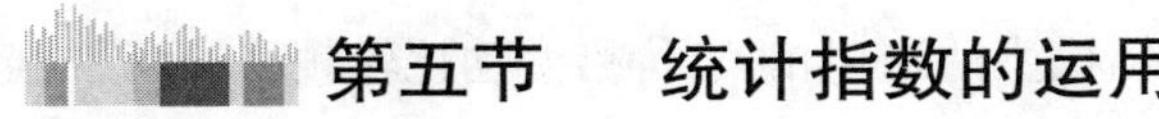

第五节　统计指数的运用

一、工业生产指数

工业生产指数（Industrial Production Index）是概括反映一个国家或地区各种工业产

品产量的综合变动程度的相对数。它是衡量经济增长水平的重要指标之一。世界各国都非常重视工业生产指数的编制,但采用的方法却不完全相同。在我国,工业生产指数采用固定加权综合指数的形式进行编制。即:

$$\bar{k}_q = \frac{\sum q_1 p_n}{\sum q_0 p_n} \tag{6.5.1}$$

其中,p_n 为不变价格。

西方各国反映工业生产的动态,通常采用平均指数的形式编制工业生产指数,其公式为:

$$\text{工业生产指数:} \bar{k}_q = \frac{\sum \frac{q_1}{q_0} w}{\sum w} \tag{6.5.2}$$

其中:$\frac{q_1}{q_0}$ 为各种工业品的个体产量指数,w 为相应产品的基期价值量。

编制工业生产指数的一般程序:挑选代表产品;确定代表产品的权数;收集数据,计算个体产量指数;对个体产量指数进行加权算术平均。

二、居民消费价格指数

居民消费价格指数(Consumer Price Index)(又称生活费用指数)是综合反映各种消费品和生活服务价格的变动程度的重要经济指数,通常简记为 CPI。利用居民消费价格指数,可以观察和分析消费品的零售价格和服务价格变动对城乡居民实际生活费支出的影响程度。它是政府制定价格政策、分配政策和测定通货膨胀等的重要依据。世界各国都在编制居民消费价格指数。

目前,我国 CPI 的调查内容分为食品、烟酒及用品、衣着、家庭设备用品及服务、医疗保健及个人用品、交通和通信、娱乐教育文化用品及服务、居住等八大类,共 262 个基本分类(国际分类标准),约 700 种商品和服务项目。这主要是根据我国城乡居民消费模式、消费习惯,参照抽样调查原理选中的近 12 万户城乡居民家庭(城市近 5 万户,农村近 7 万户)的消费支出数据,并结合其他相关资料确定的。价格调查范围涉及全国 31 个省(区、市)的 500 多个市县、50 000 多个调查网点。国家统计局直属的全国调查系统采取定人、定时、定点的直接调查方式,由近 4000 名专职物价调查员到不同类型、不同规模的农贸市场和商店等现场采集价格资料。对于与居民生活密切相关、价格变动比较频繁的商品,至少每五天调查一次价格,从而保证了 CPI 能够及时、准确地反映市场价格的变动情况。

我国的居民消费价格指数是采用固定加权算术平均方法来编制的。其主要编制过程和特点是:首先,将各种居民消费划分为八大类,包括食品、烟酒及用品、衣着、家庭设备用品及服务、医疗保健及个人用品、交通和通信、娱乐教育文化用品及服务、居住等,下面再划分为若干中类和小类;其次,从以上各类中选定有代表性的商品项目(含服务项目)入编指数,利用有关对比时期的价格资料分别计算个体价格指数;再次,依据有关时期内全国城乡居民家庭各类商品和服务的消费支出详细比重确定代表品的比重权数(w);最后,按从低到高的顺序,采用固定加权算术平均公式,依此编制各小类、中类的消费价格指数和消费价格总指数:

$$\bar{k}_p = \frac{\sum \frac{p_1}{p_0} w}{\sum w} = \frac{\sum k_p w}{\sum w}。$$

其中:$\frac{p_1}{p_0}$ 为代表规格品和服务个体价格指数,w 为代表规格品和服务的权数。

例 6.7:某市居民消费价格指数计算如表 6.10 所示,要求编制居民消费价格指数。

表 6.10　　某市居民消费价格指数计算表

类别及品名	规格等级	计量单位	平均价格(元)		权数(%)	以上年为基数	
甲	乙	丙	(1)	(2)	(3)	(4) = (2)/(1)	(5) = (4) × (3)
居民消费价格指数					100		101.6
一、食 品					38	102.4	38.9
(一) 粮 食					23	102.8	23.6
1.细粮					99	102.7	101.7
大米	二等粳米	千克	1.2	1.23	95	102.5	97.4
面粉	标准粉	千克	1.7	1.82	5	107.1	5.3
2.粗粮					1	111.5	1.1
(二) 肉禽及其制品					36	105.0	37.8
(三) 蛋					5	102.0	5.1
(四) 水 产 品					9	99.5	9.0
(五) 鲜 菜					14	99.4	13.9
(六) 鲜 果					13	99.6	13.0
二、烟酒及用品					3	100.8	3.0
三、衣 着					15	98.6	14.8
四、家庭设备用品及服务					11	101.3	11.1
五、医疗保健及个人用品					4	102.5	4.1
六、交通和通信					5	98.8	4.9
七、娱乐教育文化用品及服务					10	100.0	10.0
八、居 住					14	104.8	14.7

具体计算步骤如下:

(1) 计算各代表规格品的个体指数。如大米的个体物价指数为:

$$k_p = \frac{p_1}{p_0} = \frac{1.23}{1.2} = 102.5\%$$

(2) 各个体指数乘以权数,加总计算得到各小类指数。如细粮的小类指数为:

$$\bar{k}_p = \frac{\sum kw}{\sum w} = \frac{102.5 \times 95 + 107.1 \times 5}{100} = 102.7\%$$

(3) 各小类指数乘以相应的权数,加总计算得到各中类指数。如粮食中类指数为:

$$\bar{k}_p = \frac{\sum kw}{\sum w} = \frac{102.7 \times 99 + 111.5 \times 1}{100} = 102.8\%$$

(4) 各中类指数乘以相应的权数,加总计算得到各大类指数,如食品大类指数为:

$$\begin{aligned}\bar{k}_p &= \frac{\sum kw}{\sum w} \\ &= \frac{102.8 \times 23 + 105 \times 36 + 102 \times 5 + 99.5 \times 9 + 99.4 \times 14 + 99.6 \times 13}{100} \\ &= 102.4\%\end{aligned}$$

(5) 各大类指数乘以相应的权数,加总计算得出总指数。即得该市居民消费价格指数。

$$\begin{aligned}\bar{k}_p &= \frac{\sum kw}{\sum w} \\ &= (102.4 \times 38 + 100.8 \times 3 + 98.6 \times 15 + 101.3 \times 11 + 102.5 \times 4 + 98.8 \times 5 + 100 \\ &\quad \times 10 + 104.8 \times 14) \div 100 \\ &= 101.6\%\end{aligned}$$

三、社会商品零售物价指数

社会商品零售物价指数(Commodity Retail Price Index)是反映城市、农村商品零售价格变动趋势的一种经济指数。零售物价的调整升降直接影响城乡居民的生活费用节约或多支,直接关系国家财政的收支,影响居民购买力和市场商品供需平衡,影响消费和积累的比例。社会商品零售物价指数是编制财政计划、价格计划、制定物价政策、工资政策的重要依据。目前,统计工作中按月、季、年编制社会商品零售物价指数,计算工作量和采价工作量都非常大。

社会商品零售物价指数采用加权算术平均公式计算。每年根据住户调查资料调整一次权数。每种商品的个体指数采用代表规格品的平均价格计算,其加权算术平均法指数公式为:

$$\bar{k}_p = \frac{\sum \frac{p_1}{p_0} w}{\sum w} = \sum k_p \frac{w}{\sum w} \tag{6.5.3}$$

式中，$k_p = \frac{p_1}{p_0}$ 各种代表规格品个体物价指数；$\frac{w}{\sum w}$ 即各种代表规格品所代表的商品零售额的比重(固定权数)。

我国编制商品零售物价指数时，全国统一规定了商品分类。全部商品分为十四大类，分别是：食品类、饮料烟酒类、服装鞋帽类、纺织品类、中西药类、化装品类、书报杂志类、文体用品类、日用品类、家用电器类、首饰类、燃料类、建材类、机电类等。每个大类又分若干中类，中类内分再分为小类，每个小类又包括若干商品。各大类、中类、小类中各部分零售额比重之和均等于100%。这样，各小类的加权平均法指数便是中类的指数，各中类的加权平均法指数便是大类的指数，各大类的加权平均法指数就是总指数，即商品零售物价指数。

零售物价指数和居民消费价格指数的运用：

1. 反映通货膨胀

通货膨胀是货币发行过多，超过商品流通正常需要，引起物价上涨，货币贬值的一种经济现象。对通货膨胀的测定是计算通货膨胀率。计算通货膨胀率的方法很多，最常见的是用价格指数的增长率表示。计算公式为：

$$通货膨胀率 = \frac{报告期居民消费价格指数}{基期居民消费价格指数} \times 100\% - 100\%$$

如果通货膨胀率大于100%，则说明通货膨胀；如果通货膨胀率小于100%，则说明通货紧缩。

通货膨胀率通常为环比指数，可以按月、季、年度来计算，但以年度指标为主(选择上一年为基期)。此外，通货膨胀除了用居民消费价格指数计算外，还可用零售物价指数、批发价格指数等价格指数计算。表6.11是我国2004—2012年的通货膨胀率。

表6.11　　我国2004—2012年通货膨胀率

单位：%

年份	居民消费价格指数	通货膨胀率
2004	103.9	—
2005	101.8	-2.0
2006	101.5	-0.3
2007	104.8	3.3
2008	105.9	1.0
2009	99.3	-6.2
2010	103.3	4.0
2011	105.4	2.0
2012	102.6	-2.7

资料来源：根据《2013年中国统计年鉴》资料计算

2. 测定货币购买力变化或职工实际工资(或居民实际收入)变化

所谓货币购买力,是指单位货币所能购买到的消费品和服务。货币购买力的变动直接由价格的变动所决定,而且呈反方向变化,即价格上涨,货币购买力下降;价格下降,货币购买力增加。因此,货币购买力指数可以由价格指数的倒数表示。计算公式为:

$$\text{货币购买力指数} = \frac{1}{\text{居民消费价格指数}} \tag{6.5.4}$$

指数小于100%,表示货币购买力下降,物价上涨;大于100%,表示货币购买力增加,物价下跌。如以2011年为基期,2012年的居民消费价格指数为102.6%,则2012年货币购买力指数 = 1/102.6% = 0.98,表明2012年的一元货币相当于2011年的0.98元。

职工得到的货币工资能够买到多少消费品和服务,直接受价格变动的影响。为了准确的反映职工实际生活水平的变动,可以用价格指数来推算,即计算职工实际工资指数,计算公式为:

$$\text{职工实际工资指数} = \frac{\text{职工平均工资指数}}{\text{居民消费价格指数}} \times 100\%$$

或 $= \text{职工平均工资指数} \times \text{货币购买力指数}$

表6.12 **2004—2012年中国的几种指数**

单位:%

年份	居民消费价格指数	职工平均工资指数	职工实际工资指数
2004	103.9	114.1	109.8
2005	101.8	114.3	112.3
2006	101.5	114.6	112.9
2007	104.8	118.5	113.1
2008	105.9	116.9	110.4
2009	99.3	111.6	112.4
2010	103.3	113.3	109.7
2011	105.4	114.4	108.5
2012	102.6	111.9	109.1

资料来源:根据《2013年中国统计年鉴》资料计算

四、股票价格指数

(一)编制股票价格指数的意义

股票价格指数(Stock Price Index)是用以表示多种股票平均价格水平及其变动并衡量股市行情的指标。在股票市场上,成百上千种股票同时进行交易,各种股票价格各异、价格种类多种多样,因此,需要有一个总的尺度标准,来衡量股市价格的涨落,观察股票市场的变化。用股票价格平均数指标,来衡量整个股票市场总的价格变化,能够比较正确地反映股票行情的变化和发展趋势。股票价格指数一般是由一些有影响的金融机构或金融研究组织编制的,并且定期及时公布。世界各大金融市场都编制或参考制造股票价格指数,将一定时点上成千上万种此起彼落的股票价格表现为一个综合指标,代表该股票市场的一定价格水平和变动情况。

(二)股票价格指数的计算

股票指数是反映不同时点上股价变动情况的相对指标。通常是将报告期的股票价格与基期价格相比,并将两者的比值乘以基期的指数值(通常设为100),即为该报告期的股票指数。股票指数的计算方法有三种:相对法、综合法、加权综合法。

1. 相对法

相对法又称平均法,就是先计算各样本股票指数,再求其总的算术平均数。其计算公式为:股票指数 = n 个样本股票指数之和/n 。英国的《经济学家》普通股票指数就使用这种计算法。

2. 综合法

综合法是先将样本股票的基期和报告期价格分别加总,然后相比求出股票指数。即:股票指数 = 报告期股价之和 / 基期股价之和。

例如,假定某股票市场的报告期的成分股价分别是:8,12,14,18;基期的成分股价分别是:5,8,10,15。那么,计算股价指数 = (8 + 12 + 14 + 18)/(5 + 8 + 10 + 15) = 52/38 = 136.8% ,即报告期的股价比基期上升了36.8%。

从平均法和综合法计算股票指数来看,两者都未考虑到由各种采样股票的发行量和交易量的不相同,而对整个股市股价的影响不一样等因素,因此,计算出来的指数亦不够准确。为使股票指数计算精确,则需要加入权数,这个权数可以是交易量,亦可以是发行量。

3. 加权综合法

加权股票指数是根据各期样本股票的相对重要性予以加权,其权数(q)可以是成交股数、股票发行量等。按时间划分,权数可以是基期权数,也可以是报告期权数。目前世界上大多数股票指数都采用帕氏指数计算。公式为:

$$\bar{k}_p = \frac{\sum p_t q}{\sum p_0 q}$$

(三)世界著名的股票价格指数

世界上较为重要的股票价格指数共有六种,它们是:

1. 道·琼斯股票价格指数(D·Joes Stock Price Index)

道·琼斯股票价格指数是国际上最有影响,使用最广泛的股票价格指数。它有一百多年的历史,从编制到今天从未间断。道·琼斯股票价格指数,是道·琼斯公司的创始人查尔斯·道1884年6月3日开始编制并刊登在《每日通讯》上。现今的道·琼斯股票价格指数发表在《华尔街日报》上,共分四组:工业股票价格指数、运输业股票价格指数、公用事业股票价格指数、综合股票价格指数。其中,使用最多是工业股票价格指数,道·琼斯股票价格指数的计算方法采用修正的简单股票价格算术平均数。道·琼斯股票价格指数是以1928年10月1日为基期的,基期平均数为100,以后各期的股票价格同基期相比计算出的百分数,即为各期的股票价格指数。道·琼斯指数在纽约证券交易所营业时,每隔半小时公布一次。道·琼斯指数被《华尔街日报》及多种报纸登载。

2. 标准·普尔股票价格综合指数

标准·普尔公司是美国最大的一家证券研究机构。它于1923年开始编制股票价格指数,到1957年,选择500种股票,采用高速计算机,将这些普通股票加权平均编制成一种股票价格综合指数,每小时计算和公布一次。标准普尔指数的特点是信息资料全,能反映股市的长期变化。

3. 纽约证券交易所的股票综合指数

纽约证券交易所从1960年开始编制和发表自己的股票价格综合指数。这个综合指数包括四组:工业股票价格指数、金融业股票价格指数、运输业股票价格指数、公用事业股票价格指数。该股票指数采用加权平均法计算,以1965年12月31日为基期,每半小时计算和公布一次。

4. 伦敦金融时报股票价格指数

该指数由英国金融界著名报纸《金融财报》编制。它包括三个股票指数:30种股票的指数、100种股票的指数、500种股票的指数,以1935年为基期,每小时计算一次、下午五时计算一次收盘指数。

5. 日本经济新闻道式股票指数

第二次世界大战后不久,日本东京证券交易所开始模仿美国道·琼斯股票指数编制自己的股票价格指数。1975年,日本经济新闻社正式向道·琼斯公司买进商标,将它编制的股票价格指数定名为"日本道式平均股票价格"。

6. 香港恒生指数

恒生指数是香港恒生银行1969年开始发表的。该指数以选定的33种有代表性的股票为计算对象,以1964年7月31日为基期。该指数每天计算三次。它是人们观察香港股市变化的尺度。

(四)我国的股价指数系统

我国的股票市场分割为了上海、深圳两个市场,因此相对应产生了分别表征两个市场运行情况的上证指数系列和深证指数系列。

1. 上证指数系列

作为国内外普遍采用的衡量中国证券市场表现的权威统计指标,由上海证券交易所编制并发布的上证指数系列是一个包括上证 180 指数、上证 50 指数、上证综合指数、A 股指数、B 股指数、分类指数、债券指数、基金指数等的指数系列，其中最早编制的为上证综合指数。为推动长远的证券市场基础建设和规范化进程，2002 年 6 月，上海证券交易所对原上证 30 指数进行了调整并更名为上证成分指数（简称上证 180 指数）。上证成分指数的编制方案，是结合中国证券市场的发展现状，借鉴国际经验，在原上证 30 指数编制方案的基础上作进一步完善后形成的，目的在于通过科学客观的方法挑选出最具代表性的样本股票，建立一个反映上海证券市场的概貌和运行状况、能够作为投资评价尺度及金融衍生产品基础的基准指数。上证 50 指数是根据科学客观的方法，挑选上海证券市场规模大、流动性好的最具代表性的 50 只股票组成样本股，以便综合反映上海证券市场最具市场影响力的一批龙头企业的整体状况。上证红利指数挑选在上证所上市的现金股息率高、分红比较稳定、具有一定规模及流动性的 50 只股票作为样本，以反映上海证券市场高红利股票的整体状况和走势。上证指数系列均采用帕氏加权综合价格指数公式计算。

2. 深证指数系列

深证指数系列是由深圳证券交易所编制和公布的，包括深证综指和 A 股、B 股两个分类综合指数，以及深证成分股指数、深证分类指数、中小企业板指数。深证综合指数是以深交所上市的全部股票为计算范围，以总股本为权数计算的加权综合股价指数；深证成分指数是以深交所上市的具有代表性的 40 家公司的股票（含 A、B 股）为计算范围，以流通股本为权数计算的加权成分股股价指数；中小企业板指数是以在中小企业板上市的全部正常交易的股票为计算范围，以最新自由流通股为权数计算的加权综合指数；中小企业板指数定位于综合反映中小企业板股票价格的总体变动，并可作为可交易的指数产品和金融衍生工具的标的物，因此指数的编制综合参考了深证指数系列的编制方法

五、进出口贸易指数

对外贸易是实现国际分工利益的重要手段，对世界经济的发展有着十分重要的作用。对于一个国家而言，反映对外贸易发展的指数有进出口总额指数、进出口单位价值指数、进出口数量指数三种。进出口总额指数是现期进出口额对基期进出口额的比率，反映进出口额的增长变动程度；进出口单位价值指数相当于进出口商品价格指数，反映进出口单位价值的增长变动程度；进出口数量指数相当于进出口商品物量指数，反映进出口商品实物数量的变动程度。

进出口单位价值指数和进出口数量指数一般都采用综合指数方法编制，但在具体方法上各国有所不同。在国际上发表进出口贸易指数的几十个国家中，约有 42%的国家用拉氏公式计算进出口数量指数用帕氏指数计算进出口单位价值指数；约有 8%的国家正相反；约有 28%的国家进出口数量、价格指数都用拉氏公式计算；还有 22%的国家，如美国两者都用费雪理想指数公式计算。

练习与思考

一、单项选择题

1. 数量指标综合指数公式的同度量因素一般采用(　　)。

A. 基期的数量指标　　B. 基期的质量指标

C. 报告期的数量指标　　D. 报告期的质量指标

2. 根据指数化指标性质的不同,指数可分为(　　)。

A. 个体指数和总指数　　B. 数量指标指数和质量指标指数

C. 动态指数与静态指数　　D. 定基指数和环比指数

3. 狭义的指数专指(　　)。

A. 个体指数　　B. 总指数

C. 综合指数　　D. 平均数指数

4. 在编制多种商品销量指数时(　　)。

A. 只要计量单位调为相同后,销量可以相加

B. 若各种商品计量单位相同,销量可以直接相加

C. 即使各种商品的计量单位相同,销量也不能直接相加

D. 各种商品计量单位不同,销量可以直接相加

5. 加权调和平均数指数,要成为综合指数的变形,则权数为(　　)。

A. q_1p_1　　B. q_1p_0

C. q_0p_0　　D. q_0p_1

6. 公式 $\sum p_1q_0 - \sum p_0q_0$ 的经济意义为(　　)。

A. 综合反映价格变动的绝对额

B. 综合反映销售量变动的绝对额

C. 反映价格变化而引起销售额变动的绝对额

D. 反映销售量变化而引起销售额变动的绝对额

7. 职工总平均工资指数为 130%,职工人数结构变动影响指数为 112%,则职工平均工资固定构成指数为(　　)。

A. 145.6%　　B. 116.07%

C. 86.15%　　D. 118%

8. 某公司劳动生产率提高 10%,产值增加了 20%,本公司的人数(　　)。

A. 增加 10%　　B. 增加 5%

C. 增加2%

D. 增加9%

9. 某一消费者用同样多的钱所购商品减少20%,该类商品物价(　　)。

A. 降低20%

B. 降低80%

C. 上涨20%

D. 上涨25%

10. 若产量增加,而生产成本不变,则单位产品成本(　　)。

A. 提高

B. 降低

C. 不变

D. 无法确定

二、多项选择题

1. 某企业今年三种不同产品的产量为去年产量的106%,这个数是(　　)。

A. 个体指数

B. 综合指数

C. 数量指标指数

D. 质量指标指数

E. 动态指数

2. 同度量因素的作用为(　　)。

A. 比较作用

B. 同度量作用

C. 权数作用

D. 分析作用

E. 平衡作用

3. 统计指数按其说明现象范围的不同可分为(　　)。

A. 个体指数

B. 综合指数

C. 数量指标指数

D. 静态指数

E. 质量指标指数

4. 编制总指数时,(　　)。

A. 平均数指数可以使用非全面调查的资料

B. 综合指数一般使用全面调查的资料

C. 平均数指数是综合指数的变形

D. 平均数指数不是综合指数的变形

E. 综合指数和平均数指数是编制总指数两种方法

5. 某企业报告期总成本为200万元,比基期增长5%,又知产品单位成本指数为98%,则:(　　)。

A. 产量增长7.14%

B. 单位成本下降2%

C. 产量增长7%

D. 单位成本上涨2%

E. 因单位成本的变动,使得总成本减少4万元

三、判断题

1. 总指数是综合反映社会经济现象总变动方向和变动程度的相对数。

2. 在特定的权数条件下,平均数指数是综合指数的变形。

3. 综合指数是总指数的唯一形式。
4. 在拉氏综合指数中，同度量因素固定在基期。
5. 在各组单位数的变动按等比例变化时，结构变动影响指数等于1。
6. 同度量因素在综合指数的编制中只起媒介作用。
7. 居民消费价格指数采用加权调和平均数指数进行编制。
8. 可变构成指数=固定构成指数/结构变动影响指数
9. 如果居民消费价格指数上涨了10%，则现在1元钱相当于原来的0.9元钱。
10. 如果职工平均工资增加10%，工人人数减少10%，则职工工资总额不变。

四、简答题

1. 什么是指数？指数有哪些作用？
2. 简述统计指数的分类。
3. 总指数有哪两种基本编制方式？它们各自有何特点？
4. 什么是同度量因素？同度量因素有何作用？
5. 什么是指数体系？利用指数体系进行因素分析要注意什么问题？

四、计算分析题

1. 某商店三种商品的销售量和销售价格资料如下：

名称	单位	销量		销价（元）	
		基期	报告期	基期	报告期
皮衣	件	3000	4500	350	500
皮鞋	双	4000	5000	120	100
皮包	个	1000	1500	180	120

要求：

(1)计算个体销量指数和个体价格指数

(2)计算销量总指数，销价总指数

(3)分析该商店销售额的增减变动原因。

2. 某商店四种商品销售额和个体物量指数资料如下

名称	2012年销售额（万元）	2013年销售额（万元）	个体物量指数(%)
甲	820	940	110
乙	450	400	90
丙	950	1150	115
丁	840	900	98

要求:(1)计算四种商品的物量总指数和销售价格总指数。

(2)对销售额的变动进行因素分析

3. 某企业生产三种产品。总成本2013年为600万元,比2012年增加50万元,产量2013年比2012年平均增加15%,

要求:(1)产品总成本指数;(2)产品单位成本指数;(3)由于单位成本变动而变动的总成本。

4. 根据下列资料,计算粮食物价指数,食品物价指数。

商品类别及名称	代表规格品	计算单位	平均价格(元)		权数(w)(%)	指数(%)
			基期	报告期		
一、食品类					51	
1. 粮食					35	
(1)细粮					65	
面粉	标准	千克	2.50	2.70	40	
大米	粳米	千克	3.40	3.60	60	
(2)粗粮					35	108.5
2. 副食品					45	119.3
3. 烟酒茶					11	112.7
4. 其他食品					9	110.0

5. 某公司下属三个企业工资资料如下:

企业	月平均工资(元)		职工人数(人)	
	2012年	2013年	2012年	2013年
甲	800	850	400	600
已	900	930	500	500
丙	1000	1100	280	200
合计	–	–	1180	1300

要求:(1)分析该公司总平均工资的变动情况;

(2)分析各企业工资水平及职工人数结构变动对公司总平均工资变动的影响。

6. 根据指数体系计算下列各题:

(1)某种商品报告期比基期销售额增长5.8%,价格下降2.5%。销售量怎样变化?

(2)某种产品报告期比基期产量增长15%,出厂价格下降12%,产值变动如何?

(3)某种产品产量计划规定比基期增长8%,但生产费用只允许增长5.3%,单位成本必须下降百分之几才能完成计划任务?

(4)某地区居民零售商品提价后用15万元比提价前少买10%的商品,问该地区零售物价变动程度为多少?

7. 已知某商店三种商品的销售量、销售价格及销售利润率如下：

商品	单位	销售量		销售价格(元)		利润率(%)	
		基期	报告期	基期	报告期	基期	报告期
甲	件	100	120	80	75	10	12
乙	台	90	80	150	175	20	25
丙	套	200	250	180	190	13	16

要求：对该商店销售利润总额的变动进行因素分析。

第七章

相关与回归分析

[教学目的与要求]:

1. 理解相关关系的概念以及相关种类;

2. 熟练掌握相关系数的计算方法;

3. 熟练掌握一元线性回归的分析方法,解释回归系数的涵义,理解相关分析与回归分析的区别和联系;

4. 理解回归估计标准误差的作用及其计算。

本章讨论的主要内容是分析现象之间数量关系的统计方法,如分析人均 GDP 与人口预期寿命之间,教学经费与教学效果之间的关系等。分为相关分析与回归分析两个部分。

第一节 相关分析

一、相关关系的概念

(一)函数关系与相关关系

在社会经济活动中,许多现象之间存在着一定的数量上的相互依存关系。例如:随着居民收入水平提高,会带来社会商品零售额的增加。现象之间的相互联系、相互制约,构成了错综复杂的社会经济关系。对这些现象之间的复杂关系作进一步观察,就可以将其区分为两大类,即函数关系和相关关系。

1. 函数关系(Function)

函数关系指客观现象之间存在着严格的数量上的依存关系,即对于某一变量的每一个数值,都有另一个变量的确定值与之相对应,这种关系可以用数学表达式来表示。

例如,正方形的周长(y)和边长(x)之间存在着 $y=4x$ 的关系,当 x 变化时,y 的值可通过关系式精确地得到,两者之间是一一对应关系。

2. 相关关系(Correlation)

相关关系指客观现象之间确实存在的,但在数量上表现为不确定或不严格的相互依存关系。在相关关系中,对于某一个变量的每一个数值,可以有另外变量的若干个数值与之相对应,在这些数值之间表现出一定的波动性。

如商品价格和销售量之间的关系。一般来说,价格上升,销售量会随之下降。但价格上升幅度与销售量减少数量之间并不存在确定的数量关系。这是因为影响销售量的因素,除了价格之外,还有收入水平、消费习惯、季节等因素。因此,价格和销售量之间在数量上存在相互依存关系,但这种关系在数量上是不确定的。

在函数关系中,现象之间存在着一定的因果关系。其中,把起着影响作用的现象称之为自变量;把受自变量影响而发生变动的现象称为因变量。如在商品价格和销售量之间,价格是自变量,销售额是因变量。通常,自变量用 X 表示,因变量用 Y 表示。

但在相关关系中,有时现象之间只存在相互关系而并不一定存在因果关系。如人的身高与体重、砖头的抗压强度与抗折强度,就很难分清楚哪个是原因(自变量),哪个是结果(因变量)。在这种情况下,要根据研究的目的来确定自变量和因变量,两个变量性质的确定是可以根据不同的研究目的而转变的。

(二)函数关系与相关关系的区别与联系

1. 区别

具有相关关系的变量之间的数量关系是不确定的,而具有函数关系的变量之间的数量关系是确定的。

2. 联系

函数关系往往通过相关关系表现出来,相关关系也常常借助函数关系的方式进行研究。由于认识局限和测量误差等原因,确定性的函数关系在实际中往往表现为相关关系;反之,当人们对事物的内部规律了解得更深刻的时候,相关关系又可能转化为确定性的函数关系。

二、相关关系的种类

社会经济现象的相互关系是错综复杂的,从不同的角度观察,可以有以下几种分类方式:

(一)按现象之间相关的因素多少划分为单相关与复相关

单相关就是两个现象的相关,即一个变量对另一个变量的相关关系。如投资额与国内生产总值之间的关系。

复相关就是当所研究的是一个变量对两个或两个以上其他变量的相关关系时,称为复相关。如某种商品的销售额与其价格水平和人们收入水平之间的关系。

(二)按现象之间的相关方向划分为正相关和负相关

正相关(Positive Correlation)就是两个现象的变化方向一致,当一个现象的数量由小变大,另一个现象的数量也相应由小变大,这种相关关系称为正相关。如职工的工资水平应随劳动生产率的提高而增加。

负相关(Negative Correlation)就是两个现象的变化方向相反,当一个现象的数量由小变大,而另一个现象的数量相反的由大变小,这种相关关系称为负相关。如随着销售额的增加,流通费用率下降。

(三)按现象之间相关的表现形式划分为直线相关与曲线相关

直线相关(Linear Correlation)指一个变量的值会随另一变量的值的变化发生大致均等的变动,从图形上看,其观察点的分布近似于直线形式。例如,生产性固定资产的数量与企业增加值之间的关系。

曲线相关(Curve Correlation)指一个变量的值会随另一变量的值的变化发生变动,但这种变动不是均等的,从图形上看,其观察点的分布表现为各种不同的曲线形式。例如,施肥量和亩产量的关系:在一定数量界限内,施肥量增加,亩产量相应增加,当施肥量增加到一定程度,亩产量反而下降。其观察点的分布就表现为一条抛物线,这就是曲线相关。

（四）按现象之间相关密切程度划分为不相关（Irrelevance）、不完全相关（Complete Relevance）和完全相关（Incomplete Relevance）

当变量之间完全不存在任何依存关系，即自变量发生数量上的变化时，因变量完全不随之发生相应的数量变动。这种变量之间的关系称为“零相关”或“不相关”。如气温与股票指数之间的关系。

当因变量完全随着自变量的数量变动而发生变动，在图中可以看到所有的观察点全部都落在一条线上。这时变量之间的相关关系就转化为函数关系，称为“完全相关”。如圆面积与半径之间的关系。

当变量之间的关系介于完全相关和不相关之间时，变量之间的相关关系就称为“不完全相关”。如居民的收入水平与恩格尔系数之间的关系。

三、相关分析（Correlation Analysis）的内容

相关分析是用来分析现象之间相关关系的密切程度和变化规律的方法，为下一步的回归分析打下基础。它主要包括以下三个方面的内容：

（一）确定现象之间是否存在相关关系

判断现象之间是否存在依存关系是相关分析的起始点，只有当现象之间确实存在相关关系时，才有必要运用相关分析的方法去进行分析研究。否则，就会使人们对现象之间的关系产生错误的认识。

（二）确定现象之间相关关系的表现形式

确定现象相关关系的形式，是为了选择合适的数学模型，对变量之间的数量关系给予准确表达，这是进行统计预测的根据。

（三）判定现象之间相关关系的方向和密切程度

现象之间的相关关系是一种不严格的数量依存关系，相关分析就是要从这种松散的数量关系中，通过计算相关系数，判定其相关关系的方向和密切程度。

第二节　简单线性相关分析

判断变量之间是否存在相关关系，一般要先进行定性分析，然后才做定量分析。定性分析就是根据经济理论、有关专业知识和实践经验，对现象进行科学分析研究，初步确定现象之间是否存在相关关系，其数量相关的结论是否符合相应的经济理论和实际情况。如果确定现象之间有相关关系，就可进行定量分析，即绘制相关图或相关表，大致判断现象之间的相关方向、相关形式和相关程度。然后计算相关系数或相关指数（判定系数）来精确反映现象之间的相关关系。

一、相关表与相关图

(一)相关表(Correlation Table)

相关表是把取得的数据以统计表的形式显示出来,据此观察变量之间的数量变化是否有关,从而判断有无相关关系。分为简单相关表和分组相关表。

1. 简单相关表

简单相关表就是把某一个变量的值按大小顺序排列,然后再将与其相关的另一变量的值对应地填列在同一张表格上。例如表 7.1:

表 7.1　2012 年各省市城镇居民人均可支配收入和人均现金消费支出简单相关表

单位:元

地区	人均可支配收入	人均现金消费支出	地　区	人均可支配收入	人均现金消费支出
上　海	40 188.34	26 253.47	湖　北	20 839.59	14 495.97
北　京	36 468.75	24 045.86	陕　西	20 733.88	15 332.84
浙　江	34 550.30	21 545.18	河　北	20 543.44	12 531.12
广　东	30 226.71	22 396.35	河　南	20 442.62	13 732.96
江　苏	29 676.97	18 825.28	山　西	20 411.71	12 211.53
天　津	29 626.41	20 024.24	四　川	20 306.99	15 049.54
福　建	28 055.24	18 593.21	吉　林	20 208.04	14 613.53
山　东	25 755.19	15 778.24	江　西	19 860.36	12 775.65
辽　宁	23 222.67	16 593.60	宁　夏	19 831.41	14 067.15
内蒙古	23 150.26	17 717.10	贵　州	18 700.51	12 585.70
重　庆	22 968.14	16 573.14	西　藏	18 028.32	11 184.33
湖　南	21 318.76	14 608.95	新　疆	17 920.68	13 891.72
广　西	21 242.80	14 243.98	黑龙江	17 759.75	12 983.55
云　南	21 074.50	13 883.93	青　海	17 566.28	12 346.29
安　徽	21 024.21	15 011.66	甘　肃	17 156.89	12 847.05
海　南	20 917.71	14 456.55			

资料来源:《2013 年中国统计年鉴》

由表 7.1 可看出,人均现金消费支出随人均可支配收入的增加而增加,但两者之间的数量变化关系是不确定的,即不是一一对应关系。从数量的变化规律上可以判断两者之间是正方向的不完全相关关系。

2. 分组相关表

(1)单变量分组相关表。单变量分组相关表是在具有相关关系的两个变量中,把其中一个变量进行分组,列出各组的次数,而另一个变量不分组。例如表 7.2:

表 7.2　2012 年各省市城镇居民人均可支配收入和人均现金消费支出单变量分组相关表

人均可支配收入(元)	省份个数	人均现金消费支出(元)
20 000 以下	8	12 966.81
20 000~30 000	19	15 470.86
30 000~40 000	3	22 396.03
40 000 以上	1	26 253.47

由表 7.2 可看出,人均现金消费支出随人均可支配收入的增加而增加,两者具有正相关关系。

(2)双变量分组相关表。双变量分组相关表就是在对具有相关关系的两个变量都进行分组而编制的相关表。例如表 7.3:

表 7.3　2012 年各省市城镇居民人均可支配收入和人均现金消费支出双变量分组相关表

人均可支配收入(元)	人均现金消费支出(万元)					合计
	1.2 以下	1.2~1.6	1.6~2	2~2.4	2.4 以上	
2 以下	1	7				8
2~3		13	5	1		19
3~4				2	1	3
4 以上					1	1
合计	1	20	5	3	2	31

由表 7.3 可看出,人均现金消费支出随人均可支配收入的增加而增加,两者具有正线形相关关系。

相关表只能大致地反映变量之间的相关关系,如果要更直观或更明显地反映变量之间的关系,还可借助相关图分析。

(二)相关图(Correlation Graph)

相关图,亦称散点图,是在直角坐标图中,将两个变量一个作横坐标,一个作纵坐标,把它们对应的变量值绘制在二维图形上,以反映两个变量之间相关关系的图形。

相关图可通过 Excel 绘制,图 7.1 是根据表 7.1 数据绘制的散点图。

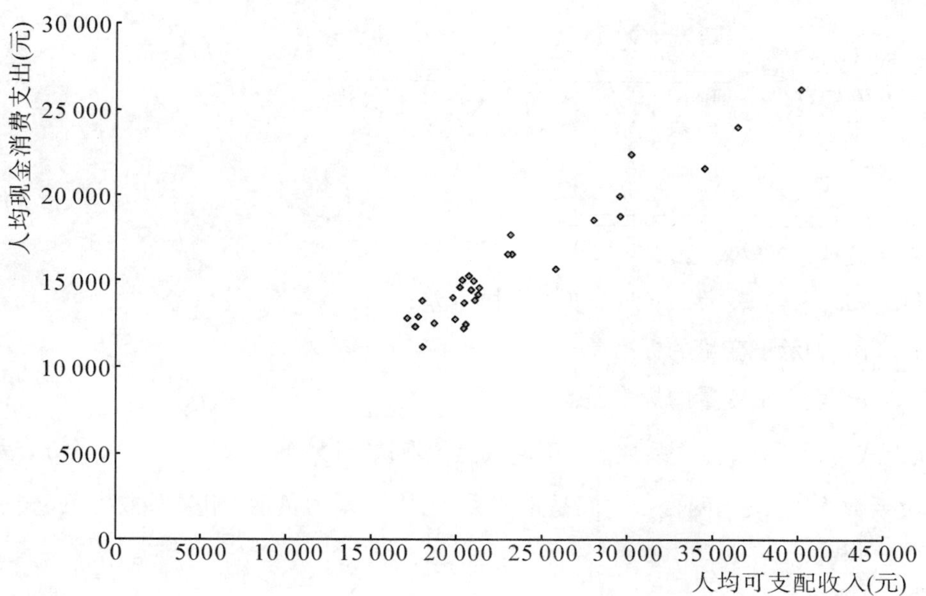

图 7.1 散点图示例

由图 7.1 可以判断人均可支配收入与人均现金消费支出之间存在着高度的直线正相关关系。

相关表和相关图都只是初步反映两个变量之间是否存在相关关系以及相关的形式、方向和密切程度等,并不能准确地反映两个变量之间的关系。计算相关系数可以准确地反映两个变量之间是否存在直线相关关系以及相关的方向、密切程度。

二、相关系数(Correlation Coefficient)

(一)相关系数的概念

相关系数是在两个变量直线相关的条件下,表示变量之间相关方向和关系密切程度的统计分析指标,通常用 r 表示,其全称是直线积差相关系数。直线相关分析有以下几个特点:

(1)两个变量是对等关系。在相关分析中,两个变量不用区分谁是自变量,谁是因变量,且两个变量都是随机变量。

(2)在两个变量中,只能计算出一个相关系数。相关系数是一个绝对值在 0 和 1 之间的数值,其绝对值的大小反映两个变量之间直线相关的密切程度。

(3)相关系数有正、负之分,分别表示正相关和负相关。

(二)相关系数的计算

1. 用积差法计算相关系数

(1) 定义式:

$$r=\frac{cov(x,y)}{\sigma_x\sigma_y}=\frac{\frac{1}{n}\sum(x-\bar{x})(y-\bar{y})}{\sqrt{\frac{1}{n}\sum(x-\bar{x})^2}\sqrt{\frac{1}{n}\sum(y-\bar{y})^2}}$$

$$=\frac{\sum(x-\bar{x})(y-\bar{y})}{\sqrt{\sum(x-\bar{x})}\sqrt{\sum(x-\bar{y})}} \qquad (7.2.1)$$

其中：$cov(x,y)$ 表示 x,y 两个变量的协方差；

σ_x 表示 x 变量的标准差；

σ_y 表示 y 变量的标准差。

从上式可以看出，相关系数 r 取正值或负值取决于 $\sum(x-\bar{x})(y-\bar{y})$，当协方差为正值，相关系数为正，表示两变量之间是正相关；当协方差为负值，相关系数为负，表示两变量之间是负相关。

（2）计算式：

$$r=\frac{n\sum xy-\sum x\sum y}{\sqrt{n\sum x^2-(\sum x)^2}\sqrt{n\sum y^2-(\sum y)^2}} \qquad (7.2.2)$$

2. 相关系数的性质

相关系数 r 的性质如下：

（1）r 的数值在 -1 和 $+1$ 之间。相关系数的绝对值越接近1，表示两变量相关程度越高。若 r 的绝对值等于1，表示两变量之间是函数关系。

（2）当 $r>0$，表示两变量是正相关；当 $r<0$，表示两变量是负相关。

（3）当 r 越接近0，表示两变量之间的相关关系越弱；当 $r=0$，表示两变量之间不存在直线相关关系，但并不表明两变量之间没有其他形式的相关关系。

（4）根据相关系数的大小，可以判断两变量之间密切程度的高低。当具有足够量样本数据情况下相关系数的绝对值小于0.3表示两变量之间无直线相关关系；相关系数的绝对值在0.3～0.5之间表示两变量之间是低度相关；相关系数的绝对值在0.5～0.8之间表示两变量之间是显著相关；相关系数的绝对值在0.8以上，表示两变量之间是高度相关。

3. 举例说明相关系数的计算

例7.1：根据表7.1关于中国2012年31个省、直辖市的人均可支配收入与人均现金消费支出数据，试计算人均可支配收入与人均支出的相关系数，并解释其涵义。

用 x 表示人均可支配收入，y 表示人均支出，计算如下：

$\sum x^2=17\ 736\ 966\ 907 \qquad \sum y^2=8\ 194\ 229\ 566$

$$\sum xy = 12\ 028\ 956\ 372$$

$$\sum x = 719\ 777.43 \qquad \sum y = 491\ 199.67 \qquad n = 31$$

将数据代入公式 7.2.2：

$$r = \frac{n\sum xy - \sum x \sum y}{\sqrt{n\sum x^2 - (\sum x)^2}\sqrt{n\sum y^2 - (\sum y)^2}}$$

$$= \frac{31 \times 12\ 028\ 956\ 373 - 719\ 777.43 \times 491\ 199.67}{\sqrt{31 \times 17\ 736\ 966\ 907 - 719\ 777.43^2}\sqrt{31 \times 8\ 194\ 229\ 566 - 491\ 199.67^2}}$$

$$= 0.96$$

即人均可支配收入与人均现金消费支出之间相关系数为 0.96，属于高度直线正相关。

（三）相关系数的检验*

在对客观现象的分析研究中，一般都是利用样本数据计算相关系数，因而带有一定的随机性，样本容量越少，可信度就越差，所以需要进行检验。

检验分两种类型：一是对总体相关系数是否等于 0 进行检验，二是对总体相关系数是否等于某一个给定的不为 0 的数值进行检验。现在只介绍第一种。

对总体相关系数是否等于 0 进行检验的步骤如下：

第一步，提出假设 $H_0:\rho = 0; H_1:\rho \neq 0$，

第二步，求检验统计量：$t = \dfrac{r\sqrt{n-2}}{\sqrt{1-r^2}} \sim t(n-2)$

第三步，确定显著性水平 α，通过 t 分布表查临界值 $t_{\alpha/2}(n-2)$，

第四步，进行判断：当 $|t| > t_{\alpha/2}(n-2)$ 时，则拒绝 H_0，即认为 r 在统计上显著，表明两个变量之间存在显著的线性相关关系。

例 7.2：根据表 7.1 资料，问是否可以根据 5%（$\alpha = 0.05$）的显著性水平认为人均可支配收入与人均现金支出之间存在线性相关关系。

解：提出假设：$H_0:\rho = 0; H_1:\rho \neq 0$

$$t = \frac{0.96 \times \sqrt{31-2}}{\sqrt{1-0.96^2}} = 18.46$$

查表，得 $t_{\alpha/2}(n-2) = t_{0.025}(29) = 2.05$

显然，$|t| = 18.46 > t_{\alpha/2}(n-2) = 2.05$

所以拒绝 H_0，即认为 r 在统计上是显著的，人均可支配收入与人均现金消费支出之间存在线性相关关系。

第三节　一元线性回归分析

计算相关系数只能说明两个变量之间相关的方向和密切程度，不能说明两个变量之间的数量变化规律，即当一个变量发生数量上的变化时，另一个与之有联系的变量会发生怎样的数量上的变化。这就需要在相关分析的基础上，进一步地进行回归分析。

一、回归分析（Regression Analysis）的概念

所谓回归分析，是在相关分析的基础上，根据相关关系的具体形态，选择一个合适的数学表达式，来近似地表示变量间的平均变化关系。

回归分析实际上是将变量间具有不确定关系的相关关系转化成函数关系来研究其数量变化的规律性。所采用的方法就是配合变量的数量变化规律，建立直线或曲线方程式，用这条直线或曲线来代表变量之间的数量关系。

回归分析按变量相关的形式可分为线性回归分析和非线性回归分析。其中，线性回归分析是指变量之间的相关形式是直线相关，可建立直线回归方程式来研究其数量变化规律；非线性回归分析是指变量之间的相关形式是曲线相关，可建立曲线回归方程式来研究其数量变化规律。

回归分析按自变量个数可分为一元回归分析和多元回归分析。其中，一元回归分析是指一个自变量和一个因变量之间的数量关系分析；多元回归分析是指两个或两个以上的自变量和一个因变量之间的数量关系分析。一元回归分析是基础，多元回归分析是一元回归分析的拓展。

本节讨论的回归方程式的形式是一元线性回归模型。

二、一元线性回归分析的特点

（一）两个变量之间不是对等关系

在回归分析中，必须确定谁是自变量，谁是因变量。在具有因果关系的变量中，引起另一变量发生变化的因素是自变量（x），而反映数量变化结果的因素是因变量（y）。例如，在收入水平与消费水平的关系中，收入水平是引起消费水平变化的原因，消费水平的高低是由收入水平高低来决定的。因此，收入水平是自变量，消费水平是因变量。在相关关系中，有一些变量之间的关系是不存在因果关系的，例如，人的身高与体重之间的关系。在这种关系中，两个变量可以互为因果关系，即可以互为自变量，据以推算另一因变量的数量变化规律。

（二）两个变量的性质不同

进行回归分析对两个变量的要求不同于相关分析，回归分析要求因变量是随机变量，而自变量是一般变量，即给定数值。建立回归方程式以后，是将给定的自变量的值代入方程式中，计算出估计的因变量的值。而这个数值是一个许多可能数值的平均数。

（三）回归方程式反映的是变量之间具体的数量变动规律，而不是抽象的系数

回归方程式是利用自变量的给定值来推算或估计因变量的数值，反映的是变量之间具体的数量变化规律，而不是抽象的数值。比如，回归系数有正、负之分，当回归系数为正，表示两变量之间是同一方向变动；当回归系数为负，表示两变量之间是反方向变动。而回归系数 b 的取值则表示 x 每增加一个单位 y 将平均增加或减少的单位数值。

三、回归分析与相关分析的关系

（一）回归分析与相关分析的联系

（1）相关分析要依靠回归分析来表现现象数量相关的具体形式。

（2）回归分析必须依靠相关关系来表明变量之间的密切程度。从广义上讲，回归分析就是相关分析，从狭义上讲，相关关系只需确定变量间的关系，而回归分析还要在此基础上建立数学模型。

（二）回归分析与相关分析的区别

（1）相关分析不说明谁是自变量，谁是因变量，而回归分析必须首先要确定谁是自变量，谁是因变量，不能颠倒。

（2）相关分析中的每一个变量都是随机的；回归分析中自变量是一般变量，因变量是随机变量。

相关分析与回归分析具有一定的局限性，即现象之间是否存在真实相关，必须由相关学科来确定，因此，相关与回归必须要在定性分析前提下进行，不能进行纯数量的计算。

四、一元线性回归模型

（一）一元线性回归模型的概念及形式

一元线性回归模型包含两个变量，它们之间的数量变化关系大致呈直线。其中，一个变量是数量变化的原因，称为自变量（x），另一变量不但受自变量影响且还要受其他因素的影响，是变化的结果，称为因变量（y）。

一元线性回归模型的基本形式如下：

$$\hat{y} = a + bx$$

$\hat{y}$ 是因变量（y）的估计值或预测值，a，b 是回归模型的待定参数。

其中，a 表示截距，其涵义是当 x 等于 0 时，$\hat{y}$ 的数值。从数学意义上理解，它表示在没有自变量（x）的影响下，其他各种因素对因变量（y）的影响。

b 表示斜率，其涵义是 x 每增加一个单位，$\hat{y}$ 所平均变化的数值。b 也称为回归系数，其取值的正负方向和相关系数(r) 的正负方向一致。即 $b > 0$ 时，相关系数(r) > 0，表明两变量之间是正相关；当 $b < 0$ 时，相关系数(r) < 0，表明两变量之间是负相关。

（二）一元线性回归模型的估计

估计一元线性回归模型的参数可以有不同的方法，统计中使用最多的方法是最小二乘法，用最小二乘法求出来的回归直线是与原数据最合适的直线模型。

最小二乘法运用到求解待定参数中的基本思路是：根据方程所确定的估计值($\hat{y}$) 应能代表所有观察值(y) 的全体，而按照($\hat{y}$) 求出的估计直线与各观察点(y) 之间应达到最大限度的接近，也就是说，用这条直线来代表 y 与 x 的关系，它和实际数据的误差比任何其他直线都小，这样一来，根据回归方程所求的直线就是反映 y 与 x 之间的关系的最为合适的一条直线。

利用最小二乘法估计待定参数 a 和 b 方法如下：

(1) 设定一元线性回归模型：$\hat{y} = a + bx$

其中，a 和 b 是待定参数，y 与 $\hat{y}$ 离差平方和记为 Q。

(2) 利用最小二乘法，使 $Q = \sum (y - \hat{y})^2 = \sum (y - a - bx)^2$

即：可以把 Q 看成是两变量(a 和 b) 的函数，为使 Q 具有最小值，则其对 a 和 b 的一阶偏导数应等于 0。

$$\frac{\partial Q}{\partial a} = -2\sum (y - a - bx) = 0$$

$$\frac{\partial Q}{\partial b} = -2\sum (y - a - bx)x = 0$$

(3) 将上述联立方程式求解，整理得到以下标准方程式：

$$\begin{cases} na + b\sum x = \sum y \\ a\sum x + b\sum x^2 = \sum xy \end{cases}$$

据以解出：

$$b = \frac{n\sum xy - \sum x \sum y}{n\sum x^2 - (\sum x)^2}$$
$$a = \frac{\sum y}{n} - b\frac{\sum x}{n} = \bar{y} - b\bar{x} \tag{7.3.1}$$

这里所讨论的最小二乘法与长期趋势测定的最小二乘法是同一种方法。实际上，长期趋势测定也是回归分析方法的一种形式，就是把时间(t) 作为自变量(x)，动态指标作为因变量(y) 来计算的。因此，这里的标准方程式与长期趋势测定所使用的标准方程都是一致的。

（三）一元线性回归模型的计算实例

例 7.3：根据表 7.1，关于中国 2012 年 31 个省、直辖市的人均可支配收入与人均现金消费支出数据，建立一元线性回归模型，并解释待定参数的经济意义。

根据题意可确定，人均可支配收入为自变量（x），人均现金消费支出为因变量（y），计算如下：

（1）根据图 7.1 和已计算的相关系数（$r = 0.96$），可知人均可支配收入与人均现金消费支出之间是高度的正线性相关关系。即可建立一元线性回归模型：

$\hat{y} = a + bx$

（2）利用最小二乘法计算待定参数。

据已知资料计算如下：

$\sum x^2 = 17\,736\,966\,907$　　$\sum xy = 12\,028\,956\,372$，

$\sum x = 719\,777.43$　　$\sum y = 491\,199.67$　　$n = 31$

将上述数据代入标准方程式：

$$b = \frac{n\sum xy - \sum x \sum y}{n\sum x^2 - (\sum x)^2}$$

$$= \frac{31 \times 12\,028\,956\,372 - 719\,777.43 \times 491\,199.67}{31 \times 17\,736\,966\,907 - 719\,777.43^2}$$

$$= 0.61$$

$$a = \bar{y} - b\bar{x}$$

$$= \frac{491\,199.67}{31} - 0.61 \times \frac{719\,777.43}{31}$$

$$= 1681.79$$

$\hat{y} = 1681.79 + 0.61x$

从计算结果可以知道待定参数的经济涵义，即：

$b = 0.61$，表示人均可支配收入每增加 1 元，人均现金消费支出将平均增加 0.61 元。$a = 1681.79$，表示当人均可支配收入为 0 时，人均现金消费支出是 1681.79 元。从经济学的角度，可以理解为 2012 年全国城镇平均的最低生活保障线应该是 1681.79 元。

直线回归模型是在直线相关条件下，反映变量之间一般数量关系的平均线。根据计算出来的回归模型，已知自变量的数值，就可推算出因变量的数值。通过对表 7.4 观察可以发现，因变量的实际值（y）与估计值（$\hat{y}$）并不一致，它们之间存在差异。这说明估计值并不是一个精确值，它和实际值之间有差异。

表 7.4　2012 年各省市城镇居民人均现金消费支出实际值与估计值的对比表

单位：元

地区	人均可支配收入(x)	人均现金消费支出实际值(y)	人均现金消费支出估计值($\hat{y}$)	$y-\hat{y}$
上　海	40 188.34	26 253.47	26 196.68	56.79
北　京	36 468.75	24 045.86	23 927.73	118.13
浙　江	34 550.30	21 545.18	22 757.47	-1212.29
广　东	30 226.71	22 396.35	20 120.08	2276.27
江　苏	29 676.97	18 825.28	19 784.74	-959.46
天　津	29 626.41	20 024.24	19 753.90	270.34
福　建	28 055.24	18 593.21	18 795.49	-202.28
山　东	25 755.19	15 778.24	17 392.46	-1614.22
辽　宁	23 222.67	16 593.60	15 847.62	745.98
内蒙古	23 150.26	17 717.10	15 803.45	1913.65
重　庆	22 968.14	16 573.14	15 692.36	880.78
湖　南	21 318.76	14 608.95	14 686.23	-77.28
广　西	21 242.80	14 243.98	14 639.90	-395.92
云　南	21 074.50	13 883.93	14 537.24	-653.31
安　徽	21 024.21	15 011.66	14 506.56	505.10
海　南	20 917.71	14 456.55	14 441.59	14.96
湖　北	20 839.59	14 495.97	14 393.94	102.03
陕　西	20 733.88	15 332.84	14 329.46	1003.38
河　北	20 543.44	12 531.12	14 213.29	-1682.17
河　南	20 442.62	13 732.96	14 151.79	-418.83
山　西	20 411.71	12 211.53	14 132.93	-1921.40
四　川	20 306.99	15 049.54	14 069.05	980.49
吉　林	20 208.04	14 613.53	14 008.69	604.84
江　西	19 860.36	12 775.65	13 796.61	-1020.96
宁　夏	19 831.41	14 067.15	13 778.95	288.20
贵　州	18 700.51	12 585.70	13 089.10	-503.40
西　藏	18 028.32	11 184.33	12 679.07	-1494.74
新　疆	17 920.68	13 891.72	12 613.40	1278.32
黑龙江	17 759.75	12 983.55	12 515.24	468.31
青　海	17 566.28	12 346.29	12 397.22	-50.93
甘　肃	17 156.89	12 847.05	12 147.49	699.56

根据表 7.4 的数据绘制的图 7.2。

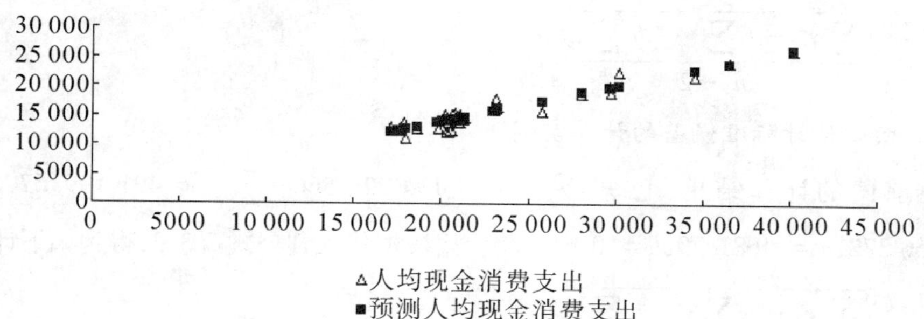

图 7.2　因变量的实际值(y)、预测值($\hat{y}$)与自变量的散点图

建立回归模型,不仅可以用已知数据推算出实际值的估计值,还要用模型预测未知的数据。这就需要知道实际值与估计值之间的差距究竟有多大,这直接关系到预测的准确性。这个差异的大小就成为判断回归模型代表性高低的标准。

统计上使用回归估计标准误差来反映回归直线的代表性大小。

五、回归估计标准误差(Estimated Regression Standard Error)

(一)回归估计标准误差的概念及计算公式

回归估计标准误差,是实际值与估计值的标准差,即以回归直线为中心反映各实际值与估计值之间的平均差异程度。其定义式如下:

$$S_{y \cdot x} = \sqrt{\frac{\sum (y - \hat{y})^2}{n - 2}} \tag{7.3.1}$$

式中,$S_{y \cdot x}$ 表示回归估计标准误差。实际值(y)与估计值($\hat{y}$)的离差平方和是除以 $n-2$,而不是除以 n,这是因为利用最小二乘法计算参数 a 和 b 时,受标准方程组中两个方程的限制,失去两个自由度。但在实际值的个数大于或等于 30 时,回归估计标准误差的计算也可用以下公式:

$$S_{y \cdot x} = \sqrt{\frac{\sum (y - \hat{y})^2}{n}} \tag{7.3.2}$$

回归估计标准误差($S_{y \cdot x}$)的计量单位与因变量(y)的计量单位相同。它和一般标准差的意义是一致的,都是反映平均差异程度和表明代表性的指标。只是一般标准差表明的是各变量值(x)与其平均数($\bar{X}$)的平均差异程度,反映其平均数对各变量值的代表性大小;而回归估计标准误差表明的是因变量各实际值与其估计值之间的平均差异程度,反映其估计值对各实际值的代表性大小。其值越小,表明估计值($\hat{y}$)的代表性越大,用回归方程式估计或预测的结果就越可靠。

一般情况下,回归估计标准误差的计算按如下公式进行:

$$S_{y \cdot x} = \sqrt{\frac{\sum y^2 - a\sum y - b\sum xy}{n-2}} \tag{7.3.3}$$

（二）回归估计标准误差的计算实例

根据前面的计算结果，已知 $\sum y^2 = 8\ 194\ 229\ 566$，$\sum y = 491\ 199.67$，$\sum xy = 12\ 028\ 956\ 372$，$a = 1681.79$，$b = 0.61$。将上述数据代入到公式7.3.3，得到如下计算结果：

$$S_{y \cdot x} = \sqrt{\frac{\sum y^2 - a\sum y - b\sum xy}{n-2}}$$

$$= \sqrt{\frac{8\ 194\ 229\ 566 - 1\ 681.79 \times 491\ 199.67 - 0.61 \times 12\ 028\ 956\ 372}{31-2}}$$

$$= 1025.06(\text{元})$$

计算结果表明，因变量的实际值与估计值之间平均相差1025.06元。回归估计标准误差的数值越小，表明估计值的代表性越大；回归估计标准误差的数值越大，表明估计值的代表性越小。

估计标准误差（$S_{y \cdot x}$）与标准差（σ）的性质是相似的，估计标准误差是以回归直线为中心反映各实际值与估计值平均数（$\hat{y}$）之间离差程度的大小，从另一方面看，也就是反映估计值平均数（$\hat{y}$）的代表性的可靠程度。

（三）一元线性回归估计模型的区间估计

在一般情况下，对于服从正态分布的变量，对每个确定的 $x = x_0$，则 y 的取值也服从正态分布，它的平均数就是当 $x = x_0$ 时直线方程的对应值 $\hat{y} = a + bx_0$，其方差可用 $S^2_{y \cdot x}$ 来估计。

于是，根据正态分布的性质，对于固定的 $x = x_0$，y 的取值是以 $\hat{y}$ 为中心而对称分布的，越是靠近 $\hat{y}$ 的地方出现的概率越大，而离 $\hat{y}$ 较远的地方出现的概率较小，而且与 $S_{y \cdot x}$ 之间有下列关系：

① 落在 $\hat{y} \pm S_{y \cdot x}$ 的区间内的概率是68.27%；

② 落在 $\hat{y} \pm 2S_{y \cdot x}$ 的区间内的概率是95.45%；

③ 落在 $\hat{y} \pm 3S_{y \cdot x}$ 的区间内的概率是99.73%。

例7.3：以95.45%的概率，估计当人均可支配收入是5万元时，人均现金消费支出的区间范围是多少？

（1）根据2012年全国31个省、市的数据，建立的回归方程式如下：

$\hat{y} = 1681.79 + 0.61x$

（2）根据2012年全国31个省、市的数据，计算的回归估计标准误差是：

$S_{y \cdot x} = 1025.06(\text{元})$

(3) 当 $x = 50\,000$,概率 = 95.45% 时,其 $z = 2$,估计人均现金消费支出的区间范围应是:

$$\hat{y} = 1681.79 + 0.61x$$
$$= 1681.79 + 0.61 \times 50\,000$$
$$= 32\,181.79(\text{元})$$

$32\,181.79 \pm 2 \times 1025.06 \Rightarrow (30\,131.67 \quad 34\,231.91)$

以 95.45% 的保证程度,估计当人均可支配收入是两万元,人均现金消费支出将达到的区间范围是 30 131.67 元到 34 231.91 元。

由此可见,估计标准误差($S_{y \cdot x}$)越小,则根据回归方程式预测的估计值($\hat{y}$)就越精确。所以,估计标准误差是可以作为回归方程式精确度的标志。

六、曲线回归模型

(一) 曲线回归模型的概念

由于社会经济现象的复杂性,并不是所有现象之间的关系都可以拟合线性模型。在这种情况下,就需要根据现象关系的性质确定不同形式的曲线方程式来表达它们之间的数量关系。

在建立曲线回归方程式时,首要问题是确定现象关系的类型和形式。这需要通过散点图的分布形状和特点,结合有关现象的专业知识,通过观察、比较和分析,确定合适的曲线回归模型。

在建立了合适的曲线回归模型后,就需要利用最小二乘法求解模型中的待定参数。其计算方法和步骤与线性回归方程式大体一致,但在形式和计算上要显得复杂些。

(二) 指数曲线回归模型的计算实例

已知某企业 1 ~ 12 月的月产量和单位产品成本资料如表 7.5 所示:

表 7.5　　某企业 1 ~ 12 月的月产量和单位产品成本统计表

月份	月产量(吨)	单位产品成本(元)
1	10	160
2	16	151
3	20	114
4	25	128
5	31	85
6	36	91
7	40	75
8	45	76
9	51	66
10	56	60
11	60	61
12	65	60

(1) 根据表 7.5 的数据画出散点图(图 7.3),判断其相关的形式。

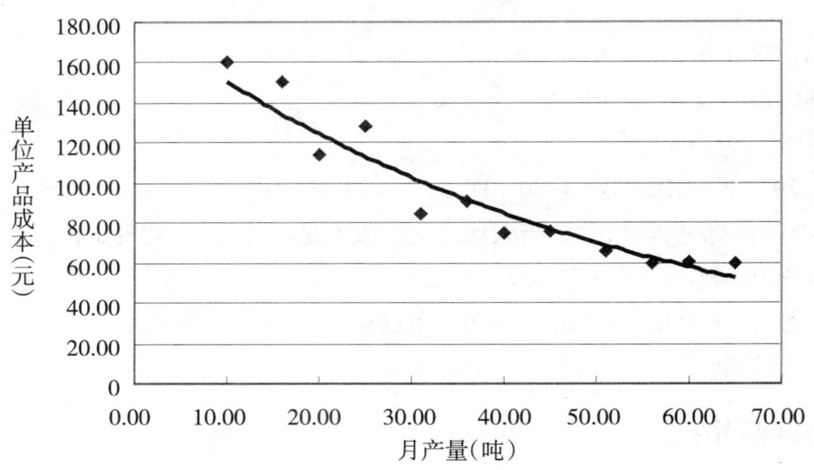

图 7.3　月产量与单位产品成本的散点图

从图 7.3 所显示的散点分布特征和形状,可以判断月产量与单位产品成本之间是指数曲线的关系,可以拟合指数曲线回归方程式。即:

$$\hat{y} = ab^{x} \tag{7.3.4}$$

式中,a,b 是待定参数,自变量 x 是参数 b 的指数。当 $b > 1$ 时,为递增曲线;当 $0 < b < 1$ 时,为递减曲线。

(2) 为了方便计算,可以将指数曲线方程式转化为直线方程式进行计算。方法如下:

曲线回归方程式:$\hat{y} = ab^{x}$

将公式的两端同时取对数,得:$\lg\hat{y} = \lg a + x\lg b$

令 $\hat{y}' = \lg\hat{y}$,$a' = \lg a$,$b' = \lg b$

则公式 8.3.4 就转化为直线方程式:$\hat{y}' = a' + b'x$

根据最小二乘法的原理,上式中的 a' 和 b' 应满足下列的标准方程式:

$$na' + b'\sum x = \sum y'$$

$$a'\sum x + b'\sum x^{2} = \sum xy' \tag{7.3.5}$$

其中,$y' = \lg y$

(3) 根据表 7.5 的数据,计算相应数值如表 7.6:

表 7.6　某企业 1 ~ 12 月的月产量与单位产品成本指数曲线回归模型计算表

月份	x	y	x^2	$y' = \lg y$	xy'	$\hat{y}' = \lg\hat{y}$	$\hat{y}$
(甲)	(1)	(2)	(3)	(4)	(5)	(6)	(7)
1	10	160	100	2.20	22.04	2.18	149.06
2	16	151	256	2.18	34.86	2.13	132.04
3	20	114	400	2.06	41.14	2.10	121.79
4	25	128	625	2.11	52.68	2.05	110.09
5	31	85	961	1.93	59.81	2.00	97.52
6	36	91	1296	1.96	70.53	1.96	88.15
7	40	75	1600	1.88	75.00	1.93	81.31
8	45	76	2025	1.88	84.64	1.89	73.50
9	51	66	2601	1.82	92.80	1.84	65.11
10	56	60	3136	1.78	99.58	1.80	58.85
11	60	61	3600	1.79	107.12	1.76	54.28
12	65	60	4225	1.78	115.58	1.72	49.07
合计	455	1127	20 825	23.37	855.78	23.36	1080.77

(4) 将 $n = 12, \sum x = 455, \sum x^2 = 20\,825, \sum xy' = 855.78, \sum y' = 23.37$

将上述数值代入公式 7.3.5,得:

$12a' + 455b' = 23.37$

$455a' + 20\,825b' = 855.78$

解得:

$a' = 2.26 \qquad b' = -0.0083$

$\hat{y}' = a' + b'$

$\hat{y}' = 2.26 - 0.0083x$

这是一个直线方程式,把 x 代入上式即可得到 $\hat{y}'$ 的各值,见表 7.6 的第 6 栏数值。

(5) 分别求 a' 和 b' 的反对数,由 $a' = \lg a, b' = \lg b$ 查反对数表得:

$a = 182.43 \quad b = 0.98$

指数曲线方程式为:$\hat{y} = 182.43 \times 0.98^x$

将自变量(x) 的各值代入指数曲线方程式得到 $\hat{y}$ 的数值,计算结果见表 7.6 的第 7 栏。这个指数曲线方程式反映了单位产品成本随产量增加而逐步下降的趋势。

练习与思考

一、单项选择题

1. 相关系数的取值范围是(　　)。

A. $-\infty<r<+\infty$　　B. $-1\leqslant r\leqslant 0$

C. $0\leqslant r\leqslant 1$　　D. $-1\leqslant r\leqslant 1$

2. 相关系数与回归系数的符号(　　)。

A. 相同　　B. 相反

C. 视 a 的符号而定　　D. 不能确定

3. 如果直线相关系数的绝对值为 1,则两变量(　　)。

A. 正直线相关　　B. 负线性相关

C. 存在函数关系　　D. 无线性相关,也无非线性相关

4. 相关系数的大小(　　)。

A. 说明两个变量相关密切程度高低

B. 和估计标准误差成反比

C. 和估计标准误差成正比

D. 和估计标准误差没有关系

5. 能够测定变量之间相关关系密切程度的主要方法是(　　)。

A. 相关表　　B. 相关图

C. 相关系数　　D. 定性分析

6. 两个变量间的相关关系称为(　　)。

A. 复相关　　B. 单相关

C. 无相关　　D. 不相关

7. 在一元线性回归方程 $\hat{y}=a+bx$ 中,b 表示(　　)。

A. 当 X 增加一个单位时,Y 增加 a 的数量

B. 当 Y 增加一个单位时,X 增加 b 的数量

C. 当 X 增加一个单位时,Y 的平均增加量

D. 当 Y 增加一个单位时,X 的平均增加量

8. 确定现象之间有无相关关系以及相关的方向、密切程度的方法是(　　)。

A. 编制相关表　　B. 绘制相关图

C. 计算回归估计标准误差　　D. 计算相关系数

9. 已知变量x和变量y的协方差为-60,x的方差为64,y的方差为100,则x与y的相关系数为(　　)。

A. 0.75　　B. -0.75　　C. 0.10　　D. -0.10

10. 商品销售额与流通费用率的相关系数是-0.74,商品销售额与销售利润率之间的相关系数是0.85,平均流通费用率和销售利润率之间的相关系数是-0.98,可以判断(　　)。

A. 商品销售额和销售利润率的相关程度最高

B. 平均流通费用率和销售利润率的相关程度最高

C. 商品销售额与流通费用率的相关程度最高

D. 无法比较它们之间的相关程度的高低

二、多项选择题

1. 测定现象之间有无相关关系的方法是(　　)。

A. 编制相关表　　B. 绘制相关图

C. 对客观现象做定性分析　　D. 计算回归估计标准误差

E. 建立回归方程式

2. 若变量x与变量y呈高度直线相关关系,则通过下列哪些公式可以判断x与y的相关方向(　　)。

A. $n\sum xy-\sum x\sum y$　　B. $\sum(x-\bar{x})(y-\bar{y})$

C. $\overline{xy}-\bar{x}\bar{y}$　　D. $\sum(x-\bar{x})^2$

E. σ_y

3. 如果直线相关系数为0,则两个变量(　　)。

A. 无直线相关　　B. 负线性相关

C. 可能存在曲线相关　　D. 无线性相关,也无非线性相关

E. 可能存在线性相关

4. 直线相关系数的大小(　　)。

A. 说明两个变量相关密切程度的高低

B. 和估计标准误差呈反向关系

C. 和估计标准误差呈正向关系

D. 和回归系数呈反向关系

E. 和回归系数呈正向关系

5. 回归系数b和相关系数r(　　)。

A. 两者符号相同　　B. 两者符号相反

C. 前者的取值范围是($-\infty \quad +\infty$);后者的取值范围是($-1 \quad +1$)

D. 前者的取值范围是($-1 \quad +1$);后者的取值范围是($-\infty \quad +\infty$)

E. 两者没有关系

6. 如果所有观测值都落在回归直线 $\hat{y}=a+bx$ 上,则(　　)

A. 相关系数可能为+1　　B. 相关系数可能为-1

C. 两变量间呈线性函数关系　　D. 两变量间呈完全相关关系

E. 相关系数可能为 0

三、判断题

1. 家庭收入与家庭储蓄是正相关关系。
2. 利用一个回归方程,两个变量可以互相推算。
3. 若直线回归方程为 $\hat{y}=3-1.6x$,则变量 X 与 Y 之间存在负相关关系。
4. 回归系数和相关系数都可用来判断现象之间相关的密切程度。
5. 当两个变量之间存在曲线相关时,回归估计标准误差为 1。
6. 完全相关的关系就是函数关系。
7. 当直线相关系数 $r=-1$ 时,说明变量之间存在函数关系
8. 当直线相关系数 $r=0$ 时,说明变量之间不存在任何相关关系。
9. 在直线回归分析中,两个变量是对等关系,不需要区分谁是自变量,谁是因变量。
10. 回归系数(b)的符号与相关系数(r)的符号方向是一致的。

四、简答题

1. 指出下列现象之间的关系哪些为相关关系,哪些为函数关系,并指出相关方向。

①身高与体重　　②商品的需求量与物价

③通话时间与电话费　　④产量与单位成本

⑤正方形的面积与正方形的边长　　⑥施肥量与粮食单产

⑦人口的平均寿命与经济发展水平

2. 简述判断相关关系的方法。
3. 相关分析与回归分析有何区别?
4. 简述最小二乘法求解回归方程的基本思路。
5. 简述回归估计标准误差的作用。

五、计算题

1. 某地区某产品 2009—2013 年资料如下:

年份	2009	2010	2011	2012	2013
单位成本(元)	1000	1005	980	980	965
产量(万吨)	220	232	240	256	280

要求:(1)绘制单位成本与产量的散点图,据此判断相关形式和方向。

(2)计算单位成本与产量之间的相关系数。

2. 10个品牌啤酒某年的广告费和销售量的资料如下表:

广告费(万元)	销售量(万箱)
120	36
68	21
100	16
76	13
9	8
1	7
21	6
2	4
5	4
3	5

根据资料:(1)计算广告费和销售量之间的相关系数。

(2)建立直线回归方程。

(3)解释回归系数的涵义。

(4)以95.45%的概率,估计当广告费是150万元时,产品的销售量的区间范围。

3. 已知:$n = 6, \sum x = 21, \sum y = 426, \sum x^2 = 79, \sum y^2 = 30\ 268,$

$\sum xy = 1481$。

要求:(1)计算相关系数。

(2)建立回归方程式。

(3)计算回归估计标准误差。

4. 有10家航空公司近一年的航班正点率(%)和顾客投诉次数(次)的数据,通过Excel计算,得到下面的计算结果:

第七章 相关与回归分析

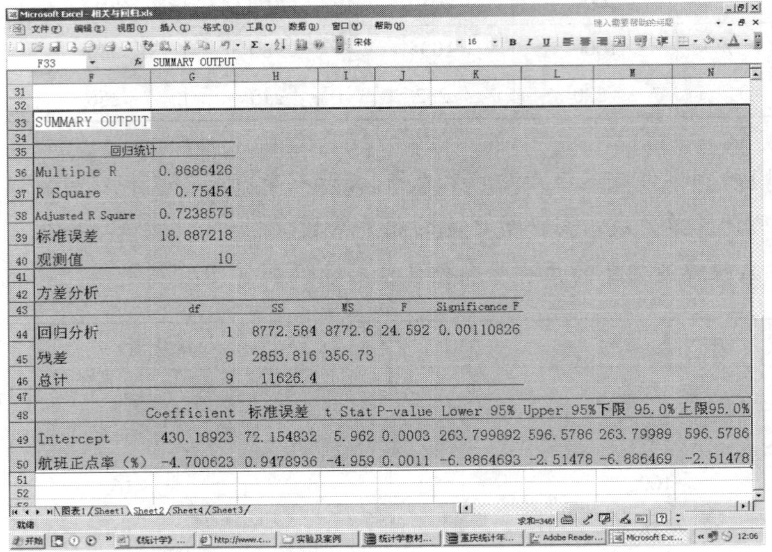

SUMMARY OUTPUT

回归统计	
Multiple R	0.8686426
R Square	0.75454
Adjusted R Square	0.7238575
标准误差	18.887218
观测值	10

方差分析

	df	SS	MS	F	Significance F
回归分析	1	8772.584	8772.6	24.592	0.00110826
残差	8	2853.816	356.73		
总计	9	11626.4			

	Coefficient	标准误差	t Stat	P-value	Lower 95%	Upper 95%	下限 95.0%	上限95.0%
Intercept	430.18923	72.154832	5.962	0.0003	263.799892	596.5786	263.79989	596.5786
航班正点率（%）	-4.700623	0.9478936	-4.959	0.0011	-6.8864693	-2.51478	-6.886469	-2.51478

要求：

(1)航班正点率和顾客投诉次数之间的相关系数是多少？

(2)写出估计的回归方程，并解释回归系数的涵义。

(3)当航班正点率为95%时，顾客投诉次数大约为多少？

第八章

抽样与抽样估计

[教学目的与要求]：

1. 理解抽样及抽样估计的概念及大数定律和中心极限定理的意义；

2. 熟练掌握抽样调查中的基本概念；

3. 熟练掌握总体均值和总体成数抽样估计的基本方法；

4. 掌握必要样本容量的计算方法；

5. 了解其他抽样组织方式。

统计研究的目的是分析说明某一现象总体的数量特征。如果所收集的是研究对象的全面调查资料,就可以直接计算总体平均数、标准差等来描述总体的特征。但是,如果研究的总体是由无数个个体单位组成,或者调查取样带有破坏性时,那该如何进行总体的研究呢?在许多场合,我们可以从总体中抽取一个样本作为总体的代表,这一过程称为抽样。由抽样的结果,用样本指标(统计量)估计总体指标(参数)的方法为抽样估计(Sampling estimation)。本章将介绍抽样估计中常用的基本概念、抽样误差的计算及由样本均值和样本成数估计总体均值和总体成数的方法。

第一节　抽样调查中常用的基本概念

一、随机抽样与非随机抽样

根据样本抽取方法的不同,抽样可分为随机抽样(Random Sampling)与非随机抽样(Non-random Sampling)。

(一)随机抽样

它是按照随机原则从调查对象中抽取样本进行观察,然后依据所获得的样本数据,对调查对象总体的数量特征做出具有一定可靠程度的估计和推算。所谓随机原则是指排除主观上有意识地抽取某些调查单位,使每个单位都有一定的机会被抽中。随机抽样最基本的组织方式有:简单随机抽样、分层抽样、整群抽样和系统抽样。

(1)简单随机抽样(Simple Random Sampling):也称纯随机抽样。它是按随机原则直接从总体 N 个单位中抽取 n 个单位作为样本,保证总体中每个单位在抽选时具有相等的机会被抽中。简单随机抽样是抽样中最基本也是最单纯的方式。

(2)分层抽样(Stratified Sampling):又称类型抽样。它是先对总体各单位按主要标志加以分组,然后再从各组中按随机原则抽取一定单位构成样本。特别的,如果每层的抽样都是简单随机抽样,就称分层随机抽样。

通过分类,可以把总体中比较接近的单位归为一组,使各组的分布比较均匀,而且保证各组都有单位被抽中,所以在总体各单位标志值大小悬殊的情况下,运用类型抽样比简单随机抽样可以得到更加准确的结果。

分层抽样特别适用于既要估计总体参数,也要估计子总体(层)参数的情形。

(3)整群抽样(Cluster Sampling)是将总体各单位划分成若干个群,然后以群为单位进行随机抽样,对抽中群的所有个体进行全面调查的抽样组织形式。注意整群抽样的基本单位不是总体单位而是群。抽样时,可以采用简单随机抽样或系统抽样方法选择群。如,在一个城市进行居民生活水平调查,以行政区作为抽选单位,用简单随机抽样的方法确定中选区，然后对中选区所有居民户进行全面调查，就是整群抽样；再比如，在生产过程中每隔 10 小时抽取 1 小时的全部零件进行检验，可以看作用等距抽样法确定中选群的整群抽样。

对比简单随机抽样与分层抽样，整群抽样不要求提供包含每个总体单位的抽样框，只需提供关于群的抽样框。但由于同一群内个体多少有点相似，因此对抽中群的所有个体进行全面调查就不可避免地会造成浪费。

(4)系统抽样(Systematic Sampling)又称机械抽样。它是事先将总体各单位按某种顺序排列，在规定的范围内抽取起始单位，然后按一套规则确定其他样本单位的一种随机抽样组织形式。最简单的系统抽样是在取得一个初始单位后，按相等间隔抽取样本单位，即等距抽样。可见，系统抽样的随机性只表现在第一个样本单位的选取上，当第一个样本单位确定之后，其余的$(n-1)$个样本单位也就随之而定了。有时系统抽样甚至不需要一个完整的抽样框，它只需要总体单位的一个确定的排列。如果能对总体单位的排列规则有所了解并加以正确利用，则系统抽样能达到相当高的精度。

(二)非随机抽样

它是指从研究目的出发，根据调查者的经验、判断或基于方便的原则，从总体中有意识地抽取样本。如典型调查、重点调查、配额抽样、方便抽样等都属于非随机抽样。非随机抽样相对于随机抽样而言往往简便易行，但其抽样效果的好坏在很大程度上依赖于调查者的主观判断能力和经验，且不能计算抽样误差，不能从概率意义上说明调查结果的可靠程度。

二、重复抽样与不重复抽样

从抽样方法看，抽样调查有重复抽样与不重复抽样两种：

(一)重复抽样(Sampling With Replacement)

它又称放回抽样，是指从总体的 N 个单位中抽取一个容量为 n 的样本，每次抽出一个单位记录结果后，再将其放回总体中参加下一次抽取，这样连续抽 n 次即得到一个样本。

用考虑顺序的简单随机重复抽样方法，从容量为 N 的总体中抽取单位数为 n 的样本，所有可能的样本个数为 N^n，每个样本被抽中的概率都等于 $1/N^n$。

(二)不重复抽样(Sampling Without Replacement)

它又称无放回抽样，是指抽中单位不再放回总体中，而只能从余下的总体单位中抽取下一个样本单位。

用不考虑顺序的简单随机不重复抽样的方法，从容量为 N 的总体中抽取单位数为 n 的样本，所有可能的样本个数为 C_N^n，每个样本被抽中的概率都等于 $1/C_N^n$。

三、总体分布、样本分布与抽样分布

(一)总体分布(Population Distribution)

即总体标志值的分布。统计总是通过某一个或某几个方面的特征对现象总体进行研究的,选定的标志在各个个体上表现为具体的数值,即标志值(有些标志在个体上不表现为数值,如:肤色、性别等,可以将具有某种标志的个体给予数量 1 表示;不具有这种标志的个体给予数量 0 表示)。那么总体就是各个标志值构成的集合。把各个个体标志的取值看作是抽样之前无法确定的随机变量,那么总体就是某个随机变量 X 取值的全体。

总体各单位标志值用大写 X_i,即 $X_1, X_2, \cdots, X_N$ 表示,总体中所含的个体数为总体容量,用"N"表示。用来描述总体分布特征的数值称为总体参数(Parameter),如,总体平均数 $\bar{X}$,总体方差 σ^2,总体成数 P,总体中具有某种特征的单位数 N_1 等,它们只有在总体中各个变量值皆已知的情况下才能求出,在大多数情况下需要由样本进行估计。

(二)样本分布(Sample Distribution)

样本分布即样本标志值的分布,样本各单位标志值用小写 x_i,即 $x_1, x_2, \cdots, x_n$ 表示,样本中所含的个体数为样本容量,用 n 来表示。用来描述样本分布特征的特征值叫统计量(Statistic)。如:样本平均数 $\bar{x}$,样本方差 s^2,样本成数 p,总体中具有某种特征的单位数 n_1 等。

下面给出相关指标计算式:

总体指标(参数):

$$\bar{X} = \frac{\sum X}{N} \text{ 或 } \sum X \frac{F}{\sum F}$$

$$\sigma = \sqrt{\frac{\sum (X - \bar{X})^2 F}{\sum F}}$$

$$\bar{X} = P = \frac{N_1}{N}$$

$$\sigma = \sqrt{P \times (1 - P)}$$

样本指标(统计量):

$$\bar{x} = \frac{\sum x}{n} \text{ 或 } \sum x \frac{f}{\sum f}$$

$$s = \sqrt{\frac{\sum (x - \bar{x})^2 f}{\sum f - 1}}$$

$$\bar{x} = p = \frac{n_1}{n}$$

$$s = \sqrt{p(1 - p)}$$

(三)抽样分布(Sampling Distribution)

抽样分布是从一个总体中随机抽取容量相等的样本,由于各次抽样得到的样本是不尽相同的,所以样本统计量的取值是随机的,所有可能的样本某一统计量的概率分布称为抽样分布。

四、抽样误差

(一) 抽样误差(Sampling Error)

抽样调查中存在两类误差,即登记误差和代表性误差。登记误差不是抽样调查中特有的,它存在于一切调查当中,这在第二章中已经叙述过。

代表性误差是指以样本指标推断总体指标时,样本结构与总体结构发生偏离等原因造成的代表程度上的误差。因此,它仅产生于抽样调查。同时,抽样调查不可避免的会产生代表性误差。

代表性误差根据其来源又分为:系统性误差(偏差)与随机误差。

系统性误差主要由于抽样框不完整,样本统计量本身为有偏估计量或抽样方案设计有偏等原因引起,其特点是样本统计量比总体参数总是偏高或偏低,误差大小不随样本容量增减而变化。

随机误差就是抽样误差,它指不包括登记误差和系统性误差在内的随机误差,它衡量了抽样估计的精确程度。一般抽样误差越小,抽样估计的精度就越高,反之,就越低。

必须指出,抽样误差随样本量增大而减小,另外,它是一个随机变量。而且,这种误差在实际的一次调查中是调查不出来的,因为被推算的总体参数的真值是未知的。但抽样误差的平均值有多大是可以推算的。

抽样与抽样估计

(二) 抽样平均误差(Sampling Average Error)

抽样平均误差是指所有可能的样本指标与总体指标间的平均差异程度,即样本统计量的标准差,也称抽样分布的标准差。

抽样调查中,主要指标有均值与成数,它们的抽样平均误差可分别用$\mu_{\bar{x}}$与μ_p表示,其理论计算公式分别为:

$$\mu_{\bar{x}} = \sqrt{\frac{\sum_{i=1}^{m}(\bar{x}_i - \bar{X})^2}{m}} \tag{8.1.1}$$

$$\mu_p = \sqrt{\frac{\sum_{i=1}^{m}(p - P)^2}{m}} \tag{8.1.2}$$

其中, m 表示所有可能的样本个数。

实际进行抽样估计时,不可能按上式来计算抽样平均误差,而只能依据中心极限定理进行计算,对此将在本章第二节与第三节中讨论。

(三) 抽样极限误差(Limit of Sampling Error)

由于总体指标是一个确定的数,而样本抽样指标则围绕着总体指标左右变动,它与总体指标可能产生正离差,也可能产生负离差。抽样极限误差又叫抽样绝对误差或最大允许误差。它是一定概率把握程度下抽样指标与总体指标之差的绝对值的最大值。

用 $\Delta_{\bar{x}}$ 与 Δ_p 分别表示抽样平均数与抽样成数的极限误差范围，则：

$$|\bar{x}-\bar{X}| \leqslant \Delta_{\bar{x}} \tag{8.1.3}$$

$$|p-P| \leqslant \Delta_P \tag{8.1.4}$$

将(8.1.3)、(8.1.4)式变换成下列等价的不等式：

$$\bar{X}-\Delta_{\bar{x}} \leqslant \bar{x} \leqslant \bar{X}+\Delta_{\bar{x}} \tag{8.1.5}$$

$$P-\Delta_p \leqslant p \leqslant P+\Delta_p \tag{8.1.6}$$

上式表明，样本平均数 $\bar{x}$(或样本成数 p)是以总体平均数 $\bar{X}$(或总体成数 P)为中心，在 $\Delta_{\bar{x}}$(或 Δ_p)范围内变动。

(8.1.5)、(8.1.6)式虽然表明了样本指标偏离总体指标的可能范围，但并不符合抽样推断的要求。因为实际中，是以已知的样本指标估计总体指标的可能范围，为此，我们把(8.1.5)、(8.1.6)式变换成下列不等式：

$$\bar{x}-\Delta_{\bar{x}} \leqslant \bar{X} \leqslant \bar{x}+\Delta_{\bar{x}} \tag{8.1.7}$$

$$p-\Delta_p \leqslant P \leqslant p+\Delta_p \tag{8.1.8}$$

（四）抽样误差系数与抽样估计精度

在实际抽样工作中，往往需要计算误差系数和估计精度，用以表示抽样极限误差的相对大小。

抽样误差系数(Coefficient of Sampling Error)的计算是以抽样极限误差除以总体均值或成数来定义的，分别用 $r_{\bar{x}}$ 表 r_p 示，则有：

$$r_{\bar{x}}=\frac{\Delta_{\bar{x}}}{\bar{X}} \tag{8.1.9}$$

$$r_p=\frac{\Delta_p}{P} \tag{8.1.10}$$

由于总体均值或成数往往无法获得，因此，通常用样本均值或成数来替代进行计算。

由抽样误差系数可进而计算抽样估计的精确度(Precision of Sampling Estimation)，简称精度。分别以 $A_{\bar{x}}$ 与 A_p 表示抽样平均数和抽样成数的精度，则：

$$A_{\bar{x}}=1-r_{\bar{x}} \tag{8.1.11}$$

$$A_p=1-r_p \tag{8.1.12}$$

在抽样方案设计中，往往用精度的要求来代替误差范围的控制。

第二节　抽样估计原理——大数定律及中心极限定理

一、大数定律及中心极限定理的基本内容

为简化说明问题，除特别说明外，本章后面的讨论均为简单随机重复抽样。

(一) 问题的提出

在重复抽样中,随机抽取一个单位记录结果后放回原总体参加下一次抽取。这样,样本的单位数 n 从理论上说可以多至无穷,而原总体构成不变。显然,人们自然会提出这样的问题:样本平均数(或样本成数)是否会随着样本单位数的无限增加而趋于无穷大?或者并非如此,而是向一个有限的数靠拢?这个问题是否在总体很大的不重复抽样中也存在?抽样的样本平均数和总体平均数总是存在着某种误差,这种误差的可能性通常用概率分布原理对它进行估计,但是,样本平均数(或样本成数)的概率分布怎样?样本单位数 n 增多时,样本平均数的标准误差 $\sigma_{\bar{x}}$ 是变大还是变小?能否趋于零?此外作为样本函数的统计量 $\bar{x}$(或 p)的分布是否随着 n 的增大趋于一个已知的分布,比如正态分布?

只要这些问题有了圆满的答案,那么抽样估计的问题就解决了。

(二) 大数定律、中心极限定理(Large Number Theory - Central Limit Theorem)的基本内容

对于上述问题,大数定律、中心极限定理给出了满意的回答。大数定律是研究随机变量序列 $\{x_n\}$(即随机抽取的一系列样本值)依概率收敛的极限行为;中心极限定理研究的是随机变量序列 $\{x_n\}$ 依分布收敛的极限行为。它指出大量随机变量之和的极限行为,即随机变量和的极限分布是正态分布。这个定理在实际运用中具有重要的意义,因为现实中许多变量都具有上述性质。例如,人的身高是受许多随机因素(先天的、后天的)影响的总结果,因而可以认为人的身高是具有正态分布的变量。同样道理,作物的产量、牲畜的增重、砖的抗压强度、商品销售额等都是如此。可以这样说:在现实生活中,一个随机变量服从正态分布未必很多,但随机变量和的分布趋于正态分布则是大量存在的。大数定律、中心极限定理为抽样估计奠定了坚实的理论基础和方法理论基础。

具体地说,大数定律、中心极限定理对上述问题的圆满回答是:

(1) 从正态总体中抽取全部可能的样本,无论样本容量 n 的大小,样本平均数的分布一定是正态的。

(2) 样本平均数的平均数 $E(\bar{x})$ 等于总体平均数。

(3) 样本平均数的方差 $\mu_{\bar{x}}^2$ 等于总体方差 σ^2 除以样本容量 n。即样本容量 n 越大,样本平均数围绕总体平均数摆动的幅度越小。理论上 $\mu_{\bar{x}}^2$ 可以趋于零。

(4) 如果总体分布是非正态的或分布形式未知,随着样本容量 n 的增大(一般情况下,$n \geq 30$ 就认为很大了),样本平均数的分布趋于正态分布。

二、计算实例

在 N 很大,抽样的样本容量 n 也很大的情况下,验证大数定律、中心极限定理为抽样估计提供的上述重要的结论。但是,这样的抽样试验在任何现实的问题中都有许多困难。因为若总体容量为 N,抽取的样本容量为 n,用重复抽样的方法一共所有可能的样本

是 N^n 个，这个数字实在太大了，更不必说对无限总体本身 N 就是无限的情况了。为了克服这个困难，人们经过实践创造了“小总体模拟抽样”方法。具体做法是：人为地构造一个小总体，如 $N=2,3,4$ 等，而样本容量 n 也不过大，然后用重复抽样方法抽取所有可能的样本。之所以用重复抽样的方法，因为这样既保证了抽样的等概性，也保证了总体的无限性。在多数场合，人们都用小总体模拟抽样，作为重要统计原理的实验证明。

例 8.1：设一个总体含有 4 个个体，即总体单位数 $N=4$，4 个个体分别为 $X_1=1$、$X_2=2$、$X_3=3$、$X_4=4$。总体的均值、方差及分布如下：

$$\bar{X}=\frac{\sum_{i=1}^{N}X_i}{N}=2.5$$

$$\sigma^2=\frac{\sum_{i=1}^{N}(X_i-\bar{X})^2}{N}=1.25$$

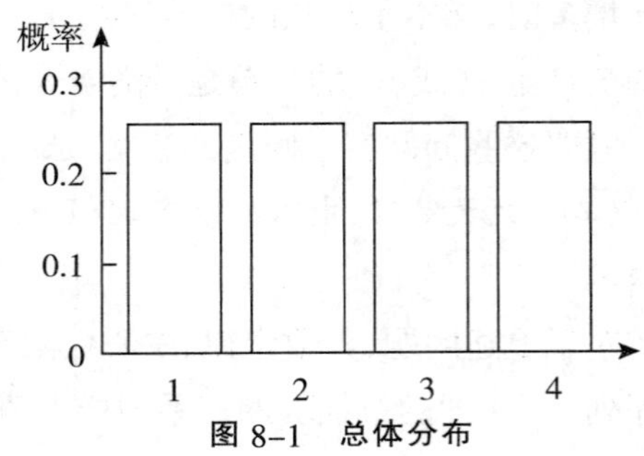

图 8-1 总体分布

现以 $n=2$ 作重复抽样，则所有可能的样本分别为 $N^n=4^2=16$ 个。抽样结果列于表 8.1。

表 8.1 所有可能的 $n=2$ 的样本

第一个观察值	第二个观察值			
	1	2	3	4
1	1,1	1,2	1,3	1,4
2	2,1	2,2	2,3	2,4
3	3,1	3,2	3,3	3,4
4	4,1	4,2	4,3	4,4

计算出各样本的均值如表 8.2 所示。

表 8.2 16 个样本的均值

第一个观察值	第二个观察值			
	1	2	3	4
1	1.0	1.5	2.0	2.5
2	1.5	2.0	2.5	3.0
3	2.0	2.5	3.0	3.5
4	2.5	3.0	3.5	4.0

从表 8.1 与表 8.2 可以看到，每个样本组合都有自己的分布。通过这些样本计算的样本均值，有的与总体均值接近，有的远离总体均值。样本均值的抽样分布如表 8.3 所示：

表 8.3　　　　样本均值的抽样分布

$\bar{x}_i$	$p(\bar{x}_i)$
1.0	0.0625
1.5	0.125
2.0	0.1875
2.5	0.25
3.0	0.1875
3.5	0.125
4.0	0.0625

样本均值分布的均值及标准差分别为：

$$E(\bar{x}) = \frac{\sum \bar{x}_i}{m} = \frac{1.0 + 1.5 + \cdots + 4.0}{16} = 2.5 = \bar{X}$$

$$\mu_{\bar{x}}^2 = \frac{\sum_{i=1}^{m} (\bar{x}_i - \bar{X})^2}{m} = \frac{(1.0 - 2.5)^2 + (1.5 - 2.5)^2 + \cdots + (4.0 - 2.5)^2}{16}$$

$$= 0.625 = \frac{\sigma^2}{n}$$

于是,验证了大数定律、中心极限定理的第二与第三个结论,即样本平均数的平均数等于总体平均数,样本平均数的方差 $\mu_{\bar{x}}^2$ 等于总体方差 σ^2 除以样本容量 n。

从表 8.3 可以看出,$\bar{x}$ 的分布近似正态分布。这里之所以说是近似,是因为 $\bar{x}$ 的取值集中在有限的几个点上。而无限总体的无限多次抽样形成的 $\bar{x}$ 的取值是无限多的,因而形成的是一条光滑的分布曲线。但这一差别,在获得必要的结论后可以用数学的推导予以弥补①。

现将上述抽样结果绘制成直方图并配合分布曲线图示于图 8.2。

---

① 设 $(x_1, x_2, \cdots, x_n)$ 是总体 $x \sim N(\bar{X}, \sigma^2)$ 的随机样本,$\bar{x} = \frac{1}{n}\sum_{i=1}^{n} x_i$,则

$$E(\bar{x}) = E(\frac{1}{n}\sum_{i=1}^{n} x_i) = \frac{1}{n}\sum_{i=1}^{n} E(x_i) = \frac{1}{n}\sum_{i=1}^{n} \bar{X} = \bar{X}$$

$$\mathrm{Var}(\bar{x}) = \mathrm{Var}(\frac{1}{n}\sum_{i=1}^{n} x_i) = \frac{1}{n^2}\sum_{i=1}^{n} \mathrm{Var}(x_i) = \frac{1}{n^2} n\sigma^2 = \frac{\sigma^2}{n}$$

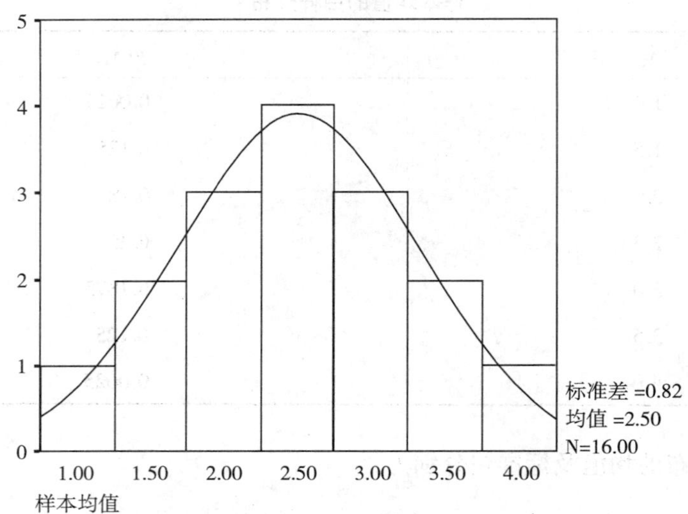

图 8.2　样本均值的抽样分布

可见，样本均值 $n=2$ 时的分布已非常接近正态分布。

类似的，可以建立 $n=3$ 的抽样分布，其分布的均值仍为 2.5，方差为 0.417。由于样本平均数标准误差变小，它的分布曲线变得瘦、高。如图 8.3。

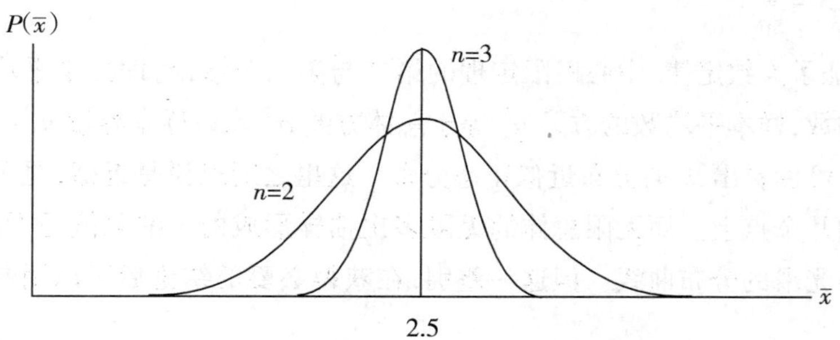

图 8.3　$n=2, n=3$ 的抽样分布曲线

如果模拟实验以 $n=30$ 抽样，所有可能的样本数将有 1.15×10^{18} 个，样本平均数的取值无限接近，且 $\mu_{\bar{x}}^2=\frac{1.25}{30}=0.0417$ 变得非常小，曲线变得更加瘦高，样本均值在非常小的范围内密集在总体均值周围。

如果继续加大总体 N，不管总体分布形态如何，在 n 很大（>30）时 $\bar{x}$ 的分布将近似正态分布。

以上，是对大数定律、中心极限定理第一和第四个结论的直观验证。

当总体容量为 N，抽样的样本容量为 n，抽样方式为不重复抽样，样本平均数分布特征有如下结论：

（1）样本平均数的平均数仍然等于总体平均数。

（2）样本平均数的方差将等于总体方差除以样本容量 n 之后，再乘以有限总体修正系数，即：

$$\mu_{\bar{x}}^2 = \frac{\sigma^2}{n}\left(\frac{N-n}{N-1}\right) \tag{8.2.1}$$

由于 n 总是取大于 1 的有限整数，所以有限总体修正系数 $\frac{N-n}{N-1} < 1$，这就使得

$$\frac{\sigma^2}{n}\left(\frac{N-n}{N-1}\right) < \frac{\sigma^2}{n}$$

即重复抽样的样本方差大于不重复抽样的方差。

当然，对于无限总体，有：

$$\lim_{N\to\infty}\frac{N-n}{N-1} = 1 \text{ 和} \lim_{N\to\infty}\frac{N-n}{N-1}\times\frac{\sigma^2}{n} = \frac{\sigma^2}{n}$$

即使采用不重复抽样，样本均值的方差与重复抽样时一样，有限总体修正系数的作用极小。就是说只有总体是有限总体时才考虑修正问题，所以 $\frac{N-n}{N-1}$ 被称作有限总体修正系数（Finite Population Correction Factor）。

（3）尽管总体是有限的，但当 N 很大，且样本容量 n 以及 $N-n$ 都充分大（即 N 很大，但 n 相对 N 是小的）时，仍然有：

$$\frac{N-n}{N-1} \approx 1 - \frac{n}{N} \approx 1$$

此时的不重复抽样仍可近似作为重复抽样处理。n/N 称为抽样比（Sampling Fraction）。

综上所述，样本平均数的分布一般是正态的（如果总体非正态，则 $n \geq 30$），其分布中心为 $E(\bar{x}) = \bar{X}$，分布方差（$\mu_{\bar{x}}^2$）为 σ^2/n。于是有，样本平均数在离开 $\bar{X}$ 左右 1 个 $\mu_{\bar{x}}$ 范围内集中了 68.27%，离开 $\bar{X}$ 左右 1.96 个 $\mu_{\bar{x}}$ 的范围内集中了 95%，离开 $\bar{X}$ 左右 2 个 $\mu_{\bar{x}}$ 范围内集中了 95.45%，离开了 $\bar{X}$ 左右 3 个 $\mu_{\bar{x}}$ 范围内集中了 99.73%。这些重要的结论都为抽样估计奠定了坚实的基础。

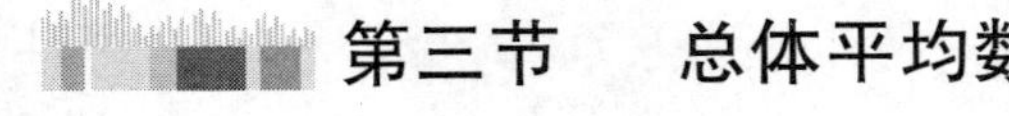

第三节　总体平均数和总体成数的估计

有了前两节的基本概念，就可以进行抽样估计了。由于样本是用随机抽样方法得到的，因此不能期望一次抽样所得的样本指标恰恰等于对应的总体指标，就是说只给出估计值而不给出伴有抽样误差及概率保证程度的讨论是没有实际意义的。于是，抽样估计必

须包括三要素:估计值、估计值的误差范围及相应的概率保证程度,即可靠程度或置信度。对未知总体参数估计的方法有两种,即点估计和区间估计。

(一) 点估计(Point Estimation)

设总体随机变量 X 的分布函数已知,但其一个或多个参数未知,利用样本数据对总体未知参数直接进行估计就称为点估计。点估计的主要方法有矩估计法、极大似然估计法等。根据估计的原理,可以用样本均值估计总体均值,以样本标准差估计总体标准差等。

(二) 区间估计(Interval Estimation)

区间估计是根据置信度的要求,计算极限误差,再利用抽样所得的样本指标值定出估计下限(Lower Limit)L,上限(Upper Limit)U,区间$[L,U]$被称为总体参数的置信区间。

置信度(Degree of Confidence),又称估计可靠程度或把握程度,也即估计的区间包含总体参数的可能性大小,常用 $1-\alpha$ 表示。其中 α 为小概率事件发生的临界水平,称显著性水平(Significance Level)。当某事件发生的概率小于该显著水平时,认为此事件为小概率事件。如认为总体参数落在估计区间外的概率在 0.05 以下的情形很难出现,就称 0.05 为这一小概率事件的显著水平。它同时说明有 $1-0.05=0.95$ 的把握保证总体参数落在估计区间内。

一、总体均值的估计

总体均值的估计就是根据样本平均数 $\bar{x}$ 对总体均值 $\bar{X}$ 进行点估计和区间估计。

(一) 总体均值的点估计

$$\hat{\bar{X}} = \bar{x} \tag{8.3.1}$$

(二) 总体均值的区间估计

1. 总体方差已知时总体均值的区间估计

通过本章第二节的讨论,已经知道从正态总体中抽取全部可能的样本,无论样本容量 n 的大小,样本平均数的分布一定是正态的。即样本均值服从均值为 $\bar{X}$,方差为$\frac{\sigma^2}{n}$的正态分布,用符号表示为 $\bar{x} \sim N(\bar{X},\frac{\sigma^2}{n})$。将 $\bar{x}$ 标准化,得到 z 统计量:

$$z = \frac{\bar{x}-\bar{X}}{\sigma/\sqrt{n}} \sim N(0,1) \tag{8.3.2}$$

根据区间估计的定义,对给定的显著性水平 α,有:

$$P(\bar{x} - z_{\alpha/2}\frac{\sigma}{\sqrt{n}} \leqslant \bar{X} \leqslant \bar{x} + z_{\alpha/2}\frac{\sigma}{\sqrt{n}}) = 1-\alpha \tag{8.3.3}$$

即在给定的显著性水平 α 下,总体均值在 $1-\alpha$ 的置信度下的置信区间为:

$$(\bar{x} - z_{\alpha/2}\frac{\sigma}{\sqrt{n}}, \bar{x} + z_{\alpha/2}\frac{\sigma}{\sqrt{n}}) \quad (8.3.4)$$

注意到 $z_{\alpha/2}\frac{\sigma}{\sqrt{n}}$ 就是第一节介绍的极限误差 $\Delta_{\bar{x}}$。即

$$\Delta_{\bar{x}} = z\mu_{\bar{x}} = z\frac{\sigma}{\sqrt{n}} \quad (8.3.5)$$

例 8.2：对一批某型号的电子元件进行耐用时数检查（显然，该总体为正态总体），根据以往经验，$\sigma = 52$，随机抽选 100 件做耐用时数测定。所得结果的分组资料如表 8.4。

表 8.4　　100 个电子元件耐用时数分组表

耐用时数（小时）	组中值 x_i	元件数 f_i
900 以下	875	1
900 ~ 950	925	2
950 ~ 1000	975	6
1000 ~ 1050	1025	35
1050 ~ 1100	1075	43
1100 ~ 1150	1125	9
1150 ~ 1200	1175	3
1200 以上	1225	1
合计	—	100

试以 95% 的可靠程度对该批元件平均耐用时数作出点估计和区间估计。

解：由实际抽样结果，计算：

$$\bar{x} = \frac{\sum_{i=1}^{k} x_i f_i}{\sum_{i=1}^{k} f_i} = 1055.5（小时）$$

$$\mu_{\bar{x}} = \frac{\sigma}{\sqrt{n}} = \frac{52}{\sqrt{100}} = 5.2（小时）$$

由于可靠程度为 95%，查附表 3（标准正态概率双侧临界值表），得 $z = 1.96$，所以抽样极限误差 $\Delta_{\bar{x}} = 1.96 \times 5.2 = 10.192$（小时）

于是：

（1）总体平均耐用时数的点估计：该批电子元件平均耐用时数为 1055.5 小时。

（2）总体平均耐用时数的区间估计：

置信区间下限 $L = 1055.5 - 10.192 = 1045.31$（小时）

置信区间上限 $U = 1055.5 + 10.192 = 1065.69$（小时）

即该批电子元件的平均耐用时数在 1045.31 ~ 1065.69 小时之间，可靠度为 95%。

2. 总体方差未知时总体均值的区间估计

对正态分布的总体，当总体方差未知时，可用样本方差 s^2 代替总体方差 σ^2，或用样本标准差 s 代替总体标准差 σ，则有统计量 $t=\dfrac{\bar{x}-\bar{X}}{s/\sqrt{n}}\sim t(n-1)$，即样本均值的抽样分布服从自由度为 $n-1$ 的 t 分布。

对给定的显著性水平 α，有：

$$P(\bar{x}-t_{\alpha/2}(n-1)\frac{s}{\sqrt{n}}\leqslant\bar{X}\leqslant\bar{x}+t_{\alpha/2}(n-1)\frac{s}{\sqrt{n}})=1-\alpha \tag{8.3.6}$$

即在给定的显著性水平 α 下，总体均值在 $1-\alpha$ 的置信度下的置信区间为：

$$(\bar{x}-t_{\alpha/2}(n-1)\frac{s}{\sqrt{n}},\bar{x}+t_{\alpha/2}(n-1)\frac{s}{\sqrt{n}}) \tag{8.3.7}$$

当 $n\to\infty$ 时，t 分布趋于标准正态分布。因此，实际运用中，当 $n>30$ 时，t 分布可用标准正态分布近似。

例 8.3：如果在例 8.2 中总体标准差未知，试以 95% 的可靠程度对该批元件平均耐用时数进行区间估计。

解(1)：由实际抽样结果，计算：

$$\bar{x}=\frac{\sum_{i=1}^{k}x_if_i}{\sum_{i=1}^{k}f_i}=1055.5(\text{小时}) \qquad s=\sqrt{\frac{\sum_{i=1}^{k}(x_i-\bar{x})^2f_i}{\sum_{i=1}^{k}f_i-1}}=51.91(\text{小时})$$

$$\mu_{\bar{x}}=\frac{s}{\sqrt{n}}=\frac{51.91}{\sqrt{100}}=5.19(\text{小时})$$

由于可靠程度为 95%，查 t 分布表，对应 $t_{0.05/2}(100-1)=1.98$，所以：

抽样极限误差 $\Delta_{\bar{x}}=1.98\times5.19=10.28$（小时）

于是总体平均耐用时数的区间估计：

置信区间下限 $L=1055.5-10.28=1045.22$（小时）

置信区间上限 $U=1055.5+10.28=1065.78$（小时）

即该批电子元件的平均耐用时数在 1045.22 ~ 1065.78 小时之间，可靠度为 95%。

解(2)：因为当 $n>30$ 时，t 分布可用标准正态分布近似表达。故：

抽样极限误差 $\Delta_{\bar{X}}=z\times s_{\bar{x}}=1.96\times5.19=10.17$（小时）

于是总体平均耐用时数的区间估计：

置信区间下限 $L=1055.5-10.17=1045.33$（小时）

置信区间上限 $U=1055.5+10.17=1065.67$（小时）

即该批电子元件的平均耐用时数在1045.33 ~ 1065.67小时之间，可靠度为95%。

需要特别注意的是：用标准正态分布近似 t 分布，必须满足总体服从正态分布这一前提条件。

二、对总体成数的估计

（一）总体成数与样本成数(Population and Sample Proportion)

在实际工作中，常常需要了解总体的某种构成情况。例如，某地区农户中具有银行存款的农户比重；某批种子的发芽率；某门课程考试中，学生的及格率；某乡小麦亩产超过250千克的面积比重等这一类相对数称为总体成数。一般来讲，总体成数的形成有两种情况：

第一种是质量标志数量化。当所研究的总体特征是质量标志时（如，患病与健康、发芽与不发芽、合格与不合格等），记具有所研究属性的个体为"1"，非此属性的为"0"，则总体 N 个个体就表现为"1"和"0"两种不同的数值，如果其中有 N_1 个"1"，则 N_1 与 N 的比值就是总体成数，并记为 P，即：

$$P=\frac{N_1}{N} \tag{8.3.8}$$

第二种是所研究的标志为数量标志，则总体表现为 N 个数据，若其中 N_1 个数据是合乎要求或规定的（如亩产大于250千克是符合要求的），我们可以将这 N_1 个数据都给予"1"表示，其余 N_0 个数据以"0"来表示，则 N_1 与 N 的比值也形成了总体成数 P。

显然，不管哪种情况，总体都是0 ~ 1总体（或是非总体）。其平均数是：

$$\bar{X}=\frac{N_1}{N}=P \tag{8.3.9}$$

其总体方差是：

$$\sigma^2=P(1-P) \tag{8.3.10}$$

（其推算过程见第四章第四节中的四、属性总体的概念和特征值的计算）

一般来讲，总体成数是未知的，即应考虑以样本成数作为它的估计值。以下给出样本成数的定义：

若 $x_1,x_2,\cdots,x_n$ 是来自0 ~ 1总体的一个简单随机样本，则统计量

$$p=\frac{\sum_{i=1}^{n}x_i}{n}=\frac{n_1}{n} \quad (x_i=0,1) \tag{8.3.11}$$

p 为样本成数。

$$s=\sqrt{p(1-p)} \tag{8.3.12}$$

s 为样本标准差。

第八章 抽样与抽样估计

显然样本成数是来自0～1总体的一个样本平均数，它是n个个体中“1”的个数与抽样容量n的比值。

（二）样本成数p的分布特征

既然样本成数是来自0～1总体的一个样本平均数，那么它和第二节讨论的样本平均数相类似，有如下特点：

1. 在重复抽样下

（1）原始总体是0～1分布，则样本成数是二项分布（Binomial Distribution）。

（2）样本成数的平均数等于总体成数（总体平均数），即：

$$E(p) = P \tag{8.3.13}$$

（3）样本成数的方差等于总体方差$P(1-P)$除以样本容量n，即

$$\mu_p^2 = \frac{P(1-P)}{n} \tag{8.3.14}$$

（4）大数定律、中心极限定理揭示了$n \to \infty$时，只要p，q不过大过小，而np、nq均大于5，则p的分布近似正态分布。

2. 在不重复抽样下

（1）总体是0～1总体，则样本成数p服从二项分布。

（2）样本成数p的平均数仍然等于总体成数P。

（3）样本成数p的方差按下式计算：

$$\mu_p^2 = \frac{PQ}{n} \cdot \frac{N-n}{N-1} \tag{8.3.15}$$

上式中的$P = N_1/N$，$Q = \frac{N - N_1}{N}$。同样，当总体容量N很大时，(8.3.15)式可写成：

$$\mu_p^2 \approx \frac{P(1-P)}{n}\left(1 - \frac{n}{N}\right) \tag{8.3.16}$$

又如果抽样比率n/N很小（< 0.05），则有限总体修正系数的作用很小，(8.3.16)式可进一步化简为$\mu_p^2 \approx \frac{PQ}{n}$。

实际估计时，由于总体成数通常未知，故常用样本成数代替进行近似计算。有：

$$\mu_p^2 = \frac{pq}{n} \quad （重复抽样） \tag{8.3.17}$$

$$\mu_p^2 = \frac{pq}{n}\left(1 - \frac{n}{N}\right) \quad （不重复抽样） \tag{8.3.18}$$

（三）总体成数P的估计

总体成数P的估计，就是根据抽样结果计算的样本成数p对总体成数给出点估计和区间估计。应注意，该区间的计算要求p服从近似正态分布条件，即在实际运用中要注意

首先判断 $n > 30$，np、nq 均大于5。

例8.4：在购进的1800件产品中，采用简单随机不重复抽样方法，抽取100件进行质量检查，得合格品90个，试以95%的可靠程度估计该批产品平均合格率。

解：由抽样结果计算样本成数 p 及样本成数 p 的标准差

$p = 90/100 = 90\%$

由于 $n/N = 100/1800 = 0.06 > 0.05$，即要考虑是采用不重复抽样公式。故按（8.3.18）式得：

$$\mu_p = \sqrt{\frac{0.9 \times 0.1}{100} \times \left(1 - \frac{100}{1800}\right)} \approx 0.029$$

进而计算抽样极限误差，由于 $np = 100 \times 0.9 = 90$，$nq = 100 \times 0.1 = 10$ 均大于5，所以 p 有近似的正态分布，于是，在选定的可靠程度为0.95时，$z = 1.96$。

$\Delta_p = 1.96 \times 0.029 = 0.057$

所以该批产品平均合格率的置信下、上限分别为：

$L = 0.90 - 0.057 = 0.843$

$U = 0.90 + 0.057 = 0.957$

即该批产品合格率的估计区间是84.3% ~ 95.7%，其可靠程度为95%。

第四节 必要的样本容量

由第三节的内容知道，若样本某一统计量观察值的标准误差愈小，则总体参数的 $1-\alpha$ 的置信区间愈狭窄，因而抽样估计愈准确可靠，即精确度愈高。但抽样平均误差的大小又与样本容量 n 的平方根成反比。所以，通过加大 n，可以使统计量的观察值与相应总体参数接近到任意程度。但因 n 的增大必然伴随人力、物力、财力消耗的增多，故在抽样实践中往往只能取一个适当的 n，使样本统计量与相应总体参数的相差（即抽样极限误差）在某一许可范围内。比如，可以把抽样极限误差范围定得窄些，即对精确度要求高些而可靠程度低些；或者把抽样极限误差范围定得宽些，即对精确度要求低些而可靠程度高些。这个保证抽样结果具有一定精确度的样本容量被称作必要的样本容量，同样可以用一定的置信概率给出。

一、平均数的样本容量

首先根据实际问题的不同要求，确定抽样误差的允许范围（比如，推算农村居民人均生活费用支出，要求误差绝对值最大不超过20元），并用 $\Delta_{\bar{X}}$ 表示，则 $\Delta_{\bar{X}} = z\sigma_{\bar{x}}$；然后选定可靠程度 $1-\alpha$；在经济类问题中，常把可靠程度选为0.90，0.95，0.9545，0.99，0.9973等，与

$1-\alpha$ 相对应的 z 值便随之而定。抽样误差允许范围 $\Delta_{\bar{X}}$ 和可靠度 $(1-\alpha)$ 确定之后，根据这些数值与总体标准差 σ 即可确定必要的抽样单位数(即样本容量)。

(一) 重复抽样下的样本容量

由(8.3.5)式可知：$\Delta_{\bar{X}} = z\mu_{\bar{x}} = z\dfrac{\sigma}{\sqrt{n}}$ (8.4.1)

由(8.4.1)式解出：$n = \dfrac{z^2\sigma^2}{\Delta_{\bar{X}}^2}$ (8.4.2)

上式中的 z 值由置信度 $(1-\alpha)$ 确定。

(二) 不重复抽样下的样本容量

由于在不重复抽样下的样本平均数的抽样误差为：

$$\mu_{\bar{x}} = \frac{\sigma}{\sqrt{n}}\sqrt{\frac{N-n}{N-1}} \tag{8.4.3}$$

于是

$$\Delta_{\bar{X}} = z\frac{\sigma}{\sqrt{n}}\sqrt{\frac{N-n}{N-1}} \tag{8.4.4}$$

由(8.4.4)式解出：

$$n = \frac{z^2\sigma^2/(\Delta_{\bar{X}})^2}{1-\dfrac{1}{N}+\dfrac{z^2\sigma^2}{N\Delta_{\bar{X}}^2}} \tag{8.4.5}$$

当 N 较大时，可取：

$$n \approx \frac{z^2N\sigma^2}{N\Delta_{\bar{X}}^2 + z^2\sigma^2} \tag{8.4.6}$$

二、成数的样本容量

确定成数的样本容量的方法与确定平均数的样本容量方法一样，即首先确定抽样误差的允许范围 $\Delta_p = z\delta_p$；然后选定可靠程度 $1-\alpha$ 以决定 z 值；根据这些数值与总体标准差 pq 的关系即可求出抽取的必要样本容量。

在重复抽样条件下，由(8.4.1)式及(8.4.2)式可知：

$$\Delta_p = z\mu_p = z\sqrt{\frac{PQ}{n}} \tag{8.4.7}$$

由(8.4.7)式解出：

$$n = \frac{z^2PQ}{\Delta_p^2} \tag{8.4.8}$$

在不重复抽样下，样本成数的抽样平均误差由(8.3.15)式给出，即：

$$\mu_p = \sqrt{\frac{PQ}{n}(\frac{N-n}{N-1})} \tag{8.4.9}$$

于是

$$\Delta_p = z\sqrt{\frac{PQ}{n}\left(\frac{N-n}{N-1}\right)} \tag{8.4.10}$$

由(8.4.10)式解出:

$$n = \frac{z^2PQ/\Delta_p{}^2}{1-\frac{1}{N}+\frac{z^2PQ}{N\Delta_p{}^2}} \tag{8.4.11}$$

当 N 较大时,可取:

$$n \approx \frac{Nz^2PQ}{N\Delta_p{}^2 + z^2PQ} \tag{8.4.12}$$

在确定抽样单位时要注意以下几点:

(1) 抽样单位数受允许误差范围 $\Delta_{\bar{X}}$ 的制约。$\Delta_{\bar{X}}$ 要求愈小则需抽取样本单位数 n 愈多,但两者并不存在按比例变化的关系。以重复抽样为例,当 $\Delta_{\bar{X}}$ 缩小一半,则样本单位数 n 必须增加到4倍;而当 $\Delta_{\bar{X}}$ 扩大一倍时,则样本单位数只需原来的1/4。所以,在抽样方案设计中对抽样误差的允许范围要十分慎重地进行考虑。

(2) 一个总体往往同时需要计算抽样平均数和抽样成数,由于它们的方差和允许误差范围不同,因而抽样单位数就可能不同。为了防止由于抽样单位数不足而影响估计精度,在实际工作中往往根据单位数比较大的进行抽样,以满足共同的需要。

(3) 总体标准差 σ 一般是未知的,这时常以之前调查所得的总体方差或样本方差进行估计替代;但如果过去没有进行过这种调查,可抽样试查以取得总体方差的估计值;有若干个方差可选择时,选方差最大者,以求得一个保守的样本量,估计总体成数时,可取 $P = 0.5$。

(4) 当总体单位数 N 不大时,如果采用不重复抽样方法,必须运用不重复抽样的公式推算;而总体单位数很大时,虽运用不重复抽样方法,但可用重复抽样公式进行推算。

例8.5:拟在某型号电子元件10 000只中抽取适量的电子元件以测算平均耐用时数。据过去抽样调查结果已求得耐用时数标准差为51.91小时(参见例8.3的结果)。在重复抽样条件下:

(1) 取可靠程度为68.27%,若要求平均耐用时数的误差范围不超过9小时,要抽取多少只?

(2) 如果要使平均耐用时数的误差范围减少为原来的一半,概率保证程度不变,则需要多抽查多少只?

(3) 如果要使抽样误差范围减少为原来的$\frac{1}{3}$,而概率保证度提高到95%,应抽取多少只?

(4) 按规定耐用时数在1000小时以上的为合格品,根据过去抽样结果计算元件合格率为91%。要求在95.45%的概率保证下,合格品率的极限误差不超过3%,试确定不重复抽样的样本容量。

解:(1) 首先取过去抽样调查中求得的耐用时数的标准差做 σ 的估计值,即取 $\sigma = 51.91$ 小时。再据概率保证度 $1-\alpha = 68.27\%$,得出 $z=1$。得:

$$n = \frac{z^2\sigma^2}{\Delta_{\bar{x}}^2} = \frac{1^2 \times 51.91^2}{9^2} \approx 33.26(\text{只})$$

即取抽样单位数 $n = 34$,可满足上述要求。

(2) 由于 $\Delta_{\bar{x}}$ 减少到原来的一半,即取 $\Delta_{\bar{x}} = 4.5$,于是

$$n = \frac{1^2 \times (51.91)^2}{(4.5)^2} \approx 134(\text{只})$$

即需多抽 $134 - 34 = 100$ 个样本单位。

(3) 由于 $\Delta_{\bar{X}} = 9 \times 1/3 = 3$;而概率保证程度为95%所对应的 $z = 1.96$。所以:

$$n = \frac{1.96^2 \times 51.91^2}{3^2} \approx 1151(\text{只})$$

即应抽取1151个样本单位。

(4) 取 $p = 0.91$ 作为 P 的估计值;总体合格品率的方差为 0.91×0.09;概率保证程度为0.9545所对应的 $z = 2$。则有:

$$n = \frac{z^2Npq}{N\Delta_p^2 + z^2pq} = \frac{2^2 \times 10\,000 \times 0.91 \times 0.09}{10\,000 \times 0.03^2 + 2^2 \times 0.91 \times 0.09} \approx 352(\text{只})$$

即在不重复抽样的样本容量应为352只。

练习与思考

一、单选题

1. 抽样极限误差是指抽样指标和总体指标之间（ ）。

A. 抽样误差的平均数

B. 抽样误差的标准差

C. 抽样误差的可靠程度

D. 抽样误差的最大可能范围

2. 样本平均数和总体平均数（ ）。

A. 前者是一个确定值，后者是随机变量

B. 前者是随机变量，后者是一个确定值

C. 两者都是随机变量

D. 两者都是确定值

3. 某厂要对某批产品进行抽样调查，已知以往的产品合格率分别为90%，93%，95%，要求误差范围小于5%，可靠性为95.45%，则必要样本容量应为（ ）。

A. 144 　　B. 105

C. 76 　　D. 109

4. 在总体方差不变的条件下，样本单位数增加3倍，则抽样误差（ ）。

A. 缩小1/2 　　B. 为原来的$\frac{3}{\sqrt{3}}$

C. 为原来的1/3 　　D. 为原来的2/3

5. 在其他条件不变的前提下，若要求误差范围缩小1/3，则样本容量（ ）。

A. 增加9倍 　　B. 增加8倍

C. 为原来的2.25倍 　　D. 增加2.25倍

6. 抽样误差是指（ ）。

A. 在调查过程中由于观察、测量等差错所引起的误差

B. 在调查中违反随机原则出现的系统误差

C. 随机抽样而产生的代表性误差

D. 人为原因所造成的误差

7. 在一定的抽样平均误差条件下（ ）。

A. 扩大极限误差范围，可以提高推断的可靠程度

B. 扩大极限误差范围，会降低推断的可靠程度

C. 缩小极限误差范围,可以提高推断的可靠程度

D. 缩小极限误差范围,不改变推断的可靠程度

8. 抽样平均误差是(　　)。

A. 总体的标准差　　B. 样本的标准差

C. 抽样指标的标准差　　D. 抽样误差的平均差

9. 对某种连续生产的产品进行质量检验,要求每隔一小时抽出10分钟的产品进行检验,这种抽查方式是(　　)。

A. 简单随机抽样　　B. 类型抽样

C. 等距抽样　　D. 整群抽样

10. 先将总体各单位按主要标志分组,再从各组中随机抽取一定单位组成样本,这种抽样形式被称为(　　)。

A. 简单随机抽样　　B. 机械抽样

C. 分层抽样　　D. 整群抽样

二、多项选择题

1. 下面哪些说法是错的(　　)。

A. 抽样调查中的代表性误差是可以避免的

B. 抽样调查中的系统误差是可以避免的

C. 抽样调查中的随机误差是可以避免的

D. 抽样调查中的随机误差是不可以避免的

E. 抽样调查中的系统误差是不可以避免的

2. 从一个总体中可以抽取一系列样本,所以(　　)。

A. 样本指标的数值不是唯一确定的

B. 总体指标是随机变量

C. 样本指标是随机变量

D. 样本指标的数值随样本不同而不同

E. 样本指标是一般变量

3. 影响抽样平均误差的因素有(　　)。

A. 总体标志变异程度　　B. 样本容量

C. 抽样方法　　D. 抽样组织方式

E. 可靠程度

4. 抽样组织方式有(　　)。

A. 简单随机抽样　　B. 分层抽样

C. 机械抽样　　D. 整群抽样

E. 重置抽样

5. 在其他条件不变的情况下(　　　)。

A. 总体方差越大,所需的样本容量越多

B. 总体方差越小,所需的样本容量越少

C. 允许的最大估计误差越小,所需的样本容量越多

D. 允许的最大估计误差越大,所需的样本容量越少

E. 当置信度越高,所需样本容量越少

三、判断题

1. 随机抽样要求每个总体单位入样概率相等。

2. 随机抽样与非随机抽样都能对总体参数做出具有一定可靠程度的估计。

3. 简单随机抽样方法是抽样方法中最基本的方法,它是等概率抽样。

4. 重复抽样的抽样误差小于不重复抽样。

5. 从一个总体中随机抽取样本量为 30 的样本,统计量与总体参数都唯一确定的。

6. 抽样分布是就是样本分布。

7. 代表性误差是抽样误差,登记误差是非抽样误差。

8. 抽样误差随样本量增大而减小。

9. 根据中心极限定理,样本均值的分布一定是正态分布。

10. 点估计和区间估计两种方法都能够得到总体的估计值、估计值的误差范围和可靠程度。

四、简答题

1. 简述非随机抽样和随机抽样的概念,并列举其基本类型。

2. 简述随机抽样最基本的组织方式。

3. 简述抽样平均误差与抽样极限误差的概念

4. 简述抽样估计的基本方法。

5. 简述确定抽样单位数时对总体方差进行估计的方法。

五、计算题

1. 用简单随机重复抽样的方法,从 660 个工厂中抽取 33 个工厂调查月产值情况,得资料如下表:

月产值(万元)	工厂数
0-10	20
10-20	9
20-30	2
30-40	2

要求计算：

(1)平均每个工厂月产值的抽样平均误差。

(2)月产值20万元以上工厂所占比重的抽样平均误差

(3)以95.45%的概率保证度求平均每个工厂月产值的抽样极限误差

(4)以99.73%的概率保证度求月产值20万元以上工厂所占比重的抽样极限误差。

2. 某农场进行小麦产量抽样调查，小麦播种总面积为1万亩，采用不重复简单随机抽样，从中抽选了100亩作为样本进行实割实测，测得样本平均亩产400斤，方差144斤。以95.45%的可靠性推断小麦平均亩产及总产量的区间

3. 一个电视节目主持人想了解观众对某个电视专题节目的喜欢情况，他用简单随机重复抽样的方法选取了500个观众做样本，结果发现喜欢该节目的有175人。试以95%的概率估计观众喜欢这一专题节目的区间范围 。若该节目主持人希望估计的极限误差不超过5%，问有多大把握程度？

4. 根据历史资料，某市职工家庭年收入的标准差为250元现再次调查收入状况，要求在95.45%的把握度下平均年收入的允许误差不超过20元，问用简单随机抽样的方法应抽多少户家庭调查？

5. 调查一批零件的合格率，根据过去的资料，合格率为97%。如果要求误差不超过1%，把握程度为95%，问用简单随机抽样的方法需抽多少个零件检查？

6. 假定某统计总体有5000个总体单位，其被研究标志的方差为400，若要求抽样极限误差不超过3，概率保证程度为0.9545，试问采用不重复抽样应抽取多少样本单位？

第九章

国民经济核算体系简介

［教学目的与要求］：

1. 熟悉国民经济及其运行过程；
2. 掌握中国国民经济核算体系（2002 年）的基本内容和框架；
3. 准确理解国民经济核算主要指标的内涵及其计算方法；
4. 了解中国国民经济发展的基本情况。

第一节　国民经济及国民经济核算体系

一、国民经济的基本内涵

（一）国民经济（National Economic）

国民经济是指一个国家或地区纵横交错的各种经济活动组成的有机整体。从横向看，国民经济是指从事各种经济活动的经济单位——各个企业、事业和行政单位以及居民户。将这些经济单位按照一定分类标准划分可形成不同的国民经济部门。从纵向看，国民经济就是社会再生产全过程，即从生产到分配、流通直至最终使用的周而复始的经济循环。

各种经济活动彼此依存，相互衔接，不断循环，形成国民经济的运行或社会再生产过程。这是一个不断循环的宏观经济运行过程。

（二）国民经济核算（National Economic Accounting）

国民经济核算是以经济系统的结构及各组成部分的相互关系为研究对象，在一定经济理论的指导下，综合运用统计、会计和数学等方法，对一个国家或地区的各类经济主体在一定时期内的经济活动及其在顶点的经过和各重要总量指标及其组成部分进行系统、综合、全面的测定，用以跟踪、描述一个国家或地区国民经济结构和联系的全貌。

二、国民经济核算体系

（一）国民经济核算体系（National Economic Accounting System）的涵义

一是指国家或国际组织为统一国民经济核算而制定的核算标准和规范。它包括一系列核算概念和核算原则，一套反映国民经济运行的指标体系、分类标准以及与之相应的核算方法和表现形式。

二是遵循一定的国民经济核算体系标准和规范对国民经济进行全面核算的结果，即反映国民经济运行的数据体系。

（二）MPS 与 SNA 的简介

国民经济核算体系作为国际标准是在 20 世纪 50 年代开始形成的。由于各国经济运行机制和经济管理体制不同，形成了两种不同的国民经济核算体系：

一种是物质产品平衡表体系（Material Product System，MPS），为苏联中央计划经济国家包括中国所采用，现在已取消。

另一种是国民账户体系（System of National Accounts，SNA），为西方发达国家和绝大多数发展中国家所采用，也是适用于世界各国的统一的国际标准。

1. MPS 简介

MPS 即物质产品平衡表体系是前苏联建立的，适应计划经济管理的需要。列宁在1918 年签署了《统计案例》，把整个经济纳入统计工作的范围，提出编制国民经济平衡表的任务。1920 年，首次公布了包括电气化事业的物质资料平衡表和财政收支平衡表。1957 年，制定了比较全面的国民经济平衡表体系，之后又吸收了 SNA 的经验，编制了投入产出表，拟定了《国民经济平衡表》的报告。该报告在 1971 年由联合国统计委员会作为官方文件公布，题为《国民经济平衡表的基本原理》发表，即正式的 MPS。1984 年，经互会统计常设委员会又对其进行了较大的补充和修改，形成新的 MPS。1990 年以后，随着前苏联的解体，也由于 MPS 自身的缺陷，不再使用 MPS。1993 年，联合国第 27 届统计委员会决定，今后只存在一种国民经济核算体系即 SNA。原来使用 MPS 的国家着手核算制度的改革，向 SNA 过度。

2. SNA 简介

SNA 即国民账户体系首创于英国，适用于市场经济条件下的国民经济核算。联合国在 1947 年公布核算体系(旧 SNA)。在 1951 年聘请多芬古茨、汉森、贾西、穆克赫吉和斯通(1984 年获得诺贝尔经济学奖)等人成立了一个工作小组，由斯通担任主席，经一年多的研究于 1953 年制定了《国民经济账户体系及辅助表》(简称 53 年 SNA)。1957—1969 年间，采用 SNA 的国家由 70 个发展到 120 个。1968 年，联合国公布新 SNA《国民经济账户体系》。1970 年，在世界推行。到 1990 年有 170 多个国家采用。1993 年，经联合国经济社会理事会讨论并通过，一部最新国民经济核算国际标准“1993 年 SNA”正式诞生，成为世界各国采用的国民经济核算的国际标准。

在 SNA-1993 发布 15 年之后，SNA-2008 版于 2009 年问世，联合国等国际组织于2011 年正式发布了 SNA-2008。其基本核算框架与 SNA-1993 相比，没有发生根本性变化。主要是在两个方面有修订：一是核算内容和方法的改进；二是内容编排的优化。

3. SNA 与 MPS 之间的差别

(1)核算范围。SNA 采用综合性生产概念，既对物质生产部门核算，也对非物质部门核算。这样核算可以全面反映国民经济运行过程。MPS 采用限制性生产的概念，只对五大物质生产部门的产品进行核算，而把非物质生产部门排除在外。

(2)核算内容。SNA 除核算货物和服务的实物流量外，还注重收入支出和金融交易等资金流量和资产负债存量的核算，能更好地反映社会再生产中实物运动与价值运动交织在一起的复杂运动过程。MPS 主要反映物质产品的生产、交换和使用的实物运动。

(3)核算方法。SNA 采用复式记账法，通过账户体系把社会再生产各环节、国民经济各部门紧密衔接起来，能更好地反映国民经济运行中的内在联系，提高了国民经济核算的科学水平。MPS 主要采用平衡表法，侧重每个平衡表内部的平衡，但平衡表之间的联系不够严谨。

第二节 中国国民经济核算体系(2002 年)的基本内容和框架

一、中国国民经济核算体系的建立过程

中国传统国民经济核算体系是适应国家高度集中计划管理的需要,在 20 世纪 50 年代借鉴前苏联、东欧国家的 MPS 的基础上建立起来的。"大跃进"和"十年动乱"期间,我国国民经济核算工作完全陷入停顿状态。改革开放以来,首先恢复了 MPS 体系的国民收入核算,随后编制了 MPS 体系的投入产出表,建立了综合财政统计、综合能源平衡表、主要原材料平衡表和消费品平衡表等。1985 年,国务院批准国家统计局《关于建立第三产业统计的报告》,该报告建议建立国内生产总值统计。事实上,从 1985 年开始,我国国民经济核算已经进入了两种体系,并逐步从 MPS 向 SNA 过度。2003 年,以 1993 年的新 SNA 为标准,修订并确定了新的《中国国民经济核算体系(2002)》,标志着我国国民经济核算基本实现了与国际通行做法接轨。

二、《中国国民经济核算体系(2002)》的基本内容和框架

(一)基本内容和框架

《中国国民经济核算体系(2002)》是我国国民经济核算工作新的规范性文本,由基本核算表、国民经济账户和附属表三部分构成。其中,基本核算表和国民经济账户是核心部分,它们通过不同的方式对国民经济运行过程进行全面综合的描述。附属表是对核心部分的补充。它对国民经济运行过程中所涉及的自然资源、人口资源及人力资本进行描述。

基本框架如图 9.1 所示。

(二)基本核算表

基本核算表是指对国民经济总体运行情况进行全面、综合和系统的价值量核算的表式,包括国内生产总值表、投入产出表、资金流量表、国际收支表和资产负债表。其中,核心是国内生产总值表。

1. 国内生产总值表

国内生产总值(Gross Domestic Product)表包括国内生产总值总表、生产法国内生产总值表、收入法国内生产总值表和支出法国内生产总值表。生产法和收入法国内生产总值表分别反映按生产法和收入法计算的国内生产总值及各产业部门增加值。支出法国内生产总值表反映按支出法计算的国内生产总值及其详细构成项目。国内生产总值总表概括地反映生产法、收入法和支出法国内生产总值的基本构成项目以及三种计算方法之间

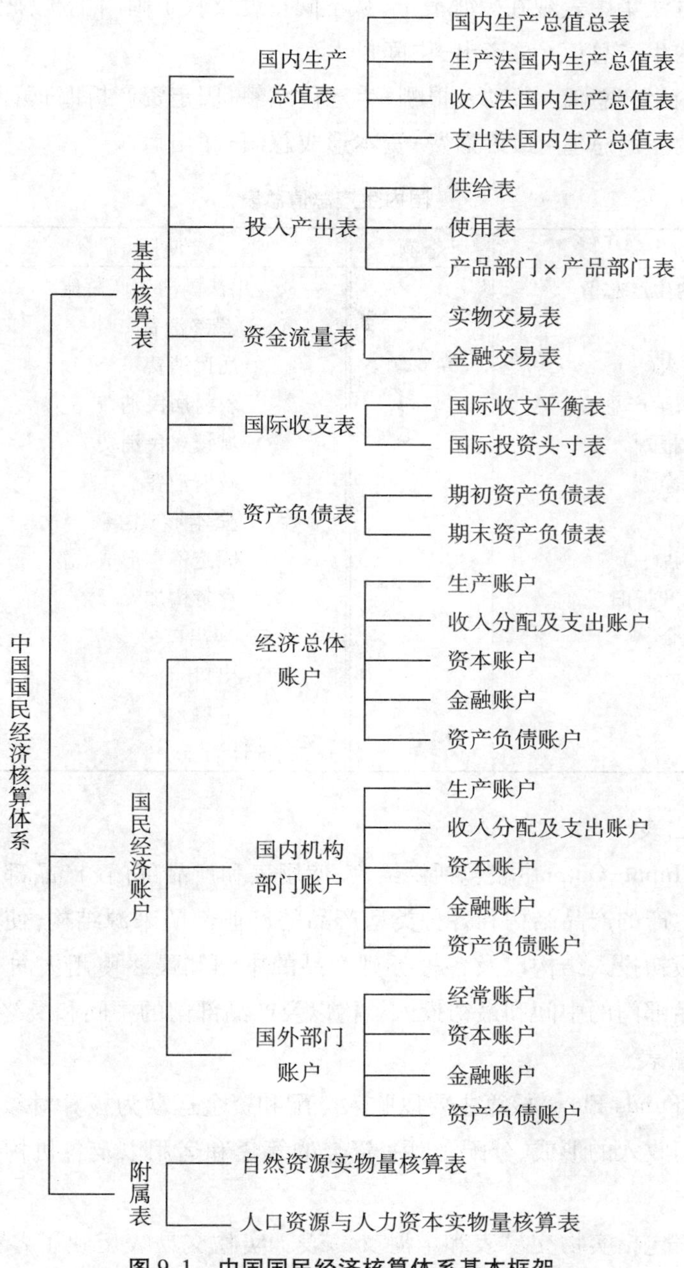

图 9.1　中国国民经济核算体系基本框架

的相互关系。

国内生产总值表以国内生产总值为核心，对国民经济生产与使用指标进行全面系统的核算，综合反映国民经济发展的规模和结构。生产法国内生产总值表、收入法国内生产总值表和支出法国内生产总值表分别从价值构成、收入形式和使用去向，反映了国内生产总值的形成过程。表 9.1 是国内生产总值总表，它将国内生产总值的生产法、收入法和支出法三种计算方法集中表现在一张表上,从不同角度反映了国内生产总值及其构成。

生产法国内生产总值=总产出-中间投入

收入法国内生产总值=劳动者报酬+生产税净额+固定资产折旧+营业盈余

支出法国内生产总值=最终消费+资本形成总额+净出口

表9.1 国内生产总值总表

生产	金额	使用	金额
一、生产法国内生产总值		一、支出法国内生产总值	
(一)总产出		(一)最终消费	
(二)中间投入(-)		居民消费	
二、支出法国内生产总值		农村居民消费	
(一)劳动者报酬		城镇居民消费	
(二)生产税净额		政府消费	
生产税		(二)资本形成总额	
生产补贴(-)		固定资本形成总额	
(三)固定资产折旧		存货增加	
(四)营业盈余		(三)净出口	
		出口	
		进口	
		二、统计误差	

2. 投入产出表

投入产出(Input-Output)表包括供给表、使用表和产品部门×产品部门表。供给表反映各产业部门生产的产品结构和各种类型产品的产业部门来源结构;使用表反映各产业部门的中间和最初投入结构以及各种类型产品的中间和最终使用去向;产品部门×产品部门表反映产品部门的中间和最初投入结构以及产品部门的中间和最终使用去向。

3. 资金流量表

资金流量(Funds Flow)核算主要以收入分配和资金运动为核算对象。它反映了一定时期各机构部门收入的形成、分配、使用、资金的筹集和运用以及各机构部门间资金流入和流出情况。

资金流量表包括实物交易表和金融交易表。实物交易表反映了各机构部门收入分配、消费、储蓄和投资情况;金融交易表反映了各机构部门的各种类型金融资产和负债的变动情况。

4. 国际收支表

国际收支表包括国际收支平衡表和国际投资头寸表。国际收支平衡表是反映常住单位和非常住单位之间的交易状况。国际投资头寸表是反映常住单位对外金融资产和负债的存量状况以及由交易、价格变化、汇率变化和其他调整引起的存量变化情况。

国际收支平衡表是在国际货币基金组织最新制定的标准的基础上，根据中国的实际情况经适当调整后形成的。国际收支平衡表包括四大部分，即经常账户、资本和金融账户、储备资产、净误差与遗漏。

国际投资头寸表是反映我国对外资产和负债的存量状况及其变动因素。国际投资头寸表在记账单位和折算等核算原则上均与国际收支平衡表一致。在计价上采用编表时点的市场价格，记账单位为美元，按各种货币对美元统一折算率进行折算。

5. 资产负债表

资产负债核算是以经济资产存量为对象的核算。它反映了某一时点上机构部门及经济总体所拥有的资产和负债的历史积累状况。资产负债核算的核算范围是我国常住单位拥有的资产、负债和资产净值。期初资产负债规模和结构是当期经济活动的初始条件，经过一个核算期的经济活动（生产、分配、消费、投资、资金融通等）和非经济活动（如自然灾害、战争等）形成了期末资产负债的规模和结构。因此，资产负债核算与经济流量核算之间有着密切的联系。

上述五张基本核算表彼此衔接，构成一个有机的整体，对国民经济总体的运行过程进行系统的描述，但它们又是各自具有相对独立性的子系统。国内生产总值表、投入产出表、资金流量表和国际收支表构成了国民经济总流量和部门之间力量的系统描述。资产负债表则将经济流量核算和经济存量核算联系起来，核算各种资产与负债的存量。这样五张基本核算表把流量核算与存量核算结合起来，完整地反映了国民经济循环的全过程。

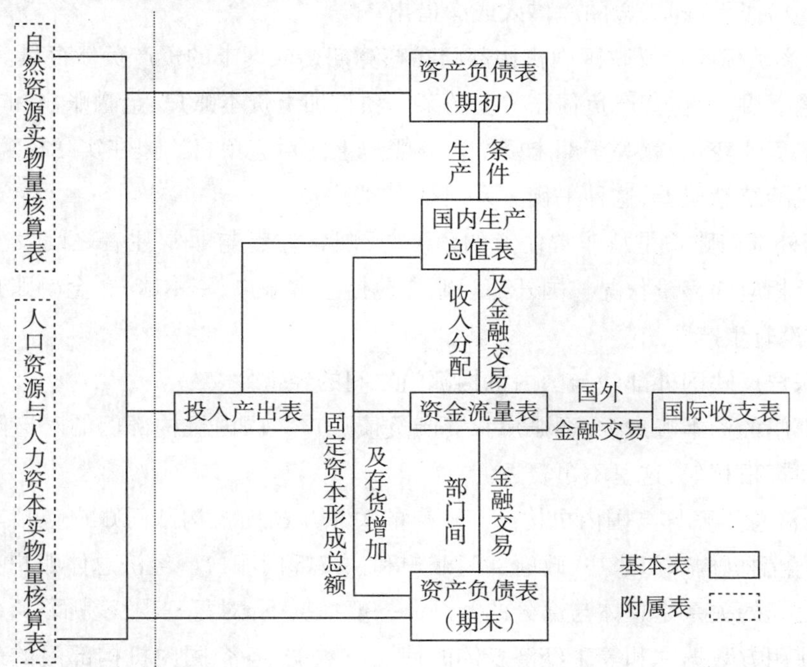

图 9.2 基本核算表之间及与附属表的关系

(三)国民经济账户

国民经济账户(National Economic Account)以账户的形式对国民经济运行过程和结果进行描述。针对国民经济运行的各个环节,分别设置不同的账户,即生产账户、收入分配及支出账户、资本账户、金融账户、资产负债账户和国外部门账户。

与整个体系的机构部门分类相对应,国民经济账户针对每个机构部门及经济总体都设置了一套完整账户。通过国民经济账户既可以从每个国内机构部门的角度观察从生产、收入分配、消费到投资的整个循环过程,又可以从经济总体的角度观察整个经济的循环过程;既可以观察每个国内机构部门与国外部门发生的各种经济往来活动,又可以观察经济总体与国外部门发生的各种经济往来活动。

1. 各账户的简介

(1)生产账户反映国内机构部门在核算期内通过生产过程所创造的价值以及与此价值对应的收入形态。

(2)收入分配及支出账户反映了国内机构部门在核算期内通过生产过程形成的收入如何在拥有相应生产要素的机构部门之间进行分配,如何在不同机构部门之间进行转移以及机构部门如何将它们的可支配收入在消费和储蓄之间进行分配。

(3)资本账户反映了国内机构部门可用于资本形成的资金来源、资本形成的规模以及资金剩余或短缺的规模。

(4)金融账户反映了国内机构部门通过各种金融工具所发生的各种金融交易,以及这些交易的净成果,即资金的净借入或净借出。

(5)资产负债账户反映国内机构部门在核算期初或期末的资产负债存量。

从理论上讲,期初资产负债账户上的某一项目加上资本账户、金融账户和非交易因素引起的资产负债变化,就等于期末资产负债账户上的对应项目。但在实际核算中,由于各种因素造成的统计误差,这种平衡关系很难实现。

(6)国外部门账户是从非常住者的角度,反映常住者与非常住者之间发生的各种交易活动以及相应的存量状况。国外部门账户包括经常账户、资本账户、金融账户和资产负债账户,但没有生产账户。

经常账户反映国外部门与国内机构部门之间的经常性交易。

国外部门的资本账户、金融账户和资产负债账户与国内机构部门的对应账户在表式和内涵方面都很相似,这里不再赘述。

(7)经济总体账户与国内机构部门账户的关系。国内机构部门账户包括非金融企业部门账户、金融机构部门账户、政府部门账户和住户部门账户。经济总体账户与国内机构部门账户之间的关系是总体与部分的关系。一般情况下,对每一项交易而言,各个国内机构部门的使用方数据之和等于经济总体的使用方数据;各个国内机构部门的来源方数据之和等于经济总体的来源方数据。

2. 国民经济账户与基本核算表之间的关系

(1)国民经济账户与国内生产总值表的关系。国内生产总值为国民经济账户提供了最重要的总量指标,如国内生产总值及其分行业增加值和支出项目,这些基本总量是编制国民经济账户的基础;而国民经济账户作为逻辑严密、协调一致的核算系统,为国内生产总值数据的修订和调整提供了一个基本框架。

(2)国民经济账户与投入产出表的关系。投入产出表中详细的行业增加值及其构成资料为准确编制生产账户提供了重要的参考;而国民经济账户则为编制投入产出表提供了基本的总量资料。

(3)国民经济账户与资金流量表的关系。国民经济账户与资金流量表的关系表现为国民经济流量账户与资金流量表的关系。目前,国民经济流量账户与资金流量表在交易项目的设置和机构部门的分类方面已基本一致。其差别主要是资金流量表把所有机构部门流量账户置于一张表上,便于观察各个机构部门之间的相互联系;国民经济流量账户则按机构部门分别设置账户,便于观察机构部门各个账户之间的联系。

(4)国民经济账户与资产负债表的关系。国民经济账户与资产负债表的关系表现为国民经济存量账户与资产负债表的关系。目前,国民经济存量账户与资产负债表在项目的设置和机构部门的分类方面已基本一致,其差别与资金流量表和国民经济流量账户之间的差别相似,这里不再赘述。

(5)国民经济账户与国际收支平衡表之间的关系。国民经济账户与国际收支平衡表的关系表现为国民经济账户中的国外部门流量账户与国际收支平衡表的关系。国外部门流量账户与国际收支平衡表从总体上讲是协调一致的。

(6)国民经济账户与国际投资头寸表之间的关系。国民经济账户与国际投资头寸表之间的关系表现为国民经济账户中的国外部门账户与国际投资头寸表的关系。国外部门账户与国际投资头寸表在总体上是协调的,在交易的估价和记录时间是完全一致的。它们之间的主要区别是:①国外部门账户站在非常住者的角度记录交易和存量,国际投资头寸表则站在常住者的角度记录交易和存量;②国外部门账户只反映交易因素引起的资产负债变化,国际投资头寸表则既反映交易因素、又反映非交易因素引起的资产负债变化;③国外账户的资产负债分类较粗,国际投资头寸表的资产负债分类则较细。

(四)附属表

附属表是对国民经济核算体系核心部分的补充,用于描述我国自然资源和资源资产、人口资源和人力资本的规模、结构与变动以及经济、资源和人口之间的相互关系,并为党和政府制定、实施社会经济可持续发展战略提供科学依据。

1. 自然资源实物量核算表

自然资源实物量核算表反映主要自然资源(土地资源、森林资源、矿产资源、水资源)在核算期初和期末两个时点的实物存量及其在核算期内的变动情况。

自然资源实物量核算表分为五部分：第一部分反映了自然资源在核算期初始的实物存量状况；第二部分反映了由于各种因素引起的自然资源物量的增加；第三部分反映了由于各种因素引起的自然资源物量的减少；第四部分反映了自然资源在核算期内由于科技进步、核算方法改变等因素而引起的增减变化；第五部分反映了自然资源在核算期终结的实物存量状况。

2. 人口资源与人力资本实物量核算表

人口资源与人力资本实物量核算表反映了人口资源与人力资本在期初、期末两个时点的存量状况及其在核算期内的变动情况。

它主要分为五部分，分别反映我国 0~15 岁人口、就业人口、失业人口、非经济活动人口、总人口的期初期末存量、结构以及变动情况。

基本指标之间的关系：

期末人口=期初人口+本期增加人口-本期减少人口

16 岁及以上人口=就业人口+失业人口+非经济活动人口

总人口=0~15 岁人口+16 岁及以上人口

第三节　国民经济核算主要指标

与国民经济核算体系的基本内容和框架相对应，国民经济核算指标体系要全面反映国民经济运行的全过程以及结果。其具体包括以下内容：社会再生产基本条件指标；国民经济活动成果指标；商品流转指标；国民经济分配指标；财政、金融和国际收支指标；价格指标；国民经济综合平衡指标；国民经济活动分析指标。

本节主要介绍常见的反映生产、收入方面的总量指标和部分经济分析指标。

一、主要总量指标

（一）国内总产出

1. 国内总产出的概念

国内总产出（Total Domestic Output）又称为总产出，是指一定时期内一个国家（或地区）常住单位生产的所有货物和服务的价值，既包括新增价值，也包括被消耗的货物和服务价值以及固定资产的转移价值，其价值构成是 C+V+M。总产出按生产者价格计算，它反映常住单位生产活动的总规模。

2. 国内总产出指标的计算

一个国家的国内总产出等于国民经济各部门总产出之和，这些部门既包括货物生产部门，也包括服务生产部门。由于各部门的生产特点不同，生产活动的成果表现也不相同，因此计算总产出的方法也不一样。

(1)农业总产出的计算。农业总产出是指以货币形式表现的农林牧渔业全部产品的总量。反映一定时期内农业生产的总规模和总成果。

农业总产出是按产品法计算的。具体说，是将各种农产品产量乘以相应的单价，然后加总就得到总产出。

(2)工业总产出的计算。工业总产出是指以货币形式表现的，工业企业在一定时期内生产的工业最终产品和提供工业性劳务活动的总价值。它反映一定时期内工业生产的总规模或总水平。

工业总产出的计算是按照以下三个原则进行：一是工业生产原则；二是最终产品原则；三是“工厂法”原则。

(3)建筑业总产出的计算。建筑业总产出是指以货币形式表现的建筑业企业在一定时期内生产的建筑业产品的总和。它反映一定时期内建筑业生产的总规模和总水平。

建筑业总产出的内容包括四个部分，即建筑工程产值、设备安装工程产值、房屋构筑物修理产值和非标准设备制造产值。建筑业总产出原则上是按产品法进行计算，根据建筑业生产的特点，各类建筑产品产值的计算方法也不尽一致。

(4)运输、邮电业总产出的计算。运输、邮电业总产出是运输、邮电企业在一定时期内从事生产经营和服务活动总成果的货币表现。

运输、邮电业的总产出是利用其营业收入来计算的。具体讲，运输业总产出等于其运营收入；邮电通讯企业的总产出等于其业务收入。

(5)批发零售贸易业、餐饮业总产出的计算。批发零售贸易业、餐饮业总产出是指用货币表现的一定时期内批发零售贸易业和餐饮业从事生产经营活动的总成果。

①批发零售贸易业总产出的计算公式如下：

批发零售贸易业总产出＝按销售价格计算的已销商品价值－按购进价格计算的已销商品价值－运输和邮电费

批发零售贸易业总产出＝本期流通费用或经营费用＋本期税金＋本期利润－运费和邮电费

②餐饮业总产出的计算分两种方法：

第一：对生产加工的活动，因能产出实物产品，所以按产品的销售价计算总产出。

第二：对转售商品的活动，与批发零售贸易业总产出的计算方法相同。

(6)非货物性服务部门总产出的计算。非货物性服务部门总产出是指非货物性服务部门在一定时期内经营活动和提供劳务活动总成果的货币表现。

非货物性服务部门总产出的计算方法分为营利性服务部门和非营利性服务部门两类。

①营利性服务部门总产出的计算。营利性服务部门是指独立核算、自负盈亏的单位。

它包括金融保险业、电影发行和服用业、房地产经营管理部门、卫生部门实行企业化管理的单位、服务性单位等。

营利性服务部门总产出的计算是从收入的角度,即以会计报表中的"营业收入"为基础计算的。计算公式是:

金融业总产出=营业收入+金融机构往来收入+其他收入-利息支出

房屋开发经营企业总产出=销售收入-前期工程费-建安工程费

服务行业总产出=营业收入+附营业务净收入

②非营利性服务部门总产出的计算。非营利性服务部门是指业务活动本身不是以营利为目的,而是一种社会公共服务或社会公共福利。具体包括城市公用、教育、科学、政府机构等服务部门。

计算非营利性服务部门总产出采用经常性业务活动支出项。计算公式为:

总产出 = 劳动者报酬+职工福利费+离退休人员费用+公务费+修缮费(扣除零星土建工程费)+业务费+其他费用+预算外支出+固定资产折旧

将以上各部门的总产出加总,即得到国内总产出。

(二)国内生产总值(GDP)

1. 国内生产总值的概念

国内生产总值(增加值)是指按市场价格计算的一个国家(或地区)所有常驻单位在一定时期内生产活动的最终成果,也是各部门增加值之和。其价值构成是 C_1+V+M。

国内生产总值指标是 SNA 中一个重要的综合性指标,也是我国国民经济核算体系中的核心指标。

2. 国内生产总值指标的计算

国内生产总值有三种表现形态,即价值形态、收入形态和产品形态。在实际核算时,根据国内生产总值的三种表现形态得出了三种计算方法,即生产法、收入法和支出法。这三种计算方法分别从不同的角度反映国民经济生产活动的最终成果。

(1)生产法。生产法是从生产的角度计算国内生产总值,即从生产过程中创造的货物和服务价值入手,扣除生产过程中投入的中间货物和服务价值,得到增加值的一种计算方法。将国民经济各产业部门生产法增加值汇总,得到生产法国内生产总值。计算公式如下:

增加值=总产出-中间消耗

国内生产总值=各产业部门生产法增加值之和

(2)收入法。收入法是从生产过程形成收入的角度计算国内生产总值。首先是各产业部门根据在生产要素的初次分配中应得到的收入份额计算出增加值,然后再汇总各产业部门的增加值就得到国内生产总值。计算公式如下:

增加值=劳动者报酬+生产税净额+固定资产折旧+营业盈余

国内生产总值=各产业部门收入法增加值之和

(3)支出法。支出法是从最终使用的角度来计算国内生产总值。最终使用包括最终消费、资本形成总额及净出口三部分。计算公式如下：

国内生产总值=最终消费+资本形成总额+货物和服务净出口

=(居民消费+政府消费)+(固定资产形成+库存增加)+(出口-进口)

用以上三种方法计算得出的国内生产总值,从理论上讲应当相等,称为“三面等值”。但由于统计资料的来源、时间等因素的不同,实际上三种计算方法的结果存在差异,这种差异属于统计误差。

(三)国民总收入(Gross National Income, GNI)

1. 国民总收入的概念

国民总收入(过去亦称为国民生产总值,即GNP)是指一定时期内国内生产总值与来自国外要素净收入之和。

2. 国民总收入与国内生产总值的关系可用以下公式表示：

国民总收入=国内生产总值+国外要素收入净额

国外要素收入净额=来自国外的生产税及进口税净额+来自国外劳动者报酬净额+来自国外的财产收入净额

(注:净额是指各项目的收入与付出相抵之后的差额)

国民总收入是指一个国家所有常驻单位在一定时期内收入初次分配的最终成果,反映了本国常驻单位原始收入的总和。它与国内生产总值不同,国内生产总值是一个生产概念,而国民总收入是一个收入概念。

(四)其他几个经济总量指标

1. 国内生产净值(Net Domestic Product)

国内生产净额=国内生产总值-固定资产折旧

2. 国民净收入(Net National Income)

国民净收入=国民总收入-固定资产折旧

3. 国民可支配总收入(Disposable National Income)

国民可支配总收入是指在初次分配总收入的基础上,经过与国外的经常转移收支之后,全国可以最终支配,即可用于消费和投资的全部收入。

国民可支配总收入=国民总收入+来自国外经常转移收支净额

来自国外的经常转移净额是指常驻单位与非常驻单位之间单方面收支转移相抵后的差额。经常转移包括与国际组织往来、无偿援助与捐赠、侨汇以及征收或缴纳的国外收入税等。

4. 国民可支配净额(Disposable National net amount)

国民可支配净收入=国民净收入+来自国外经常转移收支净额

=国民可支配总收入-固定资产折旧

5. 国民储蓄(National Savings)

储蓄就是国民经济各部门的可支配收入与消费支出的差额。包括固定资产折旧的储蓄称为总储蓄,扣除固定资产折旧的储蓄称为净储蓄,国民经济各部门的储蓄之和称为国民储蓄。

储蓄指标直接影响到各部门或整个国民经济的财产或财富水平的变化情况,也是投资资金的重要来源。在实际经济运行中,国民经济各部门的储蓄与本部门的投资很难达到平衡,从而形成资金的短缺或过剩。这样就必然会引起资金在国民经济各部门之间的流动,从而形成各种资金流量。

二、主要分析指标

(一)人均国民总收入

1. 概念

人均国民总收入是一定时期的国民总收入与相应时期的平均人口数进行对比计算,是强度相对数。

2. 计算公式

$$人均国民总收入=\frac{国民总收入}{平均人口数}$$

人均国民总收入是反映一个国家经济实力的重要指标,也是国际间对比的重要指标。国际上对一个国家的经济实力排名时,常使用这个指标。

3. 实例

我国人均国民总收入的发展状况如图 9.3 所示。

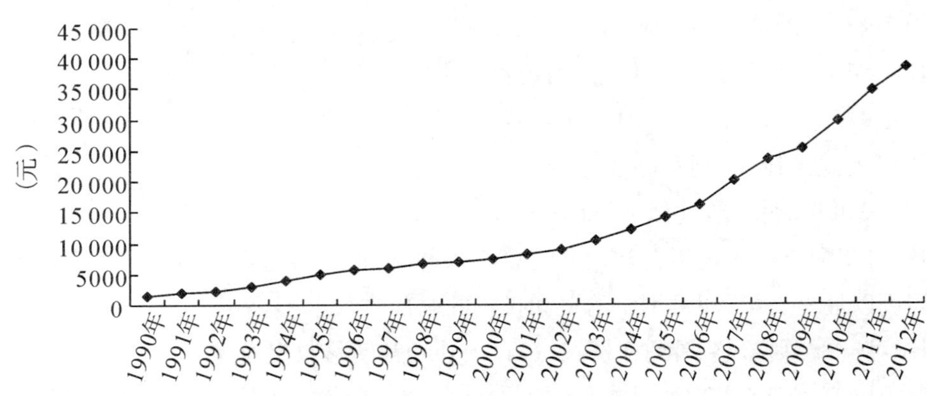

图 9.3 中国 1990—2012 年人均国民总收入统计图

中国 GDP 和人均 GNI 的世界排名如表 9.2 所示。

表 9.2　　中国 GDP 和人均 GNI 世界排名统计表

指标	1978 年	1990 年	2000 年	2003 年	2004 年	2005 年	2009 年	2012 年
GDP	10	11	6	7	6	4	2	2
人均 GNI	175(188)	178(200)	141(207)	133(206)	108(180)	110(180)	125(193)	94(193)

数据来源:世界银行。(括号中的所列数字为排序国家和地区数)

（二）国内生产总值指数

1. 概念

国内生产总值指数(Gross National Product Index Number)是用来描述国民经济生产和使用总量的动态变化及其影响因素的综合指数。

2. 计算公式

国内生产总值指数包括价值量指数、物量指数和物价指数,三者构成国内生产总值指数体系,即:

国内生产总值指数(价值量指数)= 国内生产总值物量指数×国内生产总值价格指数

国民经济增长通常是指一国货物和服务总量的增加,即国内生产总值的增加。一般用国内生产总值指数反映一国经济增长的速度。

3. 实例

我国 1978—2012 年国内生产总值指数(以上年=100)如图 9.4 所示。

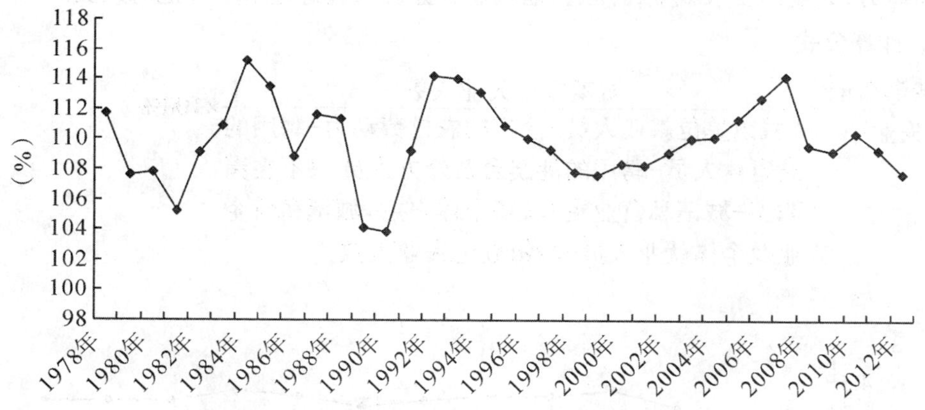

图 9.4　1978—2012 年国内生产总值指数统计图

（三）居民消费价格指数(Consumer Price Index, 简称 CPI)

1. 概念

居民消费价格指数(Consumer Price Index)是综合反映各种消费品和生活服务价格变动程度的重要经济指标。它可以用来反映通货膨胀情况。

2. 计算方法

其具体的编制方法在指数中已作介绍。

3. 实例

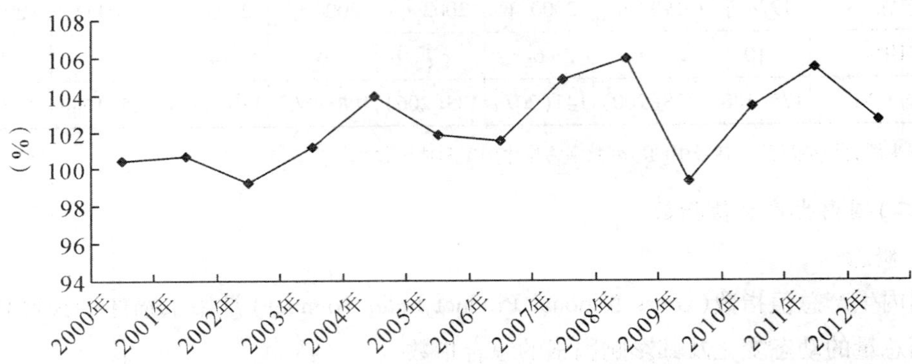

图 9.5　2000—2012 年居民消费价格指数统计图

（四）城镇登记失业率

1. 概念

城镇登记失业率是城镇登记失业人员与城镇单位就业人员（扣除使用的农村劳动力、聘用的离退休人员、港澳台及外方人员）、城镇单位中的不在岗职工、城镇私营业主、个体户主、城镇私营企业和个体就业人员、城镇登记失业人员之和的比。

城镇登记失业人员是指有非农业户口，在一定的劳动年龄内（16 周岁至退休年龄），有劳动能力，无业而要求就业，并在当地就业服务机构进行过求职登记的人员。

2. 计算公式

$$\text{城镇登记失业率}=\frac{\text{城镇登记失业人数}}{(\text{城镇单位就业人员}-\text{使用的农村劳动力}-\text{聘用的离退休人员}-\text{聘用的港澳台及外方人员})+\text{不在岗职工}+\text{城镇私营业主}+\text{城镇个体户主}+\text{城镇私营企业及个体就业人员}+\text{城镇登记失业人数}}\times 100\%$$

3. 实例

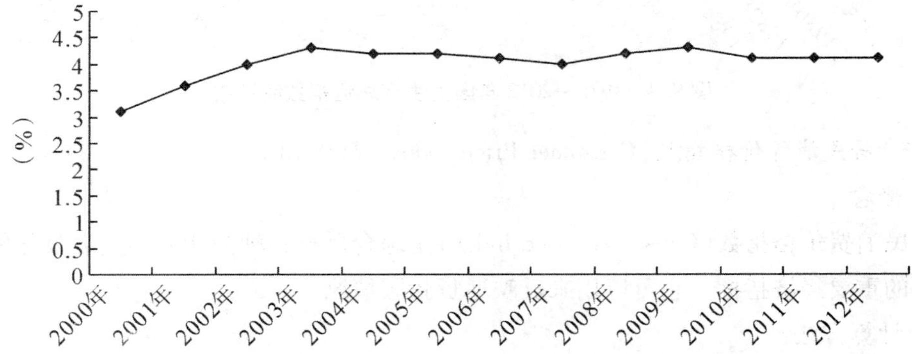

图 9.6　2000—2012 年中国城镇登记失业率统计图

(五)恩格尔系数

1. 概念

恩格尔系数(Engel Coefficient)是指食物支出金额在消费性总支出金额中所占的比重。

2. 计算公式

$$恩格尔系数=\frac{食品支出金额}{消费性总支出金额}\times100\%$$

3. 实例

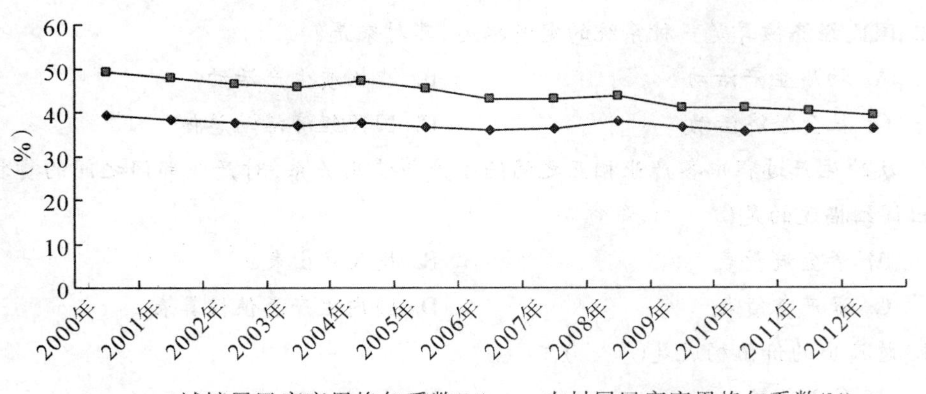

图 9.7　2000—2012 年中国城乡居民家庭恩格尔系数对比统计图

以上资料的来源:国家统计局数据库

练习与思考

一、单项选择题

1. 反映国民经济生产最终成果的统计指标是(　　)。

A. 国内生产总值　　B. 社会总产值

C. 国民总收入　　D. 社会最终产品

2. 国民经济核算是一种系统的定量描述,其对象是(　　)。

A. 物质生产活动　　B. 非物质生产活动

C. 社会经济活动　　D. 国民经济活动总体

3. 反映生产过程中各产业相互之间的生产与使用关系,对产业部门之间的货物与服务做出详细描述的是(　　)。

A. 资金流量表　　B. 投入产出表

C. 资产负债表　　D. 国内生产总值核算表

4. 总产出的价值构成是(　　)。

A. C_1+V+M　　B. C_2+V+M

C. $C+V+M$　　D. $V+M$

5. 农业总产出的计算,原则上采用(　　)。

A. 工厂法　　B. 部门法

C. 生产法　　D. 产品法

6. 国民总收入与国内生产总值(　　)。

A. 都是生产概念

B. 都是收入概念

C. 前者是收入概念,后者是生产概念

D. 前者的数据大于后者

7. 按收入法计算的国内生产总值不包括(　　)。

A. 固定资产折旧　　B. 劳动者报酬

C. 资本形成总额　　D. 生产税净额和营业盈余

8. 用生产法、收入法和支出法等三种方法计算的国内生产总值,从理论上讲应当(　　)。

A. 三面等值　　B. 三面等差

C. 三面近似　　D. 三面等比

9. 国民总收入是指一定时期的国内生产总值与来自(　　)。

A. 国外的经常转移净额之和　　B. 国外的经常转移净额之差

C. 国外的要素净收入之和　　D. 国外的要素净收入之差

10. 我国国民经济核算体系(2002)定义的生产活动是指(　　)。

A. 物质生产观　　B. 综合性生产观

C. 服务生产观　　D. 限制性生产观

二、多项选择题

1. 按支出法计算的国内生产总值应包括(　　)。

A. 居民消费　　B. 政府消费

C. 固定资本形成总额　　D. 存货增加

E. 货物与服务的净出口

2. 国内总产出(　　)。

A. 是以货币单位计算　　B. 包括货物和服务的价值

C. 可以用实物量指标计算　　D. 不包括服务产品的价值

E. 是常住单位生产活动的总成果

3. 国内生产总值的表现形态有(　　)。

A. 价值形态　　B. 支出形态

C. 收入形态　　D. 产品形态

E. 实物形态

4. 计算国内生产总值的方法有(　　)。

A. 生产法　　B. 工厂法

C. 收入法　　D. 部门法

E. 支出法

5. 国民生产总值(　　)。

A. 是一个国家所有常住单位在一定时期内收入初次分配的最终成果

B. 是一个国家所有常住单位在一定时期内生产活动的最终成果

C. 是一个生产概念

D. 是一个收入概念

E. 新 SNA 中将其改称为“国民总收入”

三、判断题

1. 国民经济就是社会再生产全过程,即从生产到分配、流通直至最终使用的周而复始的经济循环。

2. 国民经济核算在一定经济理论的指导下,只需运用统计计算方法即可进行。

3. 国民经济核算体系作为国际标准是在 20 世纪 50 年代开始形成的。

4. SNA 即国民账户体系首创于美国。

5. 因在国民经济核算方面做出杰出贡献而获得诺贝尔经济学奖的经济学家是斯通。

6. SNA 采用的是综合性生产概念。

7.《中国国民经济核算体系(2002)》是由基本核算表、国民经济账户两部分构成。

8. 基本核算表是由五部分构成,其中,国内生产总值表是核心部分。

9. 以经济资产存量为核算对象的表是资产负债表。

10. 国内总产出指标是 SNA 中一个重要的综合性指标,也是国民经济核算体系中的核心指标。

四、简答题

1. 说明《中国国民经济核算体系(2002)》的基本结构。
2. 简述基本核算表与国民经济账户之间的关系。
3. 简述国内生产总值与国民总收入之间的关系。
4. 简述国内生产总值的计算方法。
5. 简述国内生产总值表的组成。

附录一　Excel 统计分析

Excel 是一款集表格处理、数据管理、统计制图功能于一体的办公软件,此外还具有丰富的统计分析功能。本章主要介绍如何借助于 Excel 强大的分析功能,更加便捷地实现前面章节涉及的统计分析内容。

一、Excel 统计分析的准备工作

(一)在 Excel 中输入公式

在 Excel 中可以使用公式对现有数据运算得到所需结果。例如:在当前工作表中 A1 和 B1 单元格中已输入了数值数据,欲将 A1 与 B1 单元格的数据相加的结果放入 C1 单元格中,可按如下步骤操作:用鼠标选定 C1 单元格,然后输入公式“=A1+B1”或输入“=SUM(A1:B1)”,回车之后即可完成。C1 单元格此时存放实际上是一个数学公式“A1+B1”,因此 C1 单元格的数值将随着 A1、B1 单元格的数值的改变而变化。Excel 提供了完整的算术运算符,如+(加)、-(减)、*(乘)、/(除)、^(乘幂)以及丰富的函数,如 SUM(求和)、CORREL(求相关系数)、STDEV(求标准差)等,供用户对数据执行各种形式的计算操作,在 Excel 帮助文件中可以查到各类算术运算符和函数的完整使用说明。

(二)数据的填充

Excel 中可以通过填充功能自动生成有规律的数据序列,如等差数列、等比数列等。

比如在分析 1978—2012 年中国城镇居民消费和收入数据时,指定 A 列为年份,这是一个公差为 1 的等差序列。在 A1 中输入标题“年份”,在 A2、A3 中分别输入前两年年份 1978、1979,然后选择 A2:A3 区域,将鼠标移到区域右下角,光标成小十字,按下鼠标左键,向下拖动鼠标到 A30 处(拖动过程中自动显示数列的最后年份值),年份数据建立完成。

此外,在将鼠标移到选择区域右下角,光标成小十字时,按下鼠标右键,向下拖动鼠标,放开鼠标后 Excel 会自动弹出一个快捷菜单。选择合适的选项后,Excel 会自动按要求进行数量填充,如等差数列、等比数列等。

(三)公式的复制

公式复制可分为两种:一种是值复制,一种是公式复制。值复制指的是只复制公式的计算结果到目标区域,公式复制指的是仅复制公式本身到目标区域。下面对它们的操作步骤分别予以说明。

1. 值复制

(1)拖动鼠标选定待复制区域。

(2)用鼠标右击选定区域,选择"复制"选项。

(3)用鼠标右击目标区域,再单击"选择性粘贴"子菜单。出现复制选项。

(4)选定"数值"选项,然后用鼠标单击"确定"按钮,则公式的值复制即完成。

2. 公式复制

公式复制是 Excel 数据成批计算的重要操作方法,要熟练公式复制的操作首先要区分好两个概念:单元格的相对引用与绝对引用。Excel 中的公式中一般都会引用到别的单元格的数值,如果你希望当公式复制到别的区域时,公式引用单元格不会随之相对变动,那么你必须在公式中使用单元格的绝对引用。如果你希望当公式复制到别的区域之时,公式引用单元格也会随之相对变动,那么你必须在公式中使用单元格的相对引用。

在公式中如果直接输入单元格的地址,那么默认的是相对引用单元格。例如,在当前工作表中 A1 和 B1 单元格中已输入了数值数据,用鼠标选定 C1 单元格,然后输入公式"=A1+B1",此公式引用的便是两个相对的单元格 A1、B1,也就是说,如果将该公式复制到 C2 的单元格,公式所引用的单元格的地址将随着发生变化,公式将变为"=A2+B2",如果将该公式复制到 F100 的单元格,那么公式将变为"=D100+E100",这就是相对引用的结果,公式的内容随着公式的位置变化而相对变化。

如果在单元格的地址之前加入"$"符号那么意味着绝对引用单元格。例如在 C1 单元格输入的是"=$A$1+$B$1"那么此公式引用的便是绝对的单元格地址,不论将公式复制到何处,公式的内容都不会发生变化。

绝对引用和相对引用亦可在同一公式之中混合使用,例如:如果在 C1 单元中输入的是公式"=A$1+B$1",那么意味着,公式的内容不会随着公式的垂直移动而变动,而是随着公式的水平移动而变动,如果将该公式复制到 F100 单元格,那么公式将变为,"=D$1+E$1"。可以作这样的归纳:公式中"$"符号后面的单元格坐标不会随着公式的移动而变动,而不带"$"符号后面的单元格坐标会随着公式的移动而变动。在实际的使用中,如果能把单元格的相对引用与绝对引用灵活运用到 Excel 的公式之中,能为数据成批运算带来极大的方便。

(四)加载"数据分析"工具

绝大部分的统计分析功能都需要 Excel 的"分析工具库"宏来加以实现,在 Office 的典型安装模式下,该工具并未自动安装。

在初次使用“数据分析”功能时,需要先加载。

(1)从“工具”菜单中选择“加载宏”;

(2)选择“分析工具库”选项,然后确定。

如果以前未安装该工具库,系统会自动提示插入安装盘。

此后,可以从“工具”菜单下选择“数据分析”菜单,调用相应的统计分析功能来完成所需的操作。

二、统计制图

(一)直方图的绘制

直方图可用于对数据进行分组整理。在给定工作表中数据单元格区域和接收区间的情况下,计算出数据出现的频率和累积频率,可以统计数据集中某个数值元素出现的次数。例如,在一个有 50 名学生的班级里,可以通过直方图确定考试成绩的分布情况,它会给出考分出现在指定成绩区间的学生个数,而用户必须把存放分段区间的单元地址范围填写在在直方图工具对话框中的“接收区域”框中,所选数据如图 1 所示。其操作步骤为:

	A	B	C	D	E	F	G	H
1	76	90	85	53	84		50	
2	83	95	70	78	81		60	
3	92	68	73	79	74		70	
4	75	66	68	93	96		80	
5	81	82	74	86	80		90	
6	65	89	80	75	71			
7	93	71	74	78	74			
8	58	56	73	80	76			
9	77	80	86	90	84			
10	86	51	80	55	83			
11								
12								

图 1

(1)用鼠标点击表中待分析数据的任一单元格。

(2)选择“工具”菜单的“数据分析”子菜单。

(3)用鼠标双击数据分析工具中的“直方图”选项 。

(4)出现“直方图”对话框,对话框内主要选项的涵义如下:

◆输入区域:输入待分析数据区域的单元格范围 A1:E10。

◆接收区域(可选):在此输入接收区域的单元格范围 G1:G5,该区域应包含一组可用来计算各组频数的边界值,5 个边界值可以将数据分成 6 组。这些边界值应当按升序排列。

只要存在接收区域,Excel 将统计在各相邻边界值之间的数据出现的次数。如果省略此处的接收区域,Excel 将在数据组的最小值和最大值之间创建一组平滑分布的接收区间。

◆标志:如果输入区域的第一行或第一列中包含标题,则选中此复选框;如果输入区域没有标题,则清除此该复选框,Excel 将在输出表中生成适宜的数据标志。

◆输出区域:在此输入结果输出表的左上角单元格的地址。如果输出表将覆盖已有的数据,Excel 会自动确定输出区域的大小并显示信息。

◆柏拉图:选中此复选框,可以在输出表中同时显示按降序排列频率数据。如果此复选框被清除,Excel 将只按升序来排列数据。

◆累积百分比:选中此复选框,可以在输出结果中添加一列累积百分比数值,并同时在直方图表中添加累积百分比折线。如果清除此选项,则会省略以上结果。

◆图表输出:选中此复选框,可以在输出表中同时生成一个嵌入式直方图表。

(5)按需要填写完"直方图"对话框之后,按"确定"按钮即可。输出结果如图 2 所示,完整的输出结果通常包括三列和一个频率分布图,第一列是数值的区间范围,第二列是数值分布的频数,第三列是频数分布的累积百分比。

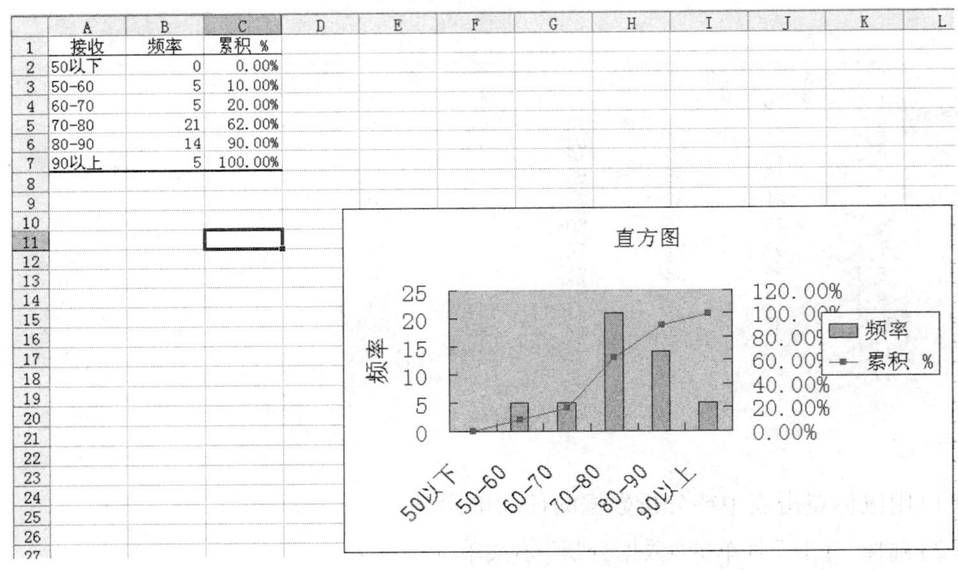

接收	频率	累积 %
50以下	0	0.00%
50-60	5	10.00%
60-70	5	20.00%
70-80	21	62.00%
80-90	14	90.00%
90以上	5	100.00%

图 2

(二)柱形图的绘制

柱形图是最常用的统计图表类型,可以用来对比表示一组或几组数据。它用垂直条形的高度来表示数据的大小,广泛用于统计分析中。图 3 显示了 5 个学生 3 门成绩的数据和相应的柱形图。

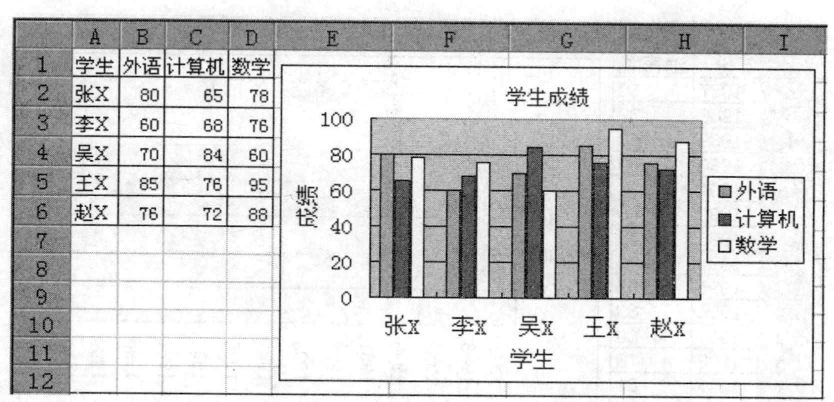

	A	B	C	D
1	学生	外语	计算机	数学
2	张X	80	65	78
3	李X	60	68	76
4	吴X	70	84	60
5	王X	85	76	95
6	赵X	76	72	88

图 3　柱形图

该图表的制作过程如下：

(1)在 ABCD 列中输入学生的成绩数据；

(2)选择数据区域 A1:D6,单击“图表向导”按钮；

(3)在“图表向导”选择“柱形图”,并选择“子图表类型”中的第一个“簇状柱形图”,单击“下一步”按钮；

(4)确认“数据系列”产生的行列方向,本例为数据按列方向,直接单击“下一步”；

(5)在第三步中指定图表标题为“学生成绩”,分类轴标题为“学生”,数值轴标题为“成绩”,其余全部接受默认选项,再单击“完成”按钮。

(三)折线图的绘制

折线图在表示一个或多个时间序列数据时非常有用。折线图与散点图相比,它要求水平轴上表示的变量数据是等距的,通常为序号或年份数据,这类情况特别适用于时间序列。如果水平轴表示的变量数据不是等距的,则应该使用 XY 散点图来表示。其次,折线图可以表示多个时间序列数据,而散点图只能表示一个数据序列。

在表示时间序列时,为了使图表更加清晰,最好在数据前面加上表示时间后,再作折线图,这样显示更加清楚些。

例:已知某公司 1987—2000 年的销售额(单位:万元),其折线图绘制步骤为：

(1)在前两列中输入年份和销售额数据,如图 4 所示；

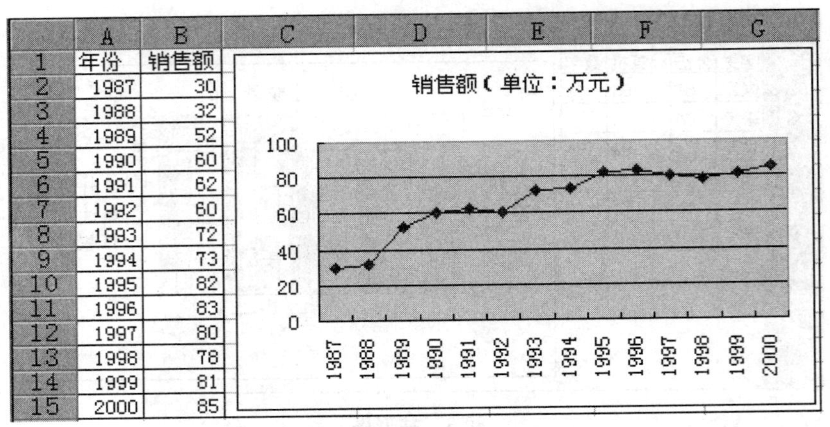

	A	B
1	年份	销售额
2	1987	30
3	1988	32
4	1989	52
5	1990	60
6	1991	62
7	1992	60
8	1993	72
9	1994	73
10	1995	82
11	1996	83
12	1997	80
13	1998	78
14	1999	81
15	2000	85

图 4　折线图

（2）选择数据区域 B1:B15，单击"图表向导"按钮；

（3）在图表向导第一步中选择"折线图"，再单击"下一步"按钮；

（4）在第二步中单击"系列"标签，在"分类（X）轴标志"框中输入 A2:A15（不包括标题 A1），单击"下一步"按钮；

（5）在第三步中按"标题"按钮，图表标题定为"销售额（单位:万元）"；

（6）单击"图例"按钮，取消"显示图例"复选框；

（7）最后按"完成"按钮。

（四）饼图的绘制

饼图的主要作用是显示各部分数据所占的比例。比如计算某集团十个分厂产值完成的结构相对数，以饼图的形式来反映各单位的完成情况。操作步骤为：

（1）计算各厂的合计产值，并计算各厂在总产值中所占比例。

（2）用鼠标点击"数据"下的"图表向导"符号。

（3）点击"图表向导"中"标准类型"中的"饼图"。

（4）在"子图表类型"中选择适当的类型，并点击下一步。

（5）在"数据区域"项选择各厂的百分比数据，在"系列"的"分类标志"项选择各厂的名称，并点击下一步。

（6）在"标题"项中的"图表标题"项输入"各厂完成产值百分比"，在"数据标志"项中点击"百分比"，继续下一步。

（7）点击完成，如图 5 所示。

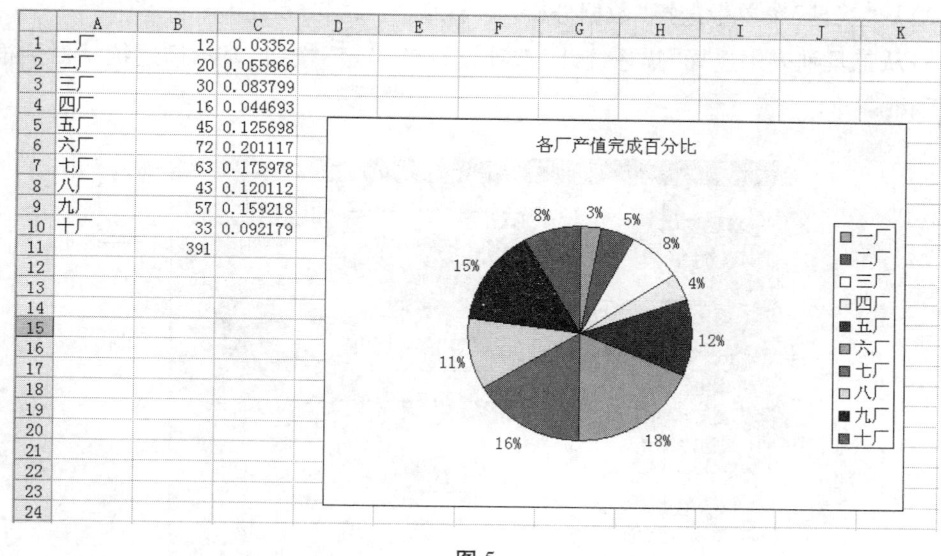

	A	B	C	D	E	F	G	H	I	J	K
1	一厂	12	0.03352								
2	二厂	20	0.055866								
3	三厂	30	0.083799								
4	四厂	16	0.044693								
5	五厂	45	0.125698								
6	六厂	72	0.201117								
7	七厂	63	0.175978								
8	八厂	43	0.120112								
9	九厂	57	0.159218								
10	十厂	33	0.092179								
11		391									

图 5

三、描述统计

Excel 可以使用描述统计分析工具对样本数据的数字特征进行综合分析,可以一次输出所有的统计量,较为方便。

例:某公司随机抽取了 12 个销售人员的销售业绩,数据如图 6 中 A 列所示(单位:万元),试分析该公司所有销售人员的销售业绩的数量特征。

	A	B	C	D	E	F
1	销售额		销售额			对应公式
2	20					
3	22		平均	36.3		=AVERAGE(data)
4	30		标准误差	3.01		=STDEV(data)/SQRT(COUNT(data))
5	33		中值(中位数)	36		=MEDIAN(data)
6	36		模式(众数)	30		=MODE(data)
7	30		标准偏差	10.4		=STDEV(data)
8	36		样本方差	109		=VAR(data)
9	39		峰值(峰度)	-0.3		=KURT(data)
10	40		偏斜度	0.19		=SKEW(data)
11	45		区域(极差)	35		=MAX(data)-MIN(data)
12	55		最小值	20		=MIN(data)
13	50		最大值	55		=MAX(data)
14			求和	436		=SUM(data)
15			计数	12		=COUNT(data)
16			最大(3)	45		=LARGE(data,3)
17			最小(3)	30		=SMALL(data,3)
18			置信度(95.0%)	6.62		=TINV(0.05,COUNT(data)-1)*STDEV(data)/SQRT(COUNT(data))

图 6　描述统计分析

下面步骤描述了如何使用 Excel 的描述统计分析工具:

(1)如图 6 所示,在工作表 A 列中输入销售数据,并在第 1 行输入标题;

(2)从“工具”菜单中选择“数据分析”命令,调出数据分析工具;

(3)从工具列表中选择“描述统计”选项,再按“确定”按钮,显示描述统计对话框,如图7所示;

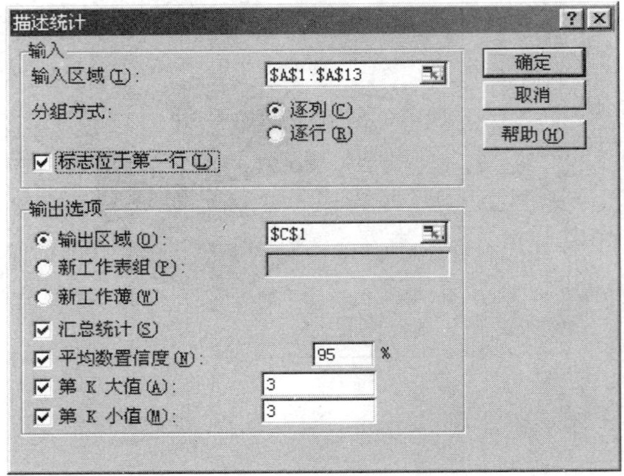

图7　描述统计对话框

对话框中各选项的涵义如下:

◆输入区域:输入含有数据的单元格范围,包含数据的标题,本例中应输入A1:A13(或在工作表中拖动鼠标以选择范围A1:A13)。

◆分组方式:本例选择“逐列”,(如果数据放在第1行中,则应选“逐行”。正常情况下,统计数据都应该按逐列方式组织和输入)。

◆标志位于第一行:数据是否包含标题行。本例中应选择该复选框,因为本例中输入范围A1:A13中包含标题行(如果在输入区域中键入A2:A13,即不包含标题行,则应清除该复选框)。

◆输出选项:默认情况下,Excel会新建一工作表存放输出结果,本例为了便于原始数据和输出结果的观察,选择“输出区域”单选钮,并且键入输出显示范围的左上角单元格地址C1。

◆汇总统计:该选项为描述统计工具的核心,必须选择此复选框。

◆平均数置信度:该选项用于计算平均值置信区间的半侧宽度,选取该复选框并输入想得到的置信度,本例输入95%。

◆第K大值:选取该框,输入3,输出第3大数据(如果输入1,即为最大值)。

◆第K小值:选取该框,输入3。

(4)完成以上步骤后,单击确定按钮,Excel将计算出各描述性统计量。输出结果显示在图6的列C和列D中。

描述统计工具输出结果丰富,操作简便,但是它的输出结果为数值,与原始数据脱离了引用关系,如果修改了数据,则必须重新调用描述统计工具。由于输出结果不随原始数据的变动而自动重算,所以在运用上容易疏忽,造成失误。

如果数据变动频繁,建议使用工作表函数计算各种统计量,以保持输出结果与原始数据的引用关系。Excel 包含以上所有描述统计量的函数,图 6 中 F 列显示了生成这些统计量相应的工作表函数,公式中的 Data 是为数据区域 A2:A13 定义的名称。

四、散点图和相关系数

(一)散点图

散点图是观察两个变量之间关系程度最为直观的工具之一。

例:已知 8 个分公司的年销售额(百万元)和广告费(万元),一般认为年销售额很大程度上取决于广告投入,现在研究两者之间的数量联系。

	A	B	C
1	分公司	广告费	销售额
2	1	25	32
3	2	18	18
4	3	31	52
5	4	25	45
6	5	29	40
7	6	25	38
8	7	26	37
9	8	24	41
10			

图 8　进行散点图分析

用散点图分析年销售额和广告投入间的关系,如图 8 所示。然后选取数据区域(包括标记)B1:C9,单击图表向导工具按钮,确认数据区域,选 XY 散点图格式,输入标题,并重新定义坐标轴刻度和格式。

(1)数据如图 8 所示,在安排数据时,用于分类轴(水平轴)的 X 变量在左边列中,用于数值轴(垂直轴)的 Y 变量在右边列中。

(2)拖动鼠标选定数值区域 B1:C9。

(3)选择"插入"菜单的"图表"子菜单,进入图表向导。

(4)选择"图表类型"为"散点图",然后单击"下一步"。

(5)确定用于制作图表的数据区。Excel 将自动把你前面所选定的数据区的地址放入图表数据区的内。

(6)填写图表标题为"年销售额-广告费",X 轴坐标名称为"广告费(万元)",Y 轴坐标名称"年销售额(万元)",单击"下一步"。

(7)选择图表输出的位置,然后单击“完成”按钮即生成图8。

由图形可以看出,两者基本呈现线性关系。

(二)相关系数分析

相关系数可以研究两个变量间的线性相关的方向和紧密程度。采用图8中的数据,可按如下步骤计算变量两者的相关系数。

(1)用鼠标点击表中待分析数据的任一单元格;

(2)单击“工具”菜单的“数据分析”子菜单;

(3)选择数据分析工具中的“相关系数”选项;

(4)在“相关系数”对话框,确定数据区域为B1:C2,“标志位于第一行”,然后单击“确定”按钮即可得到相关系数矩阵,结果如图9所示。

	A	B	C
1		广告费	销售额
2	广告费	1	
3	销售额	0.894301	1

图9

结果说明:以上下三角矩阵计算出两个变量间的相关系数为0.8943,所以可以判断销售额和广告费之间存在着较高的正线性相关关系。

此外,相关系数分析工具可以同时对多个变量进行二元相关分析,并输出两两相关矩阵,从而帮助我们判断联系紧密的变量是哪些。

五、线性回归分析

(一)线性趋势线

考察图9所示的散点图,其数据点大致沿直线分布,判断两者为线性关系,可以插入线性趋势线进行分析。Excel用最小二乘法确定线性趋势线的截距和斜率,并自动插入到图表中。插入线性趋势线的步骤:

(1)双击激活散点图进行编辑;

(2)单击某数据点上以选取数据系列,该系列的所有数据点将放大以突出显示,名称框显示“数据系列1”;

(3)从“插入”菜单中选择“趋势线”命令,系统显示“趋势线”对话框;

(4)单击“趋势线”对话框上部的“类型”标签,如图10所示;

(5)在对话框中单击选择“线性”图标(其余图标用于非线性趋势和回归分析);

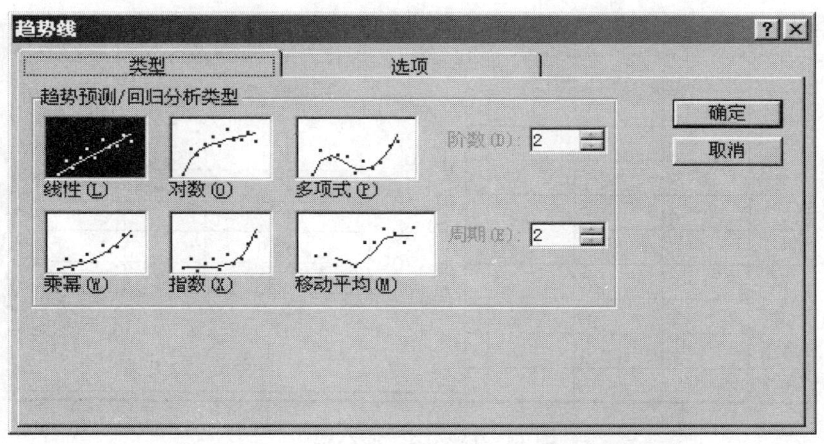

图 10　趋势线类型标签对话框

(6)单击“趋势线”对话框上部的“选项”标签，如图 11 所示；

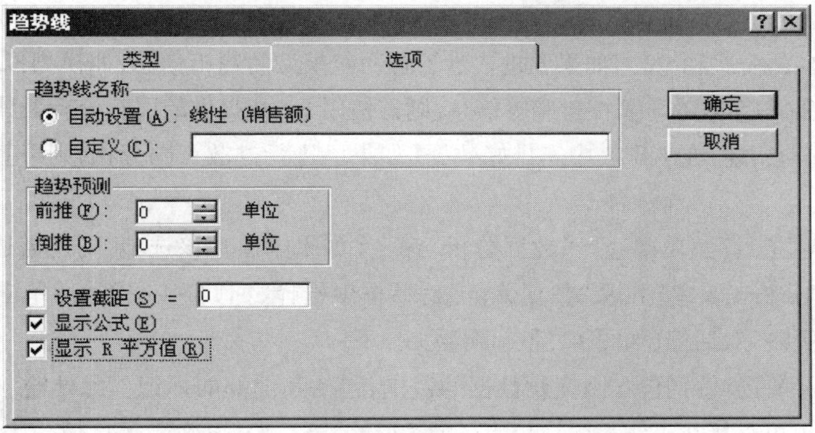

图 11　趋势线选项标签对话框

(7)在对话框的“趋势线名称”框中选择“自动设置:线性(销售额)”选项，清除“设置截距”复选框，单击选定“显示公式”和“显示 R 平方”复选框，如图 11 所示；

(8)单击“确定”按钮，趋势线、公式和 R2 值被插入到散点图中，如图 12 所示。由插入趋势线后的散点图可知，年销售额和广告费间的函数关系为:

年销售额 = 2. 2417×广告费 − 19. 009

公式中截距为 19. 009，单位与年销售额相同(百万元)；斜率为 2. 2417，表示每增加一单位(万元)的广告投入，引起年销售额的平均变化为 2. 2417 单位(百万元)。

模型的拟合优度可由 R^2 加以检验，该值称为决定系数，表明因变量的变化中有多大比例可由自变量加以解释。本例中 R^2 值为 0. 7368，表明年销售额的变动中有 73. 68%可

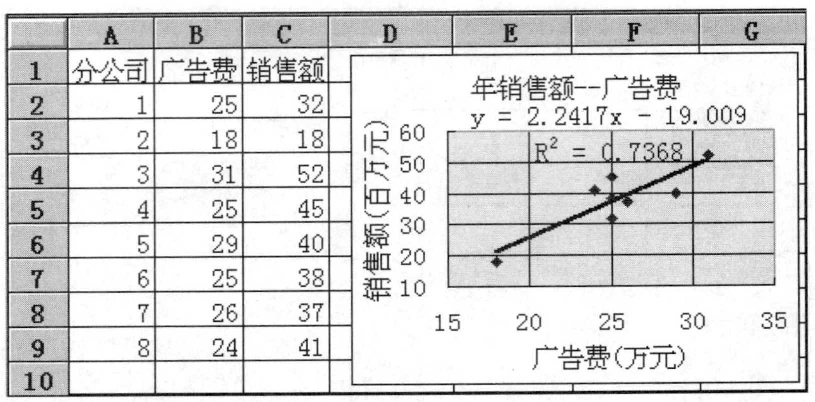

	A	B	C
1	分公司	广告费	销售额
2	1	25	32
3	2	18	18
4	3	31	52
5	4	25	45
6	5	29	40
7	6	25	38
8	7	26	37
9	8	24	41
10			

图 12　散点图中插入趋势线

用广告投入通过线性回归模型加以解释,剩余的 26.32%则由其余因素引起。

(二)回归分析工具

趋势线分析是两变量分析中最为方便,快捷和直观的分析方法,但它只能提供有限的信息(趋势线、公式和 R2),如果要进一步了解回归模型的输出信息,如模型拟合优度、方差分析表、回归系数的显著性检验等信息,则需使用 Excel 提供的回归分析工具。

(1)如前所述,在工作表中安排好数据(如果已进行过散点图分析,则可直接利用原数据);

(2)从“工具”菜单中选择“数据分析”命令(如果未出现该选项,则还需通过加载宏命令加载“分析工具库”),从“数据分析”对话框中选择“回归”工具,然后单击“确定”按钮,出现“回归”对话框,如图 12,各选项涵义如下:

◆输入 Y 区域:指包含因变量数据的范围,包括其上部的标记。此处输入“$C$1:$C$9”,也可直接在工作表中拖拉出区域$C$1:$C$9 以确定 Y 区域。

◆输入 X 区域:指包含自变量数据的范围,包括其上部的标记。此处输入“$B$1:$B$9”,也可直接在工作表中拖拉出区域$B$1:$B$9 以确定 X 区域。

◆标记:选取该复选框,因为 Y 区域和 X 区域顶端的标记也包含在其范围内(如果前面指定 Y 区域为$C$2:$C$9,X 区域为$B$2:$B$9,则应取消该复选框)。

◆常数为零:只有当希望回归直线截距为零,即强制回归线通过原点(0,0)时才选择该复选框。

◆置信水平:Excel 自动估计回归系数的 95%置信区间。如果用户需要改变置信水平,则应选择该复选框,然后在其后输入所需的数值。

◆输出位置:用户可选择回归结果输出在何处。单击“输出区域”按钮,并键入输出范围的左上角单元地址,可将结果输出在当前工作表中;单击“新工作表”,则系统在工作簿中插入一个新的工作表并将结果输出到其中,用户还可指定新工作表的名称;此外单击

"新工作簿"将输出结果单独存放在一个工作簿文件中。本例中选择输出位置为新工作表,应单击"新工作表"按钮。

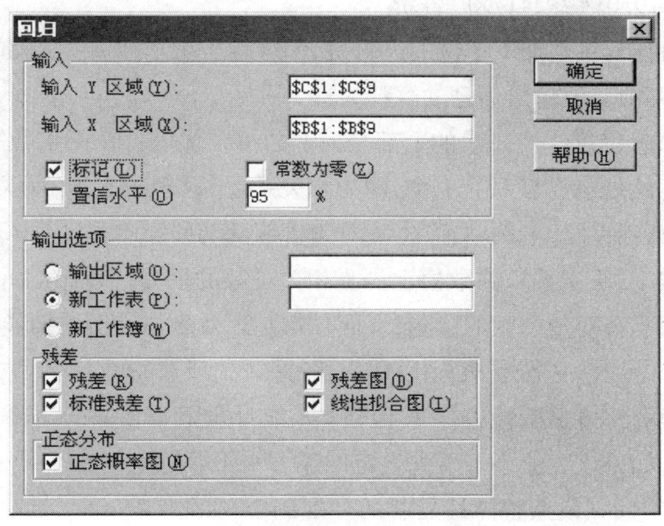

图 13　回归对话框

◆残差:该选项框中有四个复选框,用于输出残差、标准残差、残差图和线性拟合图。

◆正态概率图:选择该复选框可输出正态概率图,用于检验误差项的分布是否服从正态分布。

(3)确认所有选择正确无误后,单击"确定"按钮,则将输出回归结果和图表。如图 14 所示。

	A	B	C	D	E	F	G
1	汇总输出						
2							
3	回归统计						
4	R的倍数	0.8583					
5	R的平方	0.7368					
6	调整的R平方	0.6929					
7	标准误差	5.5215					
8	观察值个数	8					
9							
10	ANOVA						
11		自由度	SS	MS	F	显著水平F	
12	回归	1	511.9523	511.95	16.792	0.006373	
13	残差	6	182.9227	30.487			
14	总和	7	694.875				
15							
16		系数	标准误差	t 统计	P-值	下限95%	上限95%
17	截距	-19.01	14.0179	-1.356	0.2239	-53.3092	15.292
18	广告费	2.2417	0.547047	4.0979	0.0064	0.903142	3.58029

图 14　回归输出结果

回归系数包含在图 14 中"系数"单元的下方,截距-19.01 为回归公式中的常数项,自变量广告费的系数为 2.2417,该值为回归线的斜率。回归方程为:

年销售额=-19.01+2.2417×广告费

该回归模型表明:每增加 1 单位的广告费,销售额可增加 2.2417 单位。

回归输出结果中其他输出信息的解释为:

(1)模型的拟合优度。汇总表的上部是模型的拟合优度:"R 的倍数"名称有些欠妥,应为复相关系数(此处自变量只有 1 个,即为相关系数);"R 的平方"为判定系数,表明自变量对因变量的解释程度,本例中,广告费对销售额变动的影响程度为 73.68%,其他因素为 26.32%。事实上,决定系数在数值上是复相关系数的平方;"调整的 R 平方"是对决定系数的修正,消除了自变量个数的影响;下面一行是因变量估计值的抽样误差。

(2)方差分析表。方差分析表(ANOVA)将总平方和分解成回归平方和及残差平方和,并对回归方程的整体显著性进行 F 检验。F 统计量值和相应的显著水平 p 值位于方差分析表的右部,如果该 p 值小于事先设定的显著水平(一般为 0.05 或 0.01),则拒绝虚假设 $H_o:\beta=0$,表明回归模型整体是显著的。本例中 p 值为 0.0064,远小于 0.05,即可以 99.36%的置信度保证回归模型是显著的。

(3)参数估计表。参数表中给出了回归模型中各回归系数的估计值。第一行为截距 α,下面行为自变量的回归系数 β,表中第 2 列即是系数估计值。后面各列是抽样误差(表中称为标准误差)、t 统计量和相应的 p 值、回归系数的区间估计。

t 统计量和相应 p 值是对各变量单独进行显著性检验的一部分,虚假设为该自变量对因变量影响不显著,即 $H_o:\beta_i=0$。一般来说如果 t 值大于 2 或小于-2 则应拒绝虚假设(正态条件下 $Z_{0.05/2}=1.96$,接近 2),如果样本量较小(少于 30),则应使用 $t_{0.05/2}(n-k)$ 为临界值。t 值后一列为双尾 p 值,即假定虚假设为真的概率,也即是实际的显著水平,如该 p 值小于事先设定的显著水平(一般为 0.05 或 0.01),则拒绝虚假设 $H_o:\beta_i=0$,表明该自变量对样本量影响显著。本例中 p 值为 0.0064,远小于 0.05,即可以 99.36%的置信度保证该自变量对样本量影响显著。

附录二

附表 1　随机数表

26804	29273	79811	45610	22879	72538	70157	17683	67942	52846
90720	96215	48537	94756	18124	89051	27999	88513	35943	67290
85027	59207	76180	41416	48521	15720	90258	95598	10822	93074
09362	49674	65953	96702	20772	12069	49901	08913	12510	64899
64590	04104	16770	79237	82158	04553	93000	18585	72279	01916
06432	08525	66864	20507	92817	39800	98820	18120	81860	68065
02101	60119	95836	88949	89312	82716	34705	12795	58424	69700
19337	96983	60321	62194	08574	81896	00390	75024	66220	16494
75277	47880	07952	35832	41655	27155	95189	00400	06649	53040
59535	75885	31648	88202	63899	40911	78138	26376	06641	97291
73310	79385	84639	27804	48889	80070	64689	99310	04232	84008
12805	65754	96837	67060	88413	31883	79233	99603	68989	80233
32242	73807	48321	67123	40637	14102	55550	89992	80593	64642
16212	84706	69274	13252	78974	10781	43629	36223	36042	75492
75362	83633	25620	24328	59345	40653	85639	42613	40242	43160
34703	93445	82051	53437	53717	48719	71858	11230	26079	44018
01556	58563	36828	85053	39025	16688	69524	81885	31911	13098
22211	86468	76295	16663	39489	18400	53155	92087	63942	99827
01534	70128	14111	77065	99358	28443	68136	61696	55241	61867
09647	32348	56909	40951	00440	10305	58160	62235	89455	73095
97021	23763	18491	65056	95283	98232	88695	78699	79666	88574
25469	63708	78718	35014	40387	15921	58080	03936	15935	59658

附表 1（续）

40337	48522	11418	00090	41779	54499	08523	49092	65431	11390
33491	98685	92536	51626	85787	47841	95787	70139	42383	44187
44764	14986	16642	19429	01960	22833	80055	39851	47350	70337
96779	94885	33674	52860	39750	47056	59836	10552	26093	40520
06973	61333	00465	70079	02538	83123	86995	05706	71111	40435
22366	71653	64852	69137	36552	25495	85845	71503	31631	58633
37197	91054	45316	64212	63635	68992	02608	93110	21593	56327
15234	35530	10147	65273	07553	78481	62311	36134	89043	56110
75554	64074	37544	34863	36478	79281	58549	44237	19801	31240
47230	79000	08569	74977	06680	99658	07458	17435	08308	11027
30159	83599	72906	07861	13625	35611	03043	69904	55051	74144
28979	73275	87178	48764	58960	40528	14378	03612	90075	96905
65855	05534	44208	08903	19491	32126	66860	32840	54979	22213
95348	50091	44611	49700	54373	80200	76787	16563	68303	66995
41774	64236	05246	57370	74027	46196	05323	43858	84458	81397
03354	96795	86666	35232	38206	24653	39718	80664	29193	86369
88886	09883	77679	07972	20542	81125	54583	70123	13780	74558
48189	54316	64441	32520	06000	71271	93086	52657	63361	98260
29323	88380	34403	29290	29057	74103	18949	37051	93231	73949
57944	15793	46141	77291	54098	37292	71554	16467	07860	47556
26473	35895	03768	48263	09733	22819	43209	63159	38560	13548
90941	14121	32494	52627	65420	12249	66149	47064	31607	98475
15200	48466	68764	30111	29025	75579	92279	88993	59782	27641
03704	21488	23373	27179	78622	98536	85425	92276	97238	28716
06976	19232	77725	26152	82770	07884	32039	25244	20896	06246
58784	61149	89620	88225	38005	81411	29645	40186	35101	89938
92687	63644	39013	63475	45033	98679	44963	28862	51162	71792
68635	28907	63317	16301	35291	27832	49665	26975	36918	71635
25136	53356	21610	96745	14276	83374	38793	27121	02809	18908
10939	52366	77537	80180	98287	14191	09983	42701	69101	73946

附表 2　标准正态概率较小制分布函数表

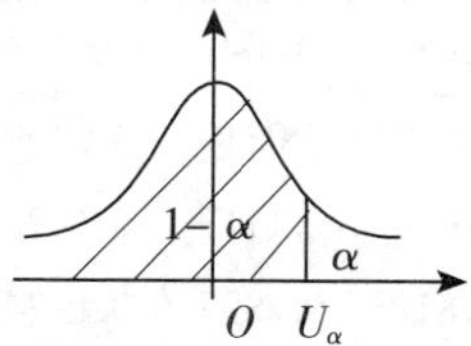

（表中数据为 $1-\alpha$ 值，即图中阴影部分；U_α 为临界值。）

$\varphi(x)$ x x	0.00	0.01	0.02	0.03	0.04	0.05	0.06	0.07	0.08	0.09
0.0	0.5000	0.5040	0.5080	0.5120	0.5160	0.5199	0.5239	0.5279	0.5319	0.5359
0.1	0.5398	0.5438	0.5478	0.5517	0.5557	0.5596	0.5636	0.5675	0.5714	0.5753
0.2	0.5793	0.5832	0.5871	0.5910	0.5948	0.5987	0.6026	0.6064	0.6103	0.6141
0.3	0.6179	0.6217	0.6255	0.6293	0.6331	0.6368	0.6406	0.6443	0.6480	0.6517
0.4	0.6554	0.6591	0.6628	0.6664	0.6700	0.6736	0.6772	0.6808	0.6844	0.6879
0.5	0.6915	0.6950	0.6985	0.7019	0.7054	0.7088	0.7123	0.7157	0.7190	0.7224
0.6	0.7257	0.7291	0.7324	0.7357	0.7389	0.7422	0.7454	0.7486	0.7517	0.7549
0.7	0.7580	0.7611	0.7642	0.7673	0.7704	0.7734	0.7764	0.7794	0.7823	0.7852
0.8	0.7881	0.7910	0.7939	0.7967	0.7995	0.8023	0.8051	0.8078	0.8106	0.8133
0.9	0.8159	0.8186	0.8212	0.8238	0.8264	0.8289	0.8315	0.8340	0.8365	0.8389
1.0	0.8413	0.8438	0.8461	0.8485	0.8508	0.8531	0.8554	0.8577	0.8599	0.8621
1.1	0.8643	0.8665	0.8686	0.8708	0.8729	0.8749	0.8770	0.8790	0.8810	0.8830
1.2	0.8849	0.8869	0.8888	0.8907	0.8925	0.8944	0.8962	0.8980	0.8997	0.9015
1.3	0.9032	0.9049	0.9066	0.9082	0.9099	0.9115	0.9131	0.9147	0.9162	0.9177
1.4	0.9192	0.9207	0.9222	0.9236	0.9251	0.9265	0.9279	0.9292	0.9306	0.9319
1.5	0.9332	0.9345	0.9357	0.9370	0.9382	0.9394	0.9406	0.9418	0.9429	0.9441
1.6	0.9452	0.9463	0.9474	0.9484	0.9495	0.9505	0.9515	0.9529	0.9535	0.9545
1.7	0.9554	0.9564	0.9573	0.9582	0.9591	0.9599	0.9608	0.9616	0.9625	0.9633
1.8	0.9641	0.9649	0.9656	0.9664	0.9671	0.9678	0.9686	0.9693	0.9699	0.9703
1.9	0.9713	0.9719	0.9726	0.9732	0.9738	0.9744	0.9750	0.9756	0.9761	0.9767
2.0	0.9772	0.9778	0.9783	0.9788	0.9793	0.9798	0.9803	0.9808	0.9812	0.9817
2.1	0.9821	0.9826	0.9830	0.9834	0.9838	0.9842	0.9846	0.9850	0.9854	0.9857
2.2	0.9861	0.9864	0.9868	0.9871	0.9875	0.9878	0.9881	0.9884	0.9887	0.9890
2.3	0.9893	0.9896	0.9898	0.9901	0.9904	0.9906	0.9909	0.9911	0.9913	0.9916
2.4	0.9918	0.9920	0.9922	0.9925	0.9927	0.9929	0.9931	0.9932	0.9934	0.9936
2.5	0.9938	0.9940	0.9941	0.9943	0.9945	0.9946	0.9948	0.9949	0.9951	0.9952
2.6	0.9953	0.9955	0.9956	0.9957	0.9959	0.9960	0.9961	0.9962	0.9963	0.9964
2.7	0.9965	0.9966	0.9967	0.9968	0.9969	0.9970	0.9971	0.9972	0.9973	0.9974
2.8	0.9974	0.9975	0.9976	0.9977	0.9977	0.9978	0.9979	0.9979	0.9980	0.9981
2.9	0.9981	0.9982	0.9982	0.9983	0.9984	0.9984	0.9985	0.9985	0.9986	0.9986
3.0	0.9987	0.9990	0.9993	0.9995	0.9997	0.9998	0.9998	0.9999	0.9999	1.0000

附表 3　标准正态概率双侧临界值表

$U_{a/2}$	0.00	0.01	0.02	0.03	0.04	0.05	0.06	0.07	0.08	0.09
0.0	0.0000	0.0080	0.0160	0.0239	0.0319	0.0399	0.0478	0.0558	0.0638	0.0717
0.1	0.0797	0.0876	0.0955	0.1034	0.1113	0.1192	0.1271	0.1350	0.1428	0.1507
0.2	0.1585	0.1663	0.1741	0.1819	0.1897	0.1974	0.2051	0.2128	0.2205	0.2282
0.3	0.2358	0.2434	0.2510	0.2586	0.2661	0.2737	0.2812	0.2886	0.2961	0.3035
0.4	0.3108	0.3182	0.3255	0.3328	0.3401	0.3473	0.3545	0.3616	0.3688	0.3759
0.5	0.3829	0.3899	0.3969	0.4039	0.4108	0.4177	0.4245	0.4313	0.4381	0.4448
0.6	0.4515	0.4581	0.4647	0.4713	0.4778	0.4843	0.4907	0.4971	0.5035	0.5098
0.7	0.5161	0.5223	0.5283	0.5346	0.5407	0.5467	0.5527	0.5587	0.5646	0.5705
0.8	0.5763	0.5821	0.5878	0.5935	0.5991	0.6047	0.6102	0.6157	0.6211	0.6250
0.9	0.6319	0.6372	0.6424	0.6476	0.6528	0.6579	0.6629	0.6680	0.6729	0.6778
1.0	0.6827	0.6875	0.6923	0.6970	0.7017	0.7063	0.7109	0.7154	0.7190	0.7243
1.1	0.7287	0.7330	0.7373	0.7415	0.7457	0.7490	0.7540	0.7580	0.7620	0.7660
1.2	0.7699	0.7737	0.7775	0.7813	0.7850	0.7887	0.7923	0.7570	0.7995	0.8030
1.3	0.8064	0.8098	0.8132	0.8165	0.8180	0.2300	0.8262	0.8293	0.8324	0.8355
1.4	0.8385	0.8415	0.8444	0.8473	0.8501	0.8529	0.8557	0.8584	0.8611	0.8638
1.5	0.8664	0.8690	0.8715	0.8740	0.8764	0.8780	0.8812	0.8836	0.8859	0.8882
1.6	0.8904	0.8926	0.8480	0.8960	0.8990	0.9011	0.9031	0.9051	0.9070	0.9090
1.7	0.9109	0.9127	0.9146	0.9164	0.9181	0.9199	0.9216	0.9233	0.9249	0.9265
1.8	0.9281	0.9097	0.9312	0.9328	0.9342	0.9357	0.9371	0.9385	0.9399	0.9412
1.9	0.9426	0.9439	0.9451	0.9464	0.9476	0.9488	0.9500	0.9512	0.9523	0.9534
2.0	0.9545	0.9556	0.9566	0.9576	0.9587	0.9596	0.9606	0.9616	0.9625	0.9634
2.1	0.9643	0.9655	0.9660	0.9668	0.9676	0.9684	0.9692	0.9700	0.9707	0.9714
2.2	0.9772	0.9728	0.9736	0.9742	0.9749	0.9756	0.9762	0.9768	0.9774	0.9780
2.3	0.9786	0.9792	0.9797	0.9802	0.9807	0.9812	0.9817	0.9822	0.9827	0.9832
2.4	0.9836	0.9840	0.9845	0.9850	0.9853	0.9858	0.9861	0.9864	0.9869	0.9872
2.5	0.9876	0.9880	0.9883	0.9886	0.9889	0.9892	0.9895	0.9898	0.9901	0.9904
2.6	0.9907	0.9910	0.9912	0.9914	0.9917	0.9920	0.9922	0.9924	0.9926	0.9928
2.7	0.9931	0.9932	0.9935	0.9936	0.9939	0.9941	0.9942	0.9944	0.9946	0.9948
2.8	0.9949	0.9950	0.9952	0.9954	0.9955	0.9956	0.9958	0.9959	0.9960	0.9967
2.9	0.9962	0.9964	0.9965	0.9966	0.9967	0.9968	0.9969	0.9970	0.9971	0.9972
3.0	0.9973	0.9974	0.9975	0.9976	0.9977	0.9978	0.9978	0.9978	0.9980	0.9980

附表4　t 分布临界值表

$P\{t(n) > t_{\alpha}\} = \alpha; P\{-t_{\alpha/2} < t(n) < t_{\alpha/2}\} = \alpha$

（表中数字为临界值的绝对值；单侧 α 为右侧概率，双侧 α 为两边小概率 $\alpha/2$ 的和）

α \ n	双侧 $\alpha = 0.5$ 单侧 $\alpha = 0.25$	双侧 $\alpha = 0.2$ 单侧 $\alpha = 0.10$	双侧 $\alpha = 0.1$ 单侧 $\alpha = 0.05$	双侧 $\alpha = 0.05$ 单侧 $\alpha = 0.025$	双侧 $\alpha = 0.02$ 单侧 $\alpha = 0.01$	双侧 $\alpha = 0.01$ 单侧 $\alpha = 0.005$
1	1.0000	3.0777	6.3138	12.7062	31.8207	63.6574
2	0.8165	1.8856	2.9200	4.3027	6.9646	9.9248
3	0.7649	1.6377	2.3534	3.1824	4.5407	5.8409
4	0.7407	1.5332	2.1318	2.7764	3.7469	4.6041
5	0.7267	1.4759	2.0150	2.5706	3.3649	4.0322
6	0.7176	1.4398	1.9432	2.4469	3.1427	3.7074
7	0.7111	1.4149	1.8946	2.3646	2.9980	3.4995
8	0.7064	1.3968	1.8595	2.3060	2.8965	3.3665
9	0.7027	1.3830	1.8331	2.2622	2.8214	3.2498
10	0.6998	1.3722	1.8125	2.2281	2.7638	3.1693
11	0.6974	1.3634	1.7959	2.2010	2.7181	3.1058
12	0.6955	1.3562	1.7823	2.1788	2.6810	3.0545
13	0.6938	1.3502	1.7709	2.1604	2.6503	3.0123
14	0.6924	1.3450	1.7613	2.1448	2.6245	2.9768
15	0.6912	1.3406	1.7531	2.1315	2.6025	2.9467
16	0.6901	1.3368	1.7459	2.1199	2.5835	2.9208
17	0.6892	1.3334	1.7396	2.1098	2.5669	2.8982
18	0.6884	1.3304	1.7341	2.1009	2.5524	2.8784
19	0.6876	1.3277	1.7291	2.0930	2.5395	2.8609
20	0.6870	1.3253	1.7247	2.0860	2.5280	2.8453
21	0.6864	1.3232	1.7207	2.0796	2.5177	2.8314
22	0.6858	1.3212	1.7171	2.0739	2.5083	2.8188
23	0.6853	1.3195	1.7139	2.0687	2.4999	2.8073
24	0.6848	1.3178	1.7109	2.0639	2.4922	2.7969
25	0.6844	1.3163	1.7081	2.0595	2.4851	2.7874
26	0.6840	1.3150	1.7056	2.0555	2.4786	2.7787
27	0.6837	1.3137	1.7033	2.0518	2.4727	2.7707
28	0.6834	1.3125	1.7011	2.0484	2.4671	2.7633
29	0.6830	1.3113	1.6991	2.0452	2.4620	2.7564
30	0.6828	1.3104	1.6973	2.0423	2.4573	2.7500

附表 5 χ^2 分布临界值表

n \ α	0.995	0.99	0.975	0.95	0.90	0.75
1	–	–	0.001	0.004	0.016	0.102
2	0.010	0.020	0.051	0.103	0.211	0.575
3	0.072	0.115	0.216	0.352	0.584	1.213
4	0.207	0.297	0.484	0.711	1.064	1.923
5	0.412	0.554	0.831	1.145	1.610	2.675
6	0.676	0.872	1.237	1.635	2.204	3.455
7	0.989	1.239	1.690	2.167	2.833	4.255
8	1.344	1.646	2.180	2.733	3.490	5.071
9	1.735	2.088	2.700	3.325	4.168	5.899
10	2.156	2.558	3.247	3.940	4.865	6.737
11	2.603	3.053	3.816	4.575	5.578	7.584
12	3.074	3.571	4.404	5.226	6.304	8.438
13	3.565	4.107	5.009	5.892	7.042	9.299
14	4.075	4.660	5.629	6.571	7.790	10.165
15	4.601	5.229	6.262	7.261	8.547	11.037
16	5.142	5.812	6.908	7.962	9.312	11.912
17	5.697	6.408	7.564	8.672	10.085	12.792
18	6.265	7.015	8.231	9.390	10.865	13.675
19	6.814	7.633	8.907	10.117	11.651	14.562
20	7.434	8.260	9.591	10.851	12.443	15.452
21	8.034	8.897	10.283	11.591	13.240	16.344
22	8.643	9.542	10.982	12.338	14.042	17.240
23	9.260	10.196	11.689	13.091	14.848	18.137
24	9.886	10.856	12.401	13.848	15.659	19.037
25	10.520	11.524	13.120	14.611	16.473	19.939
26	11.160	12.198	13.844	15.379	17.292	20.843
27	11.808	12.879	14.573	16.151	18.114	21.749
28	12.461	13.565	15.308	16.928	18.939	22.657
29	13.121	14.257	16.047	17.708	19.768	23.567
30	13.787	14.954	16.791	18.493	20.599	24.478
31	14.458	15.655	17.539	19.281	21.434	25.390
32	15.134	16.362	18.291	20.072	22.271	26.304
33	15.815	17.074	19.047	20.867	23.110	27.219
34	16.501	17.789	19.806	21.664	23.952	28.136
35	17.192	18.509	20.569	22.456	24.797	29.054
36	17.887	19.233	21.336	23.269	25.643	29.973
37	18.586	19.960	22.106	24.075	26.492	30.893
38	19.289	20.691	22.878	24.884	27.343	31.815
39	19.996	21.426	23.654	25.695	28.196	32.737
40	20.707	22.164	24.433	26.509	29.051	33.660
41	21.421	22.906	25.215	27.326	29.907	34.585
42	22.138	23.650	25.999	28.144	30.765	35.510
43	22.859	24.398	26.785	28.965	31.625	36.436
44	23.584	25.148	27.575	29.787	32.487	37.363
45	24.411	25.901	28.366	30.612	33.350	38.291

附表 5(续)

n \ α	0.25	0.10	0.05	0.025	0.01	0.005
1	1.323	2.706	3.841	5.024	6.635	7.879
2	2.773	4.605	5.991	7.378	9.210	10.597
3	4.108	6.251	7.815	9.348	11.345	12.838
4	5.385	7.779	9.488	11.143	13.277	14.860
5	6.626	9.236	11.071	12.833	15.086	16.750
6	7.841	10.645	12.592	14.449	16.812	18.548
7	9.037	12.017	14.067	16.013	18.475	20.278
8	10.219	13.362	15.507	17.535	20.090	21.955
9	11.389	14.684	16.919	19.023	21.666	23.589
10	12.549	15.987	18.307	20.483	23.209	25.188
11	13.701	17.275	19.675	21.920	24.725	26.757
12	14.845	18.549	21.026	23.337	26.217	28.299
13	15.984	19.812	22.362	24.736	27.688	29.819
14	17.117	21.064	23.685	26.119	29.141	31.319
15	18.245	22.307	24.996	27.488	30.578	32.801
16	19.369	23.542	26.296	28.845	32.000	34.267
17	20.489	24.769	27.587	30.191	33.409	35.718
18	21.605	25.989	28.869	31.526	34.805	37.156
19	22.718	27.204	30.144	32.852	36.191	38.582
20	23.828	28.412	31.410	34.170	37.566	39.997
21	24.935	29.615	32.671	36.479	38.932	41.401
22	26.039	30.813	33.924	36.781	40.289	42.796
23	27.141	32.007	35.172	38.076	41.638	44.181
24	28.241	33.196	36.415	39.364	42.980	45.559
25	29.339	34.382	37.652	40.646	44.314	46.928
26	30.435	35.563	38.885	41.923	45.643	48.290
27	31.528	36.741	40.113	43.194	46.963	49.645
28	32.620	37.916	41.337	44.461	48.278	50.993
29	33.711	39.087	42.557	45.722	49.588	52.336
30	34.800	40.256	43.773	46.979	50.892	53.672
31	35.887	41.422	44.985	48.232	52.191	55.003
32	36.973	42.585	46.194	49.480	53.486	56.328
33	38.058	43.745	47.400	50.725	54.776	57.648
34	39.141	44.903	48.602	51.966	56.061	58.964
35	40.223	46.059	49.802	53.203	57.342	60.275
36	41.304	47.212	50.998	54.437	58.619	61.581
37	42.383	48.363	52.192	55.668	59.892	62.883
38	43.462	49.513	53.884	56.896	61.162	64.181
39	44.539	50.600	54.572	58.120	62.428	65.476
40	45.616	51.805	55.758	59.342	63.691	66.766
41	46.692	52.949	56.942	60.561	64.950	68.053
42	47.766	54.090	58.124	61.777	66.206	69.336
43	48.840	55.230	59.304	62.990	67.459	70.616
44	49.913	56.369	60.481	64.201	69.710	71.893
45	50.985	57.505	61.656	65.410	69.957	73.166

附表6 F 分布临界值表

本表列出了 $F(n_1,n_2)$ 分布的上侧 α 分位数 $F_\alpha(n_1,n_2)$，它满足

$$P(F(n_1,n_2) > F_\alpha(n_1,n_2)) = \alpha$$

(1) $\alpha = 0.25$

n_2 \ n_1	1	2	3	4	5	6	7	8	9	10	12	15	20	24	30	40	60	120	∞	n_1 / n_2
1	5.83	7.50	8.20	8.58	8.82	8.98	9.10	9.19	9.26	9.32	9.41	9.49	9.58	9.63	9.67	9.71	9.76	9.80	9.85	1
2	2.57	3.00	3.15	3.23	3.28	3.41	3.34	3.35	3.37	3.38	3.39	3.41	3.43	3.43	3.44	3.45	3.46	3.47	3.48	2
3	2.02	2.28	2.36	2.39	2.41	2.42	2.43	2.44	2.44	2.44	2.45	2.46	2.46	2.46	2.47	2.47	2.47	2.47	2.47	3
4	1.81	2.00	2.05	2.06	2.07	2.08	2.08	2.08	2.08	2.08	2.08	2.08	2.08	2.08	2.08	2.08	2.08	2.08	2.08	4
5	1.69	1.85	1.88	1.89	1.89	1.89	1.89	1.89	1.89	1.89	1.89	1.89	1.88	1.88	1.88	1.88	1.87	1.87	1.87	5
6	1.62	1.76	1.78	1.79	1.79	1.78	1.78	1.78	1.77	1.77	1.77	1.76	1.76	1.75	1.75	1.75	1.74	1.74	1.74	6
7	1.57	1.70	1.72	1.72	1.71	1.71	1.70	1.70	1.69	1.69	1.68	1.68	1.67	1.67	1.66	1.66	1.65	1.65	1.65	7
8	1.54	1.66	1.67	1.66	1.66	1.65	1.64	1.64	1.63	1.63	1.62	1.62	1.61	1.60	1.60	1.59	1.59	1.58	1.58	8
9	1.51	1.62	1.63	1.63	1.62	1.61	1.60	1.60	1.59	1.59	1.58	1.57	1.56	1.56	1.55	1.54	1.54	1.53	1.53	9
10	1.49	1.60	1.60	1.59	1.59	1.58	1.57	1.56	1.56	1.55	1.54	1.53	1.52	1.52	1.51	1.51	1.50	1.49	1.48	10
11	1.47	1.58	1.58	1.57	1.56	1.55	1.54	1.53	1.53	1.52	1.51	1.50	1.49	1.49	1.48	1.47	1.47	1.46	1.45	11
12	1.46	1.56	1.56	1.55	1.54	1.53	1.52	1.51	1.51	1.50	1.49	1.48	1.47	1.46	1.45	1.45	1.44	1.43	1.42	12
13	1.45	1.55	1.55	1.53	1.52	1.51	1.50	1.49	1.49	1.48	1.47	1.46	1.45	1.44	1.43	1.42	1.42	1.41	1.40	13
14	1.44	1.53	1.53	1.52	1.51	1.50	1.49	1.48	1.47	1.46	1.45	1.44	1.43	1.42	1.41	1.41	1.40	1.39	1.38	14
15	1.43	1.52	1.52	1.51	1.49	1.48	1.47	1.46	1.46	1.45	1.44	1.43	1.41	1.41	1.40	1.39	1.38	1.37	1.36	15
16	1.42	1.51	1.51	1.50	1.48	1.47	1.46	1.45	1.44	1.44	1.43	1.41	1.40	1.39	1.38	1.37	1.36	1.35	1.34	16
17	1.42	1.51	1.50	1.49	1.47	1.46	1.45	1.44	1.43	1.43	1.41	1.40	1.39	1.38	1.37	1.36	1.35	1.34	1.33	17
18	1.41	1.50	1.49	1.48	1.46	1.45	1.44	1.43	1.42	1.42	1.40	1.39	1.38	1.37	1.36	1.35	1.34	1.33	1.32	18
19	1.41	1.49	1.49	1.47	1.46	1.44	1.43	1.42	1.41	1.41	1.40	1.38	1.37	1.36	1.35	1.34	1.33	1.32	1.30	19
20	1.40	1.49	1.48	1.47	1.45	1.44	1.43	1.42	1.41	1.40	1.39	1.37	1.36	1.35	1.34	1.33	1.32	1.31	1.29	20
21	1.40	1.48	1.48	1.46	1.44	1.43	1.42	1.41	1.40	1.39	1.38	1.37	1.35	1.34	1.33	1.32	1.31	1.30	1.28	21
22	1.40	1.48	1.47	1.45	1.44	1.42	1.41	1.40	1.39	1.39	1.37	1.36	1.34	1.33	1.32	1.31	1.30	1.29	1.28	22
23	1.39	1.47	1.47	1.45	1.43	1.42	1.41	1.40	1.39	1.38	1.37	1.35	1.34	1.33	1.32	1.31	1.30	1.28	1.27	23
24	1.39	1.47	1.46	1.44	1.43	1.41	1.40	1.39	1.38	1.38	1.36	1.35	1.33	1.32	1.31	1.30	1.29	1.28	1.26	24
25	1.39	1.47	1.46	1.44	1.42	1.41	1.40	1.39	1.38	1.37	1.36	1.34	1.33	1.32	1.31	1.29	1.28	1.27	1.25	25
26	1.38	1.46	1.45	1.44	1.42	1.41	1.39	1.38	1.37	1.37	1.35	1.34	1.32	1.31	1.30	1.29	1.28	1.26	1.25	26
27	1.38	1.46	1.45	1.43	1.42	1.40	1.39	1.38	1.37	1.36	1.35	1.33	1.32	1.31	1.30	1.28	1.27	1.26	1.24	27
28	1.38	1.46	1.45	1.43	1.41	1.40	1.39	1.38	1.37	1.36	1.34	1.33	1.31	1.30	1.29	1.28	1.27	1.25	1.24	28
29	1.38	1.45	1.45	1.43	1.41	1.40	1.38	1.37	1.36	1.35	1.34	1.32	1.31	1.30	1.29	1.27	1.26	1.25	1.23	29
30	1.38	1.45	1.44	1.42	1.41	1.39	1.38	1.37	1.36	1.35	1.34	1.32	1.30	1.29	1.28	1.27	1.26	1.24	1.23	30
40	1.36	1.44	1.42	1.40	1.39	1.37	1.36	1.35	1.34	1.33	1.31	1.30	1.28	1.26	1.25	1.24	1.22	1.21	1.19	40
60	1.35	1.42	1.41	1.38	1.37	1.35	1.33	1.32	1.31	1.30	1.29	1.27	1.25	1.24	1.22	1.21	1.19	1.17	1.15	60
120	1.34	1.40	1.39	1.37	1.35	1.33	1.31	1.30	1.29	1.28	1.26	1.24	1.22	1.21	1.19	1.18	1.16	1.13	1.10	120
∞	1.32	1.39	1.37	1.35	1.33	1.31	1.29	1.28	1.27	1.25	1.24	1.22	1.19	1.18	1.16	1.14	1.12	1.08	1.00	∞

(2)$\alpha = 0.10$ 附表6(续1)

n_2 \ n_1	1	2	3	4	5	6	7	8	9	10	15	20	30	50	100	200	500	∞	n_1 / n_2
1	39.9	49.5	53.6	55.8	57.2	58.2	58.9	59.4	59.9	60.2	61.2	61.7	62.3	62.7	63.0	63.2	63.3	63.3	1
2	8.53	9.00	9.16	9.24	9.29	9.33	9.35	9.37	9.38	9.39	9.42	9.44	9.46	9.47	9.48	9.49	9.49	9.49	2
3	5.54	5.46	5.39	5.34	5.31	5.28	5.27	5.25	5.24	5.23	5.20	5.18	5.17	5.15	5.14	5.14	5.14	5.13	3
4	4.54	4.32	4.19	4.11	4.05	4.01	3.98	3.95	3.94	3.92	3.87	3.84	3.82	3.80	3.78	3.77	3.76	3.76	4
5	4.06	3.78	3.62	3.52	3.45	3.40	3.37	3.34	3.32	3.30	3.24	3.21	3.17	3.15	3.13	3.12	3.11	3.10	5
6	3.78	3.46	3.29	3.18	3.11	3.05	3.01	2.98	2.96	2.94	2.87	2.84	2.80	2.77	2.75	2.73	2.73	2.72	6
7	3.59	3.26	3.07	2.96	2.88	2.83	2.78	2.75	2.72	2.70	2.63	2.59	2.56	2.52	2.50	2.48	2.48	2.47	7
8	3.46	3.11	2.92	2.81	2.73	2.67	2.62	2.59	2.56	2.54	2.46	2.42	2.38	2.35	2.32	2.31	2.30	2.29	8
9	3.36	3.01	2.81	2.69	2.61	2.55	2.51	2.47	2.44	2.42	2.34	2.30	2.25	2.22	2.19	2.17	2.17	2.16	9
10	3.28	2.92	2.73	2.61	2.52	2.46	2.41	2.38	2.35	2.32	2.24	2.20	2.16	2.12	2.09	2.07	2.06	2.06	10
11	3.23	2.86	2.66	2.54	2.45	2.39	2.34	2.30	2.27	2.25	2.17	2.12	2.08	2.04	2.00	1.99	1.98	1.97	11
12	3.18	2.81	2.61	2.48	2.39	2.33	2.28	2.24	2.21	2.19	2.10	2.06	2.01	1.97	1.94	1.92	1.91	1.90	12
13	3.14	2.76	2.56	2.43	2.35	2.28	2.23	2.20	2.16	2.14	2.05	2.01	1.96	1.92	1.88	1.86	1.85	1.85	13
14	3.10	2.73	2.52	2.39	2.31	2.24	2.19	2.15	2.12	2.10	2.01	1.96	1.91	1.87	1.83	1.82	1.80	1.80	14
15	3.07	2.70	2.49	2.36	2.27	2.21	2.16	2.12	2.09	2.06	1.97	1.92	1.87	1.83	1.79	1.77	1.76	1.76	15
16	3.05	2.67	2.46	2.33	2.24	2.18	2.13	2.09	2.06	2.03	1.94	1.89	1.84	1.79	1.76	1.74	1.73	1.72	16
17	3.03	2.64	2.44	2.31	2.22	2.15	2.10	2.06	2.03	2.00	1.91	1.86	1.81	1.76	1.73	1.71	1.69	1.69	17
18	3.01	2.62	2.42	2.29	2.20	2.13	2.08	2.04	2.00	1.98	1.89	1.84	1.78	1.74	1.70	1.68	1.67	1.66	18
19	2.99	2.61	2.40	2.27	2.18	2.11	2.06	2.02	1.98	1.96	1.86	1.81	1.76	1.71	1.67	1.65	1.64	1.63	19
20	2.97	2.59	2.38	2.25	2.16	2.09	2.04	2.00	1.96	1.94	1.84	1.79	1.74	1.69	1.65	1.63	1.62	1.61	20
22	2.95	2.56	2.35	2.22	2.13	2.06	2.01	1.97	1.93	1.90	1.81	1.76	1.70	1.65	1.61	1.59	1.58	1.57	22
24	2.93	2.54	2.33	2.19	2.10	2.04	1.98	1.94	1.91	1.88	1.78	1.73	1.67	1.62	1.58	1.56	1.54	1.53	24
26	2.91	2.52	2.31	2.17	2.08	2.01	1.96	1.92	1.88	1.86	1.76	1.71	1.65	1.59	1.55	1.53	1.51	1.50	26
28	2.89	2.50	2.29	2.16	2.06	2.00	1.94	1.90	1.87	1.84	1.74	1.69	1.63	1.57	1.53	1.50	1.49	1.48	28
30	2.88	2.49	2.28	2.14	2.05	1.98	1.93	1.88	1.85	1.82	1.72	1.67	1.61	1.55	1.51	1.48	1.47	1.46	30
40	2.84	2.44	2.23	2.09	2.00	1.93	1.87	1.83	1.79	1.76	1.66	1.61	1.54	1.48	1.43	1.41	1.39	1.38	40
50	2.81	2.41	2.20	2.06	1.97	1.90	1.84	1.80	1.76	1.73	1.63	1.57	1.50	1.44	1.39	1.36	1.34	1.33	50
60	2.79	2.39	2.18	2.04	1.95	1.87	1.82	1.77	1.74	1.71	1.60	1.54	1.48	1.41	1.36	1.33	1.31	1.29	60
80	2.77	2.37	2.15	2.02	1.92	1.85	1.79	1.75	1.71	1.68	1.57	1.51	1.44	1.38	1.32	1.28	1.26	1.24	80
100	2.76	2.36	2.14	2.00	1.91	1.83	1.78	1.73	1.70	1.66	1.56	1.49	1.42	1.35	1.29	1.26	1.23	1.21	100
200	2.73	2.33	2.11	1.97	1.88	1.80	1.75	1.70	1.66	1.63	1.52	1.46	1.38	1.31	1.24	1.20	1.17	1.14	200
500	2.72	2.31	2.10	1.96	1.86	1.79	1.73	1.68	1.64	1.61	1.50	1.44	1.36	1.28	1.21	1.16	1.12	1.09	500
∞	2.71	2.30	2.08	1.94	1.85	1.77	1.72	1.67	1.63	1.60	1.49	1.42	1.34	1.26	1.18	1.13	1.08	1.00	∞

(3) $\alpha = 0.05$

附表 6(续 2)

n_2 \ n_1	1	2	3	4	5	6	7	8	9	10	12	14	16	18	20	n_1 / n_2
1	161	200	216	225	230	234	237	239	241	242	244	245	246	247	248	1
2	18.5	19.0	19.2	19.2	19.3	19.3	19.4	19.4	19.4	19.4	19.4	19.4	19.4	19.4	19.4	2
3	10.1	9.55	9.28	9.12	9.01	8.94	8.89	8.85	8.81	8.79	8.74	8.71	8.69	8.67	8.66	3
4	7.71	6.94	6.59	6.39	6.26	6.16	6.09	6.04	6.00	5.96	5.91	5.87	5.84	5.82	5.80	4
5	6.61	5.79	5.41	5.19	5.05	4.95	4.88	4.82	4.77	4.74	4.68	4.64	4.60	4.58	4.56	5
6	5.99	5.14	4.76	4.53	4.39	4.28	4.21	4.15	4.10	4.06	4.00	3.96	3.92	3.90	3.87	6
7	5.59	4.74	4.35	4.12	3.97	3.87	3.79	3.73	3.68	3.64	3.57	3.53	3.49	3.47	3.44	7
8	5.32	4.46	4.07	3.84	3.69	3.58	3.50	3.44	3.39	3.35	3.28	3.24	3.20	3.17	3.15	8
9	5.12	4.26	3.86	3.63	3.48	3.37	3.23	3.23	3.18	3.14	3.07	3.03	2.99	2.96	2.94	9
10	4.96	4.10	3.71	3.48	3.33	3.22	3.14	3.07	3.02	2.98	2.91	2.86	2.83	2.80	2.77	10
11	4.84	3.98	3.59	3.36	3.20	3.09	3.01	2.95	2.90	2.85	2.79	2.74	2.70	2.67	2.65	11
12	4.75	3.89	3.49	3.26	3.11	3.00	2.91	2.85	2.80	2.75	2.69	2.64	2.60	2.57	2.54	12
13	4.67	3.81	3.41	3.18	3.03	2.92	2.83	2.77	2.71	2.67	2.60	2.55	2.51	2.48	2.46	13
14	4.60	3.74	3.34	3.11	2.96	2.85	2.76	2.70	2.65	2.60	2.53	2.48	2.44	2.41	2.39	14
15	4.54	3.68	3.29	3.06	2.90	2.79	2.71	2.64	2.59	2.54	2.48	2.42	2.38	2.35	2.33	15
16	4.49	3.63	3.24	3.01	2.85	2.74	2.66	2.59	2.54	2.49	2.42	2.37	2.33	2.30	2.28	16
17	4.45	3.59	3.20	2.96	2.81	2.70	2.61	2.55	2.49	2.45	2.38	2.33	2.29	2.26	2.23	17
18	4.41	3.55	3.16	2.93	2.77	2.66	2.58	2.51	2.46	2.41	2.34	2.29	2.25	2.22	2.19	18
19	4.38	3.52	3.13	2.90	2.74	2.63	2.54	2.48	2.42	2.38	2.31	2.26	2.21	2.18	2.16	19
20	4.35	3.49	3.10	2.87	2.71	2.60	2.51	2.45	2.39	2.35	2.28	2.22	2.18	2.15	2.12	20
21	4.32	3.47	3.07	2.84	2.68	2.57	2.49	2.42	2.37	2.32	2.25	2.20	2.16	2.12	2.10	21
22	4.30	3.44	3.05	2.82	2.66	2.55	2.46	2.40	2.34	2.30	2.23	2.17	2.13	2.10	2.07	22
23	4.28	3.42	3.03	2.80	2.64	2.53	2.44	2.37	2.32	2.27	2.20	2.15	2.11	2.07	2.05	23
24	4.26	3.40	3.01	2.78	2.62	2.51	2.42	2.36	2.30	2.25	2.18	2.13	2.09	2.05	2.03	24
25	4.24	3.39	2.99	2.76	2.60	2.49	2.40	2.34	2.28	2.24	2.16	2.11	2.07	2.04	2.01	25
26	4.23	3.37	2.98	2.74	2.59	2.47	2.39	2.32	2.27	2.22	2.15	2.09	2.05	2.02	1.99	26
27	4.21	3.35	2.96	2.73	2.57	2.46	2.37	2.31	2.25	2.20	2.13	2.08	2.04	2.00	1.97	27
28	4.20	3.34	2.95	2.71	2.56	2.45	2.36	2.29	2.24	2.19	2.12	2.06	2.02	1.99	1.96	28
29	4.18	3.33	2.93	2.70	2.55	2.43	2.35	2.28	2.22	2.18	2.10	2.05	2.01	1.97	1.94	29
30	4.17	3.32	2.92	2.69	2.53	2.42	2.33	2.27	2.21	2.16	2.09	2.04	1.99	1.96	1.93	30
32	4.15	3.29	2.90	2.67	2.51	2.40	2.31	2.24	2.19	2.14	2.07	2.01	1.97	1.94	1.91	32
34	4.13	3.28	2.88	2.65	2.49	2.38	2.29	2.23	2.17	2.12	2.05	1.99	1.95	1.92	1.89	34
36	4.11	3.26	2.87	2.63	2.48	2.36	2.28	2.21	2.15	2.11	2.03	1.98	1.93	1.90	1.87	36
38	4.10	3.24	2.85	2.62	2.46	2.35	2.26	2.19	2.14	2.09	2.02	1.96	1.92	1.88	1.85	38
40	4.08	3.23	2.84	2.61	2.45	2.34	2.25	2.18	2.12	2.08	2.00	1.95	1.90	1.87	1.84	40
42	4.07	3.22	2.83	2.59	2.44	2.32	2.24	2.17	2.11	2.06	1.99	1.93	1.89	1.86	1.83	42
44	4.06	3.21	2.82	2.58	2.43	2.31	2.23	2.16	2.10	2.05	1.98	1.92	1.88	1.84	1.81	44
46	4.05	3.20	2.81	2.57	2.42	2.30	2.22	2.15	2.09	2.04	1.97	1.91	1.87	1.83	1.80	46
48	4.04	3.19	2.80	2.57	2.41	2.29	2.21	2.14	2.08	2.03	1.96	1.90	1.86	1.82	1.79	48
50	4.03	3.18	2.79	2.56	2.40	2.29	2.20	2.13	2.07	2.03	1.95	1.89	1.85	1.81	1.78	50
60	4.00	3.15	2.76	2.53	2.37	2.25	2.17	2.10	2.04	1.99	1.92	1.86	1.82	1.78	1.75	60
80	3.96	3.11	2.72	2.49	2.33	2.21	2.13	2.06	2.00	1.95	1.88	1.82	1.77	1.73	1.70	80
100	3.94	3.09	2.70	2.46	2.31	2.19	2.10	2.03	1.97	1.93	1.85	1.79	1.75	1.71	1.68	100
125	3.92	3.07	2.68	2.44	2.29	2.17	2.08	2.01	1.96	1.91	1.83	1.77	1.72	1.69	1.65	125
150	3.90	3.06	2.66	2.43	2.27	2.16	2.07	2.00	1.94	1.89	1.82	1.76	1.71	1.67	1.64	150
200	3.89	3.04	2.65	2.42	2.26	2.14	2.06	1.98	1.93	1.88	1.80	1.74	1.69	1.66	1.62	200
300	3.87	3.03	2.63	2.40	2.24	2.13	2.04	1.97	1.91	1.86	1.78	1.72	1.68	1.64	1.61	300
500	3.86	3.01	2.62	2.39	2.23	2.12	2.03	1.96	1.90	1.85	1.77	1.71	1.66	1.62	1.59	500
1000	3.85	3.00	2.61	2.38	2.22	2.11	2.02	1.95	1.89	1.84	1.76	1.70	1.65	1.61	1.58	1000
∞	3.84	3.00	2.60	2.37	2.21	2.10	2.01	1.94	1.88	1.83	1.75	1.69	1.64	1.60	1.57	∞

α = 0.05 附表6(续3)

n_1 / n_2	22	24	26	28	30	35	40	45	50	60	80	100	200	500	∞	n_1 / n_2
1	249	249	249	250	250	251	251	251	252	252	252	253	254	254	254	1
2	19.5	19.5	19.5	19.5	19.5	19.5	19.5	19.5	19.5	19.5	19.5	19.5	19.5	19.5	19.5	2
3	8.65	8.64	8.63	8.62	8.62	8.60	8.59	8.59	8.58	8.57	8.56	8.55	8.54	8.53	8.53	3
4	5.79	5.77	5.76	5.75	5.75	5.73	5.72	5.71	5.70	5.69	5.67	5.66	5.65	5.64	5.63	4
5	4.54	4.53	4.52	4.50	4.50	4.48	4.46	4.45	4.44	4.43	4.41	4.41	4.39	4.37	4.37	5
6	3.86	3.84	3.83	3.82	3.81	3.79	3.77	3.76	3.75	3.74	3.72	3.71	3.69	3.68	3.67	6
7	3.43	3.41	3.40	3.39	2.38	3.36	3.34	3.33	3.32	3.30	3.29	3.27	3.25	3.24	3.23	7
8	3.13	3.12	3.10	3.09	3.08	3.06	3.04	3.03	3.02	3.01	2.99	2.97	2.95	2.94	2.93	8
9	2.92	2.90	2.89	2.87	2.86	2.84	2.83	2.81	2.80	2.79	2.77	2.76	2.73	2.72	2.71	9
10	2.75	2.74	2.72	2.71	2.70	2.68	2.66	2.65	2.64	2.62	2.60	2.59	2.56	2.55	2.54	10
11	2.63	2.61	2.59	2.58	2.57	2.55	2.53	2.52	2.51	2.49	2.47	2.46	2.43	2.42	2.40	11
12	2.52	2.51	2.49	2.48	2.47	2.44	2.43	2.41	2.40	2.38	2.36	2.35	2.32	2.31	2.30	12
13	2.44	2.42	2.41	2.39	2.38	2.36	2.34	2.33	2.31	2.30	2.27	2.26	2.23	2.22	2.21	13
14	2.37	2.35	2.33	2.32	2.31	2.28	2.27	2.25	2.24	2.22	2.20	2.19	2.16	2.14	2.13	14
15	2.31	2.29	2.27	2.26	2.25	2.22	2.20	2.19	2.18	2.16	2.14	2.12	2.10	2.08	2.07	15
16	2.25	2.24	2.22	2.21	2.19	2.17	2.15	2.14	2.12	2.11	2.08	2.07	2.04	2.02	2.01	16
17	2.21	2.19	2.17	2.16	2.15	2.12	2.10	2.09	2.08	2.06	2.03	2.02	1.99	1.97	1.96	17
18	2.17	2.15	2.13	2.12	2.11	2.08	2.06	2.05	2.04	2.02	1.99	1.98	1.95	1.93	1.92	18
19	2.13	2.11	2.10	2.08	2.07	2.05	2.03	2.01	2.00	1.98	1.96	1.94	1.91	1.89	1.88	19
20	2.10	2.08	2.07	2.05	2.04	2.01	1.99	1.98	1.97	1.95	1.92	1.91	1.88	1.86	1.84	20
21	2.07	2.05	2.04	2.02	2.01	1.98	1.96	1.95	1.94	1.92	1.89	1.88	1.84	1.82	1.81	21
22	2.05	2.03	2.01	2.00	1.98	1.96	1.94	1.92	1.91	1.89	1.86	1.85	1.82	1.80	1.78	22
23	2.02	2.00	1.99	1.97	1.96	1.93	1.91	1.90	1.88	1.86	1.84	1.82	1.79	1.77	1.76	23
24	2.00	1.98	1.97	1.95	1.94	1.91	1.89	1.88	1.86	1.84	1.82	1.80	1.77	1.75	1.73	24
25	1.98	1.96	1.95	1.93	1.92	1.89	1.87	1.86	1.84	1.82	1.80	1.78	1.75	1.73	1.71	25
26	1.97	1.95	1.93	1.91	1.90	1.87	1.85	1.84	1.82	1.80	1.78	1.76	1.73	1.71	1.69	26
27	1.95	1.93	1.91	1.90	1.88	1.86	1.84	1.82	1.81	1.79	1.76	1.74	1.71	1.69	1.67	27
28	1.93	1.91	1.90	1.88	1.87	1.84	1.82	1.80	1.79	1.77	1.74	1.73	1.69	1.67	1.65	28
29	1.92	1.90	1.88	1.87	1.85	1.83	1.81	1.79	1.77	1.75	1.73	1.71	1.67	1.65	1.64	29
30	1.91	1.89	1.87	1.85	1.84	1.81	1.79	1.77	1.76	1.74	1.71	1.70	1.66	1.64	1.62	30
32	1.88	1.86	1.85	1.83	1.82	1.79	1.77	1.75	1.74	1.71	1.69	1.67	1.63	1.61	1.59	32
34	1.86	1.84	1.82	1.80	1.80	1.77	1.75	1.73	1.71	1.69	1.66	1.65	1.61	1.59	1.57	34
36	1.85	1.82	1.81	1.79	1.78	1.75	1.73	1.71	1.69	1.67	1.64	1.62	1.59	1.56	1.55	36
38	1.83	1.81	1.79	1.77	1.76	1.73	1.71	1.69	1.68	1.65	1.62	1.61	1.57	1.54	1.53	38
40	1.81	1.79	1.77	1.76	1.74	1.72	1.69	1.67	1.66	1.64	1.61	1.59	1.55	1.53	1.51	40
42	1.80	1.78	1.76	1.74	1.73	1.70	1.68	1.66	1.65	1.62	1.59	1.57	1.53	1.51	1.49	42
44	1.79	1.77	1.75	1.73	1.72	1.69	1.67	1.65	1.63	1.61	1.58	1.56	1.52	1.49	1.48	44
46	1.78	1.76	1.74	1.72	1.71	1.68	1.85	1.64	1.62	1.60	1.57	1.55	1.51	1.48	1.46	46
48	1.77	1.75	1.73	1.71	1.70	1.67	1.64	1.62	1.61	1.59	1.56	1.54	1.49	1.47	1.45	48
50	1.76	1.74	1.72	1.70	1.69	1.66	1.63	1.61	1.60	1.58	1.54	1.52	1.48	1.46	1.44	50
60	1.72	1.70	1.68	1.66	1.65	1.62	1.59	1.57	1.56	1.53	1.50	1.48	1.44	1.41	1.39	60
80	1.68	1.65	1.63	1.62	1.60	1.57	1.54	1.52	1.51	1.48	1.45	1.43	1.38	1.35	1.32	80
100	1.65	1.63	1.61	1.59	1.57	1.54	1.52	1.49	1.48	1.45	1.41	1.39	1.34	1.31	1.28	100
125	1.63	1.60	1.58	1.57	1.55	1.52	1.49	1.47	1.45	1.42	1.39	1.36	1.31	1.27	1.25	125
150	1.61	1.59	1.57	1.55	1.53	1.50	1.48	1.45	1.44	1.41	1.37	1.34	1.29	1.25	1.22	150
200	1.60	1.57	1.55	1.53	1.52	1.48	1.46	1.43	1.41	1.39	1.35	1.32	1.26	1.22	1.19	200
300	1.58	1.55	1.53	1.51	1.50	1.46	1.43	1.41	1.39	1.36	1.32	1.30	1.23	1.19	1.15	300
500	1.56	1.54	1.52	1.50	1.48	1.45	1.42	1.40	1.38	1.34	1.30	1.28	1.21	1.16	1.11	500
1000	1.55	1.53	1.51	1.49	1.47	1.44	1.41	1.38	1.36	1.33	1.29	1.26	1.19	1.13	1.08	1000
∞	1.54	1.52	1.50	1.48	1.46	1.42	1.39	1.37	1.35	1.32	1.27	1.24	1.17	1.11	1.00	∞

(4) $\alpha = 0.01$ 附表6(续4)

n_2 \ n_1	1	2	3	4	5	6	7	8	9	10	12	14	16	18	20	n_1 / n_2
1	405	500	540	563	576	586	593	598	602	606	611	614	617	619	621	1
2	98.5	99.0	99.2	99.2	99.3	99.3	99.4	99.4	99.4	99.4	99.4	99.4	99.4	99.4	99.4	2
3	34.1	30.8	29.5	28.7	28.2	27.9	27.7	27.5	27.3	27.2	27.1	26.9	26.8	26.8	26.7	3
4	21.2	18.0	16.7	16.0	15.5	15.2	15.0	14.8	14.7	14.5	14.4	14.2	14.2	14.1	14.0	4
5	16.3	13.3	12.1	11.4	11.0	10.7	10.5	10.3	10.2	10.1	9.89	9.77	9.68	9.61	9.55	5
6	13.7	10.9	9.78	9.15	8.75	8.47	8.26	8.10	7.98	7.87	7.72	7.60	7.52	7.45	7.40	6
7	12.2	9.55	8.45	7.85	7.46	7.19	6.99	6.84	6.72	6.62	6.47	6.36	6.27	6.21	6.16	7
8	11.3	8.65	7.59	7.01	6.63	6.37	6.18	6.03	5.91	5.81	5.67	5.56	5.48	5.41	5.36	8
9	10.6	8.02	6.99	6.42	6.06	5.80	5.61	5.47	5.35	5.26	5.11	5.00	4.92	4.86	4.81	9
10	10.0	7.56	6.55	5.99	5.64	5.39	5.20	5.06	4.94	4.85	4.71	4.60	4.52	4.46	4.41	10
11	9.65	7.21	6.22	5.67	5.32	5.07	4.89	4.74	4.63	4.54	4.40	4.29	4.21	4.15	4.10	11
12	9.33	6.93	5.95	5.41	5.06	4.82	4.64	4.50	4.39	4.30	4.16	4.05	3.97	3.91	3.86	12
13	9.07	6.70	5.74	5.21	4.86	4.62	4.44	4.30	4.19	4.10	3.96	3.86	3.78	3.71	3.66	13
14	8.86	6.51	5.56	5.04	4.70	4.46	4.28	4.14	4.03	3.94	3.80	3.70	3.62	3.56	3.51	14
15	8.68	6.36	5.42	4.89	4.56	4.32	4.14	4.00	3.89	3.80	3.67	3.56	3.49	3.42	3.37	15
16	8.53	6.23	5.29	4.77	4.44	4.20	4.03	3.89	3.78	3.69	3.55	3.45	3.37	3.31	3.26	16
17	8.40	6.11	5.18	4.67	4.34	4.11	3.93	3.79	3.68	3.59	3.46	3.35	3.27	3.21	3.16	17
18	8.29	6.01	5.09	4.58	4.25	4.00	3.84	3.71	3.60	3.51	3.37	3.27	3.19	3.13	3.08	18
19	8.18	5.93	5.01	4.50	4.17	3.94	3.77	3.63	3.52	3.43	3.30	3.19	3.12	3.05	3.00	19
20	8.10	5.85	4.94	4.43	4.10	3.87	3.70	3.56	3.46	3.37	3.23	3.13	3.05	2.99	2.94	20
21	8.02	5.78	4.87	4.37	4.04	3.81	3.64	3.51	3.40	3.31	3.17	3.07	2.99	2.93	2.88	21
22	7.95	5.72	4.82	4.31	3.99	3.76	3.59	3.45	3.35	3.26	3.12	3.02	2.94	2.88	2.83	22
23	7.88	5.66	4.76	4.26	3.94	3.71	3.54	3.41	3.30	3.21	3.07	2.97	2.89	2.83	2.78	23
24	7.82	5.61	4.72	4.22	3.90	3.67	3.50	3.36	3.26	3.17	3.03	2.93	2.85	2.79	2.74	24
25	7.77	5.57	4.68	4.18	3.86	3.63	3.46	3.32	3.22	3.13	2.99	2.89	2.81	2.75	2.79	25
26	7.72	5.53	4.64	4.14	3.82	3.59	3.42	3.29	3.18	3.09	2.96	2.86	2.78	2.72	2.66	26
27	7.68	5.49	4.60	4.11	3.78	3.56	3.39	3.26	3.15	3.06	2.93	2.82	2.75	2.68	2.63	27
28	7.64	5.45	4.57	4.07	3.75	3.53	3.36	3.23	3.12	3.03	2.90	2.79	2.72	2.65	2.60	28
29	7.60	5.42	4.54	4.04	3.73	3.50	3.33	3.20	3.09	3.00	2.87	2.77	2.69	2.62	2.57	29
30	7.56	5.39	4.51	4.02	3.70	3.47	3.30	3.17	3.07	2.98	2.84	2.74	2.66	2.60	2.55	30
32	7.50	5.34	4.46	3.97	3.65	3.43	3.26	3.13	3.02	2.93	2.80	2.70	2.62	2.55	2.50	32
34	7.44	5.29	4.42	3.93	3.61	3.39	3.22	3.09	2.98	2.89	2.76	2.66	2.58	2.51	2.46	34
36	7.40	5.25	4.38	3.89	3.57	3.35	3.18	3.05	2.95	2.86	2.72	2.62	2.54	2.48	2.43	36
38	7.35	5.21	4.34	3.86	3.54	3.32	3.15	3.02	2.92	2.83	2.69	2.59	2.51	2.45	2.40	38
40	7.31	5.18	4.31	3.83	3.51	3.29	3.12	2.99	2.89	2.80	2.66	2.56	2.48	2.42	2.37	40
42	7.28	5.15	4.29	3.80	3.49	3.27	3.10	2.97	2.86	2.78	2.64	2.54	2.46	2.40	2.34	42
44	7.25	5.12	4.26	3.78	3.47	3.24	3.08	2.95	2.84	2.75	2.62	2.52	2.44	2.37	2.32	44
46	7.22	5.10	4.24	3.76	3.44	3.22	3.06	2.93	2.82	2.73	2.60	2.50	2.42	2.35	2.30	46
48	7.20	5.08	4.22	3.74	3.43	3.20	3.04	2.91	2.80	2.72	2.58	2.48	2.40	2.33	2.28	48
50	7.17	5.06	4.20	3.72	3.41	3.19	3.02	2.89	2.79	2.70	2.56	2.46	2.38	2.32	2.27	50
60	7.08	4.98	4.13	3.65	3.34	3.12	2.95	2.82	2.72	2.63	2.50	2.39	2.31	2.25	2.20	60
80	6.96	4.88	4.04	3.56	3.26	3.04	2.87	2.74	2.64	2.55	2.42	2.31	2.23	2.17	2.12	80
100	6.90	4.82	3.98	3.51	3.21	2.99	2.82	2.69	2.59	2.50	2.37	2.26	2.19	2.12	2.07	100
125	6.84	4.78	3.94	3.47	3.17	2.95	2.79	2.66	2.55	2.47	2.33	2.23	2.15	2.08	2.03	125
150	6.81	4.75	3.92	3.45	3.14	2.92	2.76	2.63	2.53	2.44	2.31	2.20	2.12	2.06	2.00	150
200	6.76	4.71	3.88	3.41	3.11	2.89	2.73	2.60	2.50	2.41	2.27	2.17	2.09	2.02	1.97	200
300	6.72	4.68	3.85	3.38	3.08	2.86	2.70	2.57	2.47	2.38	2.24	2.14	2.06	1.99	1.94	300
500	6.69	4.65	3.82	3.36	3.05	2.84	2.68	2.55	2.44	2.36	2.22	2.12	2.04	1.97	1.92	500
1000	6.66	4.63	3.80	3.34	3.04	2.82	2.66	2.53	2.43	2.34	2.20	2.10	2.02	1.95	1.90	1000
∞	6.63	4.61	3.78	3.32	3.02	2.80	2.64	2.51	2.41	2.32	2.18	2.08	2.00	1.93	1.88	∞

$\alpha = 0.01$ 附表6(续5)

n_2 \ n_1	22	24	26	28	30	35	40	45	50	60	80	100	200	500	∞	n_1 / n_2
1	622	623	624	625	626	628	629	630	630	631	633	633	635	636	637	1
2	99.5	99.5	99.5	99.5	99.5	99.5	99.5	99.5	99.5	99.5	99.5	99.5	99.5	99.5	99.5	2
3	26.6	26.6	26.6	26.5	26.5	26.5	26.4	26.4	26.4	26.3	26.3	26.2	26.2	26.1	26.1	3
4	14.0	13.9	13.9	13.9	13.8	13.8	13.7	13.7	13.7	13.7	13.6	13.6	13.5	13.5	13.5	4
5	9.51	9.47	9.43	9.40	9.38	9.33	9.29	9.26	9.24	9.20	9.16	9.13	9.08	9.04	9.02	5
6	7.35	7.31	7.28	7.25	7.23	7.18	7.14	7.11	7.09	7.06	7.01	6.99	6.93	6.90	6.88	6
7	6.11	6.07	6.04	6.02	5.99	5.94	5.91	5.88	5.86	5.82	5.78	5.75	5.70	5.67	5.65	7
8	5.32	5.28	5.25	5.22	5.20	5.15	5.12	5.00	5.07	5.03	4.99	4.96	4.91	4.88	4.86	8
9	4.77	4.73	4.70	4.67	4.65	4.60	4.57	4.54	4.52	4.48	4.44	4.42	4.36	4.33	4.31	9
10	4.36	4.33	4.30	4.27	4.25	4.20	4.17	4.14	4.12	4.08	4.04	4.01	3.96	3.93	3.91	10
11	4.06	4.02	3.99	3.96	3.94	3.89	3.86	3.83	3.81	3.78	3.73	3.71	3.66	3.62	3.60	11
12	3.82	3.78	3.75	3.72	3.70	3.65	3.62	3.59	3.57	3.54	3.49	3.47	3.41	3.38	3.36	12
13	3.62	3.59	3.56	3.53	3.51	3.46	3.43	3.40	3.38	3.34	3.30	3.27	3.22	3.19	3.17	13
14	3.46	3.43	3.40	3.37	3.35	3.30	3.27	3.24	3.22	3.18	3.14	3.11	3.06	3.03	3.00	14
15	3.33	3.29	3.26	3.24	3.21	3.17	3.13	3.10	3.08	3.05	3.00	2.98	2.92	2.89	2.87	15
16	3.22	3.18	3.15	3.12	3.10	3.05	3.02	2.99	2.97	2.93	2.89	2.86	2.81	2.78	2.75	16
17	3.12	3.08	3.05	3.03	3.00	2.96	2.92	2.89	2.87	2.83	2.79	2.76	2.71	2.68	2.65	17
18	3.03	3.00	2.97	2.94	2.92	2.87	2.84	2.81	2.78	2.75	2.70	2.68	2.62	2.59	2.57	18
19	2.96	2.92	2.89	2.87	2.84	2.80	2.76	2.73	2.71	2.67	2.63	2.60	2.55	2.51	2.49	19
20	2.90	2.86	2.83	2.80	2.78	2.73	2.69	2.67	2.64	2.61	2.56	2.54	2.48	2.44	2.42	20
21	2.84	2.80	2.77	2.74	2.72	2.67	2.64	2.61	2.58	2.55	2.50	2.48	2.42	2.38	2.36	21
22	2.78	2.75	2.72	2.69	2.67	2.62	2.58	2.55	2.53	2.50	2.45	2.42	2.36	2.33	2.31	22
23	2.74	2.70	2.67	2.64	2.62	2.57	2.54	2.51	2.48	2.45	2.40	2.37	2.32	2.28	2.26	23
24	2.70	2.66	2.63	2.60	2.58	2.53	2.49	2.46	2.44	2.40	2.36	2.33	2.27	2.24	2.21	24
25	2.68	2.62	2.59	2.56	2.54	2.49	2.45	2.42	2.40	2.36	2.32	2.29	2.23	2.19	2.17	25
26	2.62	2.58	2.55	2.53	2.50	2.45	2.42	2.39	2.36	2.33	2.28	2.25	2.19	2.16	2.13	26
27	2.59	2.55	2.52	2.49	2.47	2.42	2.38	2.35	2.33	2.29	2.25	2.22	2.16	2.12	2.10	27
28	2.56	2.52	2.49	2.46	2.44	2.39	2.35	2.32	2.30	2.26	2.22	2.19	2.13	2.09	2.06	28
29	2.53	2.46	2.46	2.44	2.41	2.36	2.33	2.30	2.27	2.23	2.19	2.16	2.10	2.06	2.03	29
30	2.51	2.47	2.44	2.41	2.39	2.34	2.30	2.27	2.25	2.21	2.16	2.13	2.07	2.03	2.01	30
32	2.46	2.42	2.39	2.36	2.34	2.29	2.25	2.22	2.20	2.16	2.11	2.08	2.02	1.98	1.96	32
34	2.42	2.38	2.35	2.32	2.30	2.25	2.21	2.18	2.16	2.12	2.07	2.04	1.98	1.94	1.91	34
36	2.38	2.35	2.32	2.29	2.26	2.21	2.17	2.14	2.12	2.08	2.03	2.00	1.94	1.90	1.87	36
38	2.35	2.32	2.28	2.26	2.23	2.18	2.14	2.11	2.09	2.05	2.00	1.97	1.90	1.86	1.84	38
40	2.33	2.29	2.26	2.23	2.20	2.15	2.11	2.08	2.06	2.02	1.97	1.94	1.87	1.83	1.80	40
42	2.30	2.26	2.23	2.20	2.18	2.13	2.09	2.06	2.03	1.99	1.94	1.91	1.85	1.80	1.78	42
44	2.28	2.24	2.21	2.18	2.15	2.10	2.06	2.03	2.01	1.97	1.92	1.89	1.82	1.78	1.75	44
46	2.26	2.22	2.19	2.16	2.13	2.08	2.04	2.01	1.99	1.95	1.90	1.86	1.80	1.75	1.73	46
48	2.24	2.20	2.17	2.14	2.12	2.06	2.02	1.99	1.97	1.93	1.88	1.84	1.78	1.73	1.70	48
50	2.22	2.18	2.15	2.12	2.10	2.05	2.01	1.97	1.95	1.91	1.86	1.82	1.76	1.71	1.68	50
60	2.15	2.12	2.08	2.05	2.03	1.98	1.94	1.90	1.88	1.84	1.78	1.75	1.68	1.63	1.60	60
80	2.07	2.03	2.00	1.97	1.94	1.89	1.85	1.81	1.79	1.75	1.69	1.66	1.58	1.53	1.49	80
100	2.02	1.98	1.94	1.92	1.89	1.84	1.80	1.76	1.73	1.69	1.63	1.60	1.52	1.47	1.43	100
125	1.98	1.94	1.91	1.88	1.85	1.80	1.76	1.72	1.69	1.65	1.59	1.55	1.47	1.41	1.37	125
150	1.96	1.92	1.88	1.85	1.83	1.77	1.73	1.69	1.66	1.62	1.56	1.52	1.43	1.38	1.33	150
200	1.93	1.89	1.85	1.82	1.79	1.74	1.69	1.66	1.63	1.58	1.52	1.48	1.39	1.33	1.23	200
300	1.89	1.85	1.82	1.79	1.76	1.71	1.66	1.62	1.59	1.55	1.48	1.44	1.35	1.28	1.22	300
500	1.87	1.83	1.79	1.76	1.74	1.68	1.63	1.60	1.56	1.52	1.45	1.41	1.31	1.23	1.16	500
1000	1.85	1.81	1.77	1.74	1.72	1.66	1.61	1.57	1.54	1.50	1.43	1.38	1.28	1.19	1.11	1000
∞	1.83	1.79	1.76	1.72	1.70	1.64	1.59	1.55	1.52	1.47	1.40	1.36	1.25	1.15	1.00	∞

参考文献

1. 李洁明,祁新娥．统计学原理[M]．上海:复旦大学出版社,2004.

2. 曹刚,李文新．统计学原理[M]．上海:上海财经大学出版社,2006.

3. 社会经济统计学原理教科书[M]．北京:中国统计出版社,1984.

4. 袁卫,庞浩,曾五一．统计学[M]．北京:高等教育出版社,2004.

5. 吕怀珍,叶樊妮,刘浩,等．统计学原理与实务[M]．成都:西南交通大学出版社,2007.

5. 马庆国．管理统计[M]．北京:科学出版社,2002.

6. 范秀荣,郑少锋．统计学原理[M]．西安:西安地图出版社, 1996.

7. 吴世国,陈建新．统计学原理[M]．北京:科学出版社,2003.

8. 徐国祥,刘汉良,孙允午,等．统计学[M]．上海:上海财经大学出版社,2001.

9. 贾俊平,何晓群,金勇进．统计学[M]．北京:中国人民大学出版社,2000.

10. 薛薇,陈欢歌．基于Excel的统计应用[M]．北京:中国人民大学出版社,2006.

11. 中国统计年鉴(2012)[M]．北京:中国统计出版社,2013.

12. 中国国民经济核算体系(2002)[M]．北京:中国统计出版社,2002.

图书在版编目(CIP)数据

统计学/范秀荣,苏维伟主编．—3 版．—成都:西南财经大学出版社,2014.8(2019.1 重印)

ISBN 978-7-5504-1546-1

Ⅰ.①统… Ⅱ.①范…②苏… Ⅲ.①统计学 Ⅳ.①C8

中国版本图书馆 CIP 数据核字(2014)第 188303 号

统计学(第三版)

主　编:范秀荣　苏继伟

责任编辑:李　雪

封面设计:杨红鹰

责任印制:朱曼丽

出版发行	西南财经大学出版社(四川省成都市光华村街 55 号)
网　　址	http://www.bookcj.com
电子邮件	bookcj@foxmail.com
邮政编码	610074
电　　话	028-87353785　87352368
照　　排	四川胜翔数码印务设计有限公司
印　　刷	郫县犀浦印刷厂
成品尺寸	185mm×260mm
印　　张	17.5
字　　数	365 千字
版　　次	2014 年 8 月第 3 版
印　　次	2019 年 1 月第 5 次印刷
印　　数	13001— 16000 册
书　　号	ISBN 978-7-5504-1546-1
定　　价	29.80 元